Análisis del discurso

Hacia una semiótica de la interacción textual

Jorge Lozano
Cristina Peña-Marín
Gonzalo Abril

Análisis del discurso

Hacia una semiótica de la interacción textual

DECIMOCUARTA EDICIÓN

CÁTEDRA
CRÍTICA Y ESTUDIOS LITERARIOS

1.ª edición, 1982
14.ª edición, 2024

Reservados todos los derechos. El contenido de esta obra está protegido por la Ley, que establece penas de prisión y/o multas, además de las correspondientes indemnizaciones por daños y perjuicios, para quienes reprodujeren, plagiaren, distribuyeren o comunicaren públicamente, en todo o en parte, una obra literaria, artística o científica, o su transformación, interpretación o ejecución artística fijada en cualquier tipo de soporte o comunicada a través de cualquier medio, sin la preceptiva autorización.

PAPEL DE FIBRA
CERTIFICADA

© Jorge Lozano, Cristina Peña-Marín, Gonzalo Abril Curto
© Ediciones Cátedra (Grupo Anaya, S. A.), 1982, 2024
Valentín Beato, 21. 28037 Madrid
Depósito legal: M. 18.177-2009
I.S.B.N.: 978-84-376-0362-9
Printed in Spain

Índice*

PRELIMINAR 13

CAPÍTULO I. EL TEXTO

1. Introducción 15
2. El texto como objeto semiótico 16
3. La coherencia del texto 19
   - 3.0. Coherencia y competencia textuales 19
   - 3.1. Elementos de la coherencia 21
   - 3.2. La cohesión superficial 22
   - 3.3. Coherencia global 23
   - 3.4. Coherencia pragmática 26
   - 3.5. Coherencia interna: la isotopía 29
4. El texto como proceso semiótico 33
   - 4.0. Hacia el discurso 33
   - 4.1. Del sistema al proceso: el discurso 34
     - 4.1.0. La dimensión transfrástica 36
     - 4.1.1. Digresión sobre los niveles textuales: la discursivización 38
5. El texto como forma de intercambio 40
6. El con-texto del texto 43
   - 6.0. Relación del texto con la situación 43
   - 6.1. Contextualización 45
   - 6.2. Elementos textuales de contextualización 49

Bibliografía 52

CAPÍTULO II. CUALIFICACIONES Y TRANSFORMACIONES MODALES

1. El concepto de modalidad 56
2. Sobre la oposición enunciado descriptivo/enunciado modal . 60
   - 2.0. El enunciado asertivo 60
   - 2.1. Dimensión interaccional de la aserción 62

---

* Este libro ha sido pensado conjuntamente. Sin embargo, la elaboración de los capítulos I y II se debe a Jorge Lozano, la del III a Cristina Peña-Marín, la del IV a Gonzalo Abril y la del V a los tres autores.

3. La modalidad como expresión de la subjetividad 64
4. La actuación del sujeto 67
   4.0. Estados y transformaciones 67
   4.1. El acto en el programa de acción. El programa narrativo 69
5. La competencia del sujeto 71
   5.0. Competencia lingüística 71
   5.1. Competencia comunicativa 73
   5.2. Competencia modal 74
6. La construcción de la verdad: modalidades veridictivas 76
7. Las figuras de la manipulación. Pasiones y modalidades factitivas 81
8. Anotación prospectiva 84

Bibliografía 86

Capítulo III. Sujeto, espacio y tiempo en el discurso

1. El sujeto en el discurso 89
2. Situación de enunciación y deixis 95
   2.0. El concepto de enunciación 95
   2.1. Deixis y anáfora 97
3. Las formas enunciativas 102
   3.0. Tipos de enunciación 102
   3.1. Localización y modalización 103
   3.2. Las formas enunciativas en la definición del texto y de sus sujetos 105
   3.3. Conclusión 109
4. Niveles y personajes enunciativos 110
   4.0. El cambio de nivel o conmutar 110
   4.1. El sujeto textual 113
       4.1.0. Destinador y destinatario 113
       4.1.1. Representación y cancelación del sujeto 118
       4.1.2. Yo-yo: reflexividad 124
   4.2. Tiempo-espacio-persona 127
   4.3. La metáfora de la visión: el observador 131
       4.3.0. Sobre la noción de punto de vista 131
       4.3.1. La voz y la mirada 132
       4.3.2. Focalización exterior e interior 134
       4.3.3. La temporalidad inmanente a la situación: aspectualidad 138
   4.4. Metadiscurso 141
       4.4.0. Niveles discursivo y metadiscursivo 141
       4.4.1. El enmarcar los textos 143
   4.5. Conclusiones 146

5. La palabra propia y la ajena. Identificación y distancia 147
   5.0. Entre el uso y la mención 147
   5.1. Citas expresas 149
       5.1.0. Discurso directo y objetividad 149
       5.1.1. La absorción del discurso del otro: discurso indirecto................................. 151
       5.1.2. Contaminación de voces: Estilo Indirecto Libre (E.I.L.) 154
   5.2. Citas no expresas 156
       5.2.0. Citas implícitas en las formas lingüísticas 156
   5.3. Las figuras de la distancia enunciativa: ironía, burla, parodia 159
   5.4. Conclusión 165

Bibliografía... 166

CAPÍTULO IV. LA ACCIÓN DISCURSIVA

1. Lenguaje y acción.. 170
2. El hacer lo que se dice 174
   2.0. La performatividad 174
   2.1. La autorreferencia en los performativos 175
   2.2. Condiciones del hacer performativo 178
   2.3. Tipos de enunciados performativos................. 184
   2.4. Conclusiones 187
3. Locución, ilocución y perlocución .... : 188
   3.0. Significado, fuerza y efecto de las expresiones........ 188
   3.1. La operación ilocucionaria 189
   3.2. La cualificación intersubjetiva del efecto ilocutorio ... 194
   3.3. El acto locucionario............................. 198
   3.4. Secuencias de acciones 199
   3.5. Conclusiones 206
4. El hacer de lo no dicho 207
   4.0. La presuposición 207
   4.1. Operaciones presupositivas 208
   4.2. Funciones de los presupuestos.................... 212
   4.3. Inferencias discursivas 215
   4.4. Conclusiones 218
5. Actos ilocucionarios indirectos 220
   5.0. Sentido literal y sentido indirecto 220
   5.1. El acto abiertamente encubierto 222
   5.2. Niveles de la acción en los actos indirectos........... 227
   5.3. Cómo responder................................. 231

5.4. Modificaciones funcionales de los actos 234
5.5. Conclusiones 242

Bibliografía.. 243

Capítulo V. Hacia una semiótica de la interacción discursiva . 247

> *El mundo no funciona
> sino por el malentendido.*
>
> CH. BAUDELAIRE

Preliminar

Éste es un libro de semiótica. Pero acaso convenga alguna aclaración ante la polisemia del término *semiótica* y ante su capacidad de suscitar pasiones hostiles: para algunos es el nombre de aquella doctrina de los signos que permite hablar de todo sin decir nada, y cuyas abigarradas preferencias terminológicas no responden, como en otras áreas del saber, a requerimientos conceptuales y metodológicos, sino al simple capricho o a un prurito oscurantista; para otros, igualmente desconocedores del desarrollo teórico y analítico de la semiótica, ésta constituye la inteligencia artificial de las cosas ya conocidas, o una moda cultural del París de los 60, o tan sólo una etiqueta legitimadora de cierta culturología *snob*.

Lo cierto es que la reflexión sobre los sistemas de significación, cuyas primeras divulgaciones resultaron sugerentes, aunque intuitivas, se ha desarrollado en los últimos quince años por cauces de rigor y de especialización que acaso deseaban sus padres fundadores, pero que, para bien o para mal, inspiran menos aproximaciones literarias. La semiótica actual no se ocupa de signos, ni está de moda, ni constituye ya una etiqueta negra de la crítica cultural.

Para más claridad, éste es un libro de semiótica textual. En él se aborda el examen del *texto* desde algunos puntos de vista que tenemos por más pertinentes: en el capítulo I se trata de definir el propio objeto, su estructura y componentes; el capítulo III trata del sujeto —o de los sujetos— y de las coordenadas espacio-temporales del texto y su construcción a través de las operaciones enunciativas; las cualificaciones del sujeto y la organización modal del texto han sido previamente examinadas en el capítulo II a la luz de la teoría de las modalidades; el capítulo IV versa sobre lo que los discursos y sus sujetos hacen, y su punto de partida es la teoría de los actos de habla. Cada uno de estos apartados es relativamente autónomo, y aun cuando el conjunto del trabajo y la sensibilidad que lo anima son el producto de una larga colaboración entre los autores, el lector no dejará de advertir inevitables reenvíos y polifonías. El último capítulo, escrito a coro, es un breve apunte programático que tantea una confluencia provisional.

Reconocemos la audacia del proyecto: hemos recurrido a fuentes disciplinares heterogéneas cuyo concurso plantea serias cuestiones metodológicas, que con seguridad no hemos resuelto definitivamente. Junto a los riesgos inherentes a toda empresa transdisciplinar, asumimos el de haber incluido algunos problemas apenas desbrozados en las recientes reflexiones semióticas: en más de un caso nos limitamos a apuntar orientaciones de la investigación antes que resultados firmes.

Agradecemos el impulso y la implacable guía teórica de Paolo Fabbri, con quien hemos podido discutir en múltiples lugares y circunstancias, y de quien somos plenamente deudores en cuanto a la perspectiva, así como el apoyo cordial de otro culpable de nuestro vicio semiótico, Umberto Eco. El aliento de ambos ha compensado en parte la apatía de nuestro entorno académico. Deseamos excluir de este adverso *umwelt* a José Luis L. Aranguren, Javier Muguerza y Jesús Ibáñez que, junto a otros amigos y amigas, han manifestado interés y simpatía por nuestras preocupaciones teóricas.

Capítulo primero

El texto

1. Introducción

Es frecuente definir la semiótica —y así suele aparecer en el diccionario— como doctrina, teoría general o ciencia de los signos, siguiendo una tradición filosófica que comienza con los estoicos (Eco, 1981; Jakobson, 1974a; Rey, 1973; Sebeok, 1976).

En efecto, a partir del concepto de *signo* la semiótica ha ido adquiriendo, gracias a las aportaciones de Ch. S. Peirce y de F. de Saussure estatuto propio, lo que ha hecho posible observar y analizar la dimensión significacional tanto de la cultura y de la sociedad en general como de la lengua en particular.

Sin embargo, estudios recientes dentro de la semiótica contemporánea, al ocuparse de sistemas de significación complejos, han ido poniendo en cuestión el concepto de signo, sancionándolo de ingenuo y atomístico, y provocando lo que ha dado en llamarse, acaso con excesivo énfasis, «crisis del signo» (Barthes, 1980; Eco, 1981). Crisis del signo (la noción ha sido puesta en crisis desde su primer aparecer, nos recuerda Eco, 1981, 628), que estuvo presente, sin ir más lejos, en Hjelmslev (1943), quien ya advirtió que en rigor no debería hablarse de signo, sino de *funciones sígnicas* que se realizan «cuando dos funtores (expresión y contenido) entran en mutua correlación»[1] (Eco, 1975, 74).

A partir de esta consideración de Hjelmslev, el *signo* se verá disuelto en un retículo de relaciones múltiples y cambiantes (Eco, 1975, 74) que forman *sistemas de significación*.

Y puesto que, como advierte Benveniste (1977, 57), no hay signo transistemático, será precisamente en el sistema de significación donde podremos analizarlo.

De ese modo, la concepción de la semiótica como doctrina de los

---

[1] Pero el mismo funtor —continúa Eco (1975, 74)— puede también entrar en correlación con otros elementos, convirtiéndose así en un funtor diferente que da origen a otra función sígnica.

signos se ha visto desplazada por el estudio de los sistemas de significación[2], y de su realización en textos.

Una consecuencia del desplazamiento del signo —concepto histórico, artefacto analítico (e incluso ideológico) gustaba decir Barthes (1980, 1074)— a los sistemas de significación, es la de centrar la mirada semiótica (Fabbri, 1973) en el *texto* (o discurso), considerado, en un primer momento, como secuencias de signos, que produce sentido.

Pero no es una suma de signos la que produce el sentido, sino el funcionamiento textual (Benveniste, 1977, 67 y 68); idea esta que ha llevado a sostener al último Barthes, al último Derrida y a Kristeva, entre otros, que los textos son el lugar donde el sentido se produce y produce (práctica significante) (Eco, 1981, 641).

Asistimos, pues, hoy en el desarrollo de la teoría de la signficación a una preocupación por el texto, concebido como aparato semiótico, lo que ha dado paso a la elaboración de la así llamada semiótica textual o semiótica discursiva[3], en la que la atención se fijará más en lo que los signos *hacen* que en lo que los signos *representan* en la actividad textual (en donde los signos se reconocen y se construyen).

En las páginas que siguen pretendemos acercarnos al *texto,* eje central en los estudios semióticos actuales.

2. El texto como objeto semiótico

Si uno de los objetivos de la semiótica es el de describir (mediante metalenguaje) los discursos que atraviesan la sociedad, y explicar qué *hacen* con su actividad discursiva[4], le corresponde también delimitar en primer lugar su objeto de análisis. Ese objeto es el texto. «Donde no hay texto, no hay tampoco objeto de investigación y de pensamiento», sentenciaba Bajtin (1977, 179). Y cuando este se-

---

[2] Con ello no queremos negar la importancia y legitimidad de estudios sobre el signo ni de las tipologías que, a partir de esos análisis, se puedan obtener: nos parece, por ejemplo, interesante la propuesta de Lotman (1979) de definir la cultura como «actitud respecto al signo»; pensamos, sin embargo, que el signo que ha sido considerado por Lotman como *unidad cultural,* tiene más conexiones con la idea de *formación discursiva* de Foucault que con la relación significante/significado como la postulaba Saussure.

[3] En lo sucesivo utilizaremos indistintamente los términos «texto» y «discurso».

[4] Ante tan amplios objetivos, requiere la semiótica de una rigurosa conceptualización (necesaria a todo metalenguaje). Y, desde nuestro punto de vista, evitar una apresurada formalización. Creemos, por otra parte, que el desarrollo de la semiótica contribuirá, entre otras cosas, a una tipología de los discursos, a partir del funcionamiento textual y no de categorías aprioristicas o *ad hoc.*

miólogo ruso trató de definir el área de su trabajo, situó precisamente en el texto el confín y los puntos de contacto y de intersección de todas las disciplinas que intervenían en sus análisis: filosofía, lingüística, la llamada crítica literaria, etc.

El texto escrito y oral es considerado por Bajtin como *dato* primario de todas esas disciplinas y, en general, de todo el pensamiento teológico y filosófico en sus orígenes. En este sentido señalaba que el texto es «aquella *realidad inmediata* (realidad de pensamiento y de emociones) sobre la cual sólo pueden fundarse estas disciplinas y este pensamiento» (Bajtin, 1977, 197).

Hemos comenzado recordando a Bajtin (1977) para resaltar un aspecto en que él insistía, al proponer la creación de una textología: a saber, el de la consideración del texto —todavía sin definir, y por tanto concepto preteórico— como objeto. Y como tal, diría Barthes (1980), «sometido a la inspección distante de un sujeto sabio».

Visto así, el texto como objeto permite por un común interés la convergencia de distintas disciplinas. Desde la sociología, la sociolingüística y la psicología social a la teoría de la información y a la teoría de la comunicación y un largo etcétera, coinciden en trabajar con textos. Por otra parte, podemos encontrar tanto en la estilística como en la retórica los orígenes de una preocupación textual.

En efecto, y muy someramente, la estilística se ocupaba de las relaciones por encima del nivel de la frase (de este modo sustituía a la lingüística que se ocupaba sólo de lo frástico), y en esta perspectiva transfrástica podría observarse una orientación al texto en cuanto «objeto». Y aunque no se ocupa del discurso en sí, sino que, en conformidad con el aserto de Buffon: «el estilo es el hombre», atiende al «autor» *expresándose* en la obra, pueden encontrarse en esta atención paralelismos con aspectos de una teoría del texto: por ejemplo, los considerados en los estudios sobre la enunciación y el sujeto textual (véase capítulo III).

En cuanto a la retórica, e independientemente de las distintas concepciones que su profusa historia permite (Lausberg, Barthes, 1979, etcétera), puede ser vista, en términos muy generales, como «mecanismo de generación de textos»[5].

---

[5] Recientemente Lotman (1981) ha señalado tres significados principales que adquiere hoy, en la poética y en la semiótica, el término «retórica»:

a) Lingüístico, en cuanto conjunto de reglas de construcción del discurso en el nivel transfrástico, como estructura de la narración en los niveles superiores a la frase.
b) Como disciplina que estudia la «semántica poética», los tipos de significados trasladados, «retóricos» (la así llamada «retórica de las figuras»).
c) Como «poética del texto», sector de la poética que estudia las relaciones intratextuales y el funcionamiento social de los textos como formaciones semióticas unitarias.

Acaso habría que señalar la coincidencia del desarrollo del análisis textual con la recuperación actual de la retórica[6].

Pero a pesar de esas conexiones y de su posible integración —en el sentido en que, por ejemplo, Coseriu (1978, 289) indicaba que la *estilística del habla* es una lingüística del texto, o en el de la propuesta de Eco (1975, 345) de contemplar la retórica como objeto de una semiótica de la interacción conversacional—, pensamos que corresponde a la semiótica del texto o semiótica del discurso encarar *todos* los aspectos del texto. Pero, ¿qué es un texto?

Una primera aproximación al conceto del texto nos es proporcionada en un sentido amplísimo por Lotman y la llamada Escuela de Tartu (y la semiótica soviética en general, herederos de M. Bajtin), quienes lo consideran como «conjunto sígnico coherente». De un modo todavía más abierto suelen referirse al texto como «cualquier comunicación registrada en un determinado sistema sígnico». Desde ese laxo punto de vista hablan de un ballet, de un espectáculo teatral, de un desfile militar y de todos los demás sistemas sígnicos de comportamiento como de *textos,* en la misma medida, afirman, en que se aplica dicho término a un texto escrito en una lengua natural, a un poema o a un cuadro (Lozano [ed.], 1979, 41).

Desde esta perspectiva de la llamada «semiótica de la Cultura» el concepto de texto, aunque vago, se usa en sentido específicamente semiótico. A través del concepto de «Sistema de Modelización Secundario»[7], «texto» se aplica no sólo a los mensajes en lengua natural, sino a cualquier fenómeno portador de significado integral («textual»): a una ceremonia, a una obra figurativa, a una conversación o a una pieza musical. Así, aunque lo literario, lo «lingüístico», ha sido el campo privilegiado de experimentación semiótica y de desarrollo de su teoría —destacándose de las semióticas de signos no lingüísticos—, la semiótica de la cultura incluye bajo su denominación cualquier sistema de *signos* (verbales, no verbales, gráficos, gestuales...).

Por eso, cubriendo distintas semióticas y abarcando fenómenos muy diversos, Lotman y Pjatigorsky (1968) definen el texto como «formación semiótica singular, cerrada en sí, dotada de un significado y de una función íntegra y no descomponible».

De esta definición queremos destacar, para la delimitación del objeto texto, su *clausura* como un elemento definitorio.

En efecto, si como señalaba Hjelmslev, la dimensión del signo no

---

[6] Perelman, 1958 («Nouvelle Rhétorique»); Barthes, 1970; Eco, 1975; Grupo µ; 1972, etc.

[7] Mediante el concepto de «Sistema de Modelización Secundario», quieren indicar la relación con el lenguaje natural, que sería el sistema de modelización primario, para referirse, por ejemplo, al arte como sistema de signos.

es pertinente, de tal suerte que tanto una palabra, por ejemplo /¡Fuego!/, como toda una obra, como *Los Episodios Nacionales* —por citar ejemplos estereotipados— coinciden en ser *textos*, es precisamente por su clausura y autonomía, por las que, independientemente de su dimensión, se las puede considerar textos.

Pudiera pensarse que la longitud depende del análisis y no altera la definición del objeto. En ese sentido dice Weinrich (1981, 8): «El concepto de texto dice que el análisis comienza con la unidad máxima, delimitada por interrupciones ostensibles en la comunicación», sacrificando la longitud en aras de la clausura, y destacando, a nuestro parecer, otro criterio: el de la intencionalidad del hablante (en cuanto intención comunicativa) en su emisión lingüística.

De modo semejante, y al igual que Weinrich desde una posición estrictamente lingüística, Dressler (1974, 9) ha definido al texto, marcando el aspecto de clausura al que hemos aludido, como «enunciado lingüístico concluso».

Si bien con estas consideraciones podemos vagamente acercarnos al objeto-texto, su generalidad y falta de precisión en la delimitación —al utilizar definiciones analíticas *ad hoc*— nos impide distinguir un texto de un no-texto.

Vamos a examinar a continuación lo que se llama *coherencia* del texto. Distintas y múltiples teorías semióticas o textuales coinciden en señalar la coherencia como un elemento constitutivo de la definición de *texto*.

3. LA COHERENCIA DEL TEXTO

3.0. *Coherencia y competencia textuales*

Un primer problema a la hora de afrontar la *coherencia* de un texto, surge del propio concepto, transdisciplinar, polisémico y difícilmente definible.

Para Hjelmslev, por ejemplo, la coherencia —asimilable a la consistencia— es uno de los (tres) criterios fundamentales de la cientificidad de una teoría. Con uno de los significados que en el lenguaje ordinario posee el término coherencia se quiere caracterizar un sistema de pensamiento, una teoría, un texto, etc., cuyas partes se ligan solidariamente entre sí. Si se toman en cuenta estas acepciones, la coherencia entraña elementos de conexión, de entramado entre las partes.

De este modo, si no se vincularan solidariamente, si no se conectaran los distintos elementos que conforman un sintagma, una frase, el resultado sería, según la gramática generativa, una construcción inaceptable, agramatical. En cierto sentido, esa agramaticalidad podría ser incluida en la categoría de no-coherente.

Sin embargo, no es ese el aspecto que nos interesa, ni consideramos que la coherencia equivalga a una «ausencia de contradicciones». En efecto, como iremos viendo, textos aparentemente contradictorios pueden ser textualmente coherentes, o textos aparentemente incoherentes en el nivel de manifestación pueden no serlo en otros niveles.

De hecho, en los actores sociales, en los interlocutores de una conversación, o en el lector de un texto, se da una *competencia textual* que les hace capaces de recibir como coherente un texto que pudiera en principio no serlo.

Tal suerte de competencia textual ha sido considerada por Halliday y Hasan (1976) cuando argumentan que «si un lector (de inglés) oye o lee un pasaje que comporte más de una frase, puede decidir normalmente sin dificultad si es un todo coherente [8] o solamente un ensamblaje de frases sin relación las unas con las otras».

Una primera consecuencia que podemos inferir de la existencia de una competencia textual es la capacidad de captar (o atribuir) la coherencia de los textos independientemente de su forma lingüística. Así vista, la competencia textual se puede concebir como una especie de mecanismo de generación de coherencia, allí donde *aparentemente* no la hay. Dentro de estas consideraciones podemos incluir las máximas que el sociólogo Sacks (1972) proponía a los oyentes para interpretar oraciones, que pudieran ser incoherentes o no coherentes. Una de las máximas de Sacks dice así: «Si la primera de las oraciones puede ser oída (interpretada) como la causa de la segunda, óigala de ese modo.» Para ilustrarla sugería el comienzo de una historia infantil: /El niño lloraba. La mamá le alzó/. Advierte Sacks que *espontáneamente* consideramos a la mamá como *su* mamá, y suponemos que ha alzado al niño *porque* lloraba, aunque en ningún modo esa relación sea formulada.

Creemos que tales relaciones de correferencia y motivación, vienen presupuestas en la *competencia* [9] de los hablantes y oyentes.

Ahora bien, nuestra competencia no es frástica, sino textual: no es la capacidad de producir y de reconocer como gramaticales, aceptables, etc., enunciados en cuanto entidades sintácticas constituidas por elementos cuyos vínculos recíprocos sean definibles sólo en términos de relaciones sintácticas, sino en cuanto fragmentos interconectados de un discurso coherente (Garavelli Mortara, 1974, 23).

---

[8] Precisamente es ese «todo coherente» el que estos y otros autores consideran *texto*. Como ellos mismos dicen, la palabra *texto* es utilizada en lingüística para designar todo pasaje, escrito o hablado, de cualquier amplitud, que forma un todo coherente.
[9] El concepto de competencia (lingüística, comunicativa, modal) se verá en II. 5.

Como ejemplo podemos señalar el célebre monólogo de *Molly Bloom*. Cualquier lector, no necesariamente atento, podrá sin grandes obstáculos atribuir coherencia a estos fragmentos de Joyce (que serían en principio un no-texto), en tanto segmento textual integrado en un *todo coherente*, esto es el *Ulises* [10].

El concepto de competencia textual, tal como hasta aquí lo venimos usando, puede ser enriquecido con el de competencia intertextual [11]. Con dicho concepto se quiere significar que todo lector al leer u oír un texto tiene siempre en cuenta la experiencia que en cuanto lector tiene de otros textos, lo que supone, en términos de Eco, un tipo de *hipercodificación* (Eco, 1979, 81).

Como ejemplo sirva el propuesto por Eco del lexema /ballena/ inserto en un texto. Al enfrentarse a dicho lexema un determinado lector, mediante la competencia intertextual, además de contar con el diccionario que le proporcionará distintos significados y acepciones (/mamífero/, /cetáceo/ y un largo etc.), recurrirá a (y aplicará) sus conocimientos de la lectura de *Moby Dick*, el recuerdo de fragmentos de la Biblia donde aparece Jonás, etc., y que en términos de Eco (1979) conforman su *Enciclopedia*.

Debemos señalar, no obstante, que la competencia intertextual permite más bien enmarcar los textos, definir los marcos dentro de los cuales se puede observar o atribuir coherencia, que detectar y establecer la coherencia textual.

En los epígrafes que siguen se señalan los elementos de cohesión y coherencia, distinguiendo y relacionando los niveles (léxicos) de superficie y los que se sitúan en la estructura profunda, que darán pie a una diferenciación (e interdependencia) entre una coherencia lineal y una coherencia global. Se distinguirán asimismo una coherencia prágmática de una coherencia que podemos llamar intratextual.

3.1. *Elementos de la coherencia*

Desde una perspectiva textual van Dijk (1980a, 147-55) ha dedicado un capítulo al concepto de coherencia en el que, tras indicar que es una noción no bien definida, recurre inicialmente a definiciones intuitivas. «*Intuitivamente* —dice— la coherencia es una propiedad semántica de los discursos, basada en la interpretación de cada frase individual relacionada con la interpretación de otras frases» (van Dijk, 1980a, 147, subrayado nuestro).

---

[10] Como veremos más adelante, la definición y reconocimiento del *marco* «monólogo interior» facilitará y determinará su comprensión y, por ende, su coherencia.

[11] Derivado de *intertexto*, concepto de Bajtin que ha desarrollado Kristeva (1970), y más recientemente en el sentido al que aludimos, Eco (1979).

Intuitivamente sabemos si algo es coherente o no, por cuanto en una secuencia de frases vemos una de ellas como causa de la siguiente. Ya anteriormente van Dijk (1974) —como recuerdan en cita García Berrio y Luján (1977, 173)— había afirmado que un discurso es coherente si «para cada una de sus sentencias, las sentencias previas son relevantes». En este sentido, el clásico artículo de Bellert (1970) es ilustrativo. Para esta autora un discurso (coherente) es una secuencia de enunciaciones: E_1, E_2, E_3, ..., E_n, tal que la interpretación semántica de cada enunciación *(utterance)* E_i (para $2 \leqslant i \leqslant n$) depende de la interpretación de la secuencia E_1, ..., E_{i-1}.

En otras palabras, para Bellert una interpretación adecuada de una enunciación recurrente en un discurso requiere del conocimiento de los elementos precedentes (que constituirían el contexto)[12].

No obstante, para evitar posibles confusiones debemos aclarar que el concepto de texto usado por estos autores no equivale en modo alguno a la suma de las frases que lo componen (ni siquiera, dicho en términos lingüísticos, como si el texto fuera una frase en *expansión,* o la frase un texto en condensación). Tampoco se puede deducir de estas consideraciones que la coherencia se encuentra simplemente en la (unidimensional) sucesión lineal de los enunciados[13].

La propia Bellert (1970) considera que la coherencia textual no viene conferida sólo por lo que explícitamente se dice en el texto, sino también por todo aquello que en él queda implícito (por ejemplo, por el conjunto de las presuposiciones de cada enunciación singular[14] y por el conjunto de las conclusiones que de cada enunciación singular son inferibles). Pero sobre esto volveremos. Previamente debemos distinguir netamente entre una coherencia superficial, léxico-gramatical, y una coherencia global del texto.

3.2. *La cohesión superficial*

A modo de resumen, reseñaremos algunos factores que conformarían la coherencia en un nivel superficial (que algunos autores llaman cohesión). Así, por ejemplo, las conjunciones, y en general los elementos copulativos, constituyen índices de cohesión (García Berrio y Vera Luján, 1977).

Para Weinrich, el artículo, que él define como deixis anafórica[15]

---

[12] Llamado por otros autores *co-texto*.
[13] Cfr. los breves comentarios de Maria-Elisabeth Conte (1977, 17).
[14] Por ejemplo como tipo particular de acto ilocucionario que pone ciertas reglas para la prosecución del discurso. Véase capítulo IV.
[15] Para una explicación y desarrollo de los conceptos de anáfora y deixis, véase capítulo III.2.

textual, es un índice previo al sustantivo que sirve, entre otras funciones, para situarlo textualmente y favorecer la coherencia.

En ese mismo sentido, los pronombres (definidos por Bühler como «palabra mostrativa») son, según Harweg, el procedimiento principal (pronominalización), si no el único, que determina las conexiones de las frases en un texto [16].

En fin, para Dressler los factores que originan la coherencia son: la sustitución diafórica (anafórica y catafórica), la conjunción, las partículas, la estructura de modo, de tiempo y de aspecto de los predicados, así como el orden de las palabras.

Sin embargo, éstos y otros factores (pues la lista se puede ampliar tanto como la de los autores que se han ocupado del tema) que destacan la conectividad y las relaciones causales de los elementos de un texto para conformar su coherencia, no nos interesan por cuanto privilegian la coherencia o cohesión superficial (y acaso lineal) del texto.

Por el contrario preferimos indagar en la llamada coherencia global o integral, aun a riesgo de oscurecer casos específicos cuya particularidad exigiría este tratamiento brevemente aludido.

Pensamos con Rieser (1978, 41), que textos incoherentes en un nivel de estructura de superficie muestran un alto grado de coherencia en la estructura profunda. En tal sentido, tanto la semiolingüística francesa como algunos representantes de la *Text-Linguistik* (Lingüística del Texto) alemana y holandesa, parecen coincidir en situar la coherencia en la estructura profunda que determinará la relación entre enunciados, su sucesión y su realización léxica.

En esta óptica se sitúan tanto aquellos que consideran la estructura profunda [17] como una estructura lógico-semántica (Greimas, van Dijk, Bellert, etc.), como los que la consideran como conjunto ordenado de complejos temáticos (Schmidt).

3.3. *Coherencia global*

De entre los autores que ubican la coherencia en la estructura profunda del texto, queremos brevemente detenernos en van Dijk, cuya propuesta de definir la coherencia en un nivel que él llama

---

[16] El texto viene definido por el autor, a partir de estas observaciones, como «una sucesión de elementos lingüísticos, constituida por una concatenación pronominal ininterrumpida».

[17] Estructura profunda: compuesta de ingredientes semánticos elementales (constituyentes) que poseen un estatuto lógico definible.
Estructura superficial: gramática semiótica que ordena en forma discursiva los contenidos susceptibles de manifestación.

macroestructural ha circulado ampliamente entre los estudiosos de la *Text-Linguistik*.

Van Dijk concibe la macroestructura como la esctructura abstracta subyacente o *forma lógica* de un texto que constituye la estructura profunda textual (concepción que coincide básicamente con la de Greimas cuando considera la estructura profunda como estructura lógico-semántica, aunque los planteamientos teóricos y analíticos de ambos autores difieran por lo demás notablemente).

Mediante el concepto de macroestructura, van Dijk quiere hacer frente a la idea de que la coherencia textual se determina solamente en el nivel de las relaciones interfrásticas (que constituirían la *microestructura*)[18] y así definirla también en un nivel macroestructural. De este modo la macroestructura puede ser vista como la representación semántica global que define el significado de un texto concebido como *un todo único*. Sin tal macroestructura y las reglas que subyacen podríamos fácilmente interpretar que la coherencia es solamente superficial y lineal. Sin embargo, la macroestructura también contribuye no sólo a la coherencia global (que en definitiva es la que nos ocupa), sino también a la coherencia local en el nivel inferior de las conexiones entre proposiciones de las frases.

Debemos señalar que la derivación a partir de estructuras semánticas profundas (macroestructuras) para la manifestación de las estructuras superficiales interfrásticas (microestructuras) es uno de los problemas fundamentales de la lingüística del texto que sigue el modelo de la gramática generativo-transformacional (Forestieri, 1979, página 51; Petöfi y García Berrio, 1978, 69).

En todo caso hay que hacer notar la interrelación e interdependencia entre microestructuras y macroestructuras. Tal relación se realiza mediante unas reglas necesarias para la proyección semántica que vincula las proposiciones de las microestructuras con las de las macroestructuras textuales.

Tales reglas son denominadas por van Dijk *macrorreglas* (porque producen macroestructuras).

---

[18] La microestructura es la estructura superficial del texto en el que se distinguen dos niveles; la estructura profunda y la estructura superficial de las frases ordenadas en secuencias. Puede ser descrita con los componentes ordinarios de una gramática transformacional de base semántica, donde el componente semántico genera las representaciones (semánticas) abstractas de las secuencias de las frases y el componente sintáctico formula las reglas para describir las estructuras superficiales sintácticas, mientras los componentes morfológicos y fonológicos dan la forma superficial a las estructuras semántico-sintácticas.

NOTA

Van Dijk (1980a, 1981b) distingue tres macrorreglas cuya función es *transformar* la información semántica. Son las siguientes:

I. *Supresión*

Dada una secuencia de proposiciones, se suprimen todas las que no sean presuposiciones de las proposiciones subsiguientes de la secuencia.

II. *Generalización*

Dada una secuencia de proposiciones, se construye una proposición que contenga un concepto derivado de la secuencia de proposiciones, y la proposición así construida sustituye a la secuencia original.

III. *Construcción*

Dada una secuencia de proposiciones, se construye una proposición que denote el mismo hecho denotado por la totalidad de la secuencia de proposiciones y se sustituye la secuencia original por la nueva proposición.

Van Dijk (1980b, 56) señala que los principios generales de la macroestructura son pertinentes para *el procesamiento* de *información semántica* compleja en general; la macroestructura, así concebida, ha cumplido una función muy importante en la *comprensión* y en general en el tratamiento cognitivo de los discursos. A este respecto cabe reseñar los análisis efectuados por Kintch y van Dijk (1975), que con la ayuda de la psicología cognitiva han destacado el funcionamiento de la macroestructura al examinar los procesos de recuerdo, resumen y memorización.

Kintch y van Dijk (1975) han mostrado que, por ejemplo, cuando se pide a sujetos que *resuman* un cuento se produce un proceso de *reducción* de la información semántica, al condensar una secuencia de proposiciones en otra de menor número, incluso en una sola proposición[19].

Esta operación coincide con el proceso cognitivo (que podría

---

[19] Como ejemplo extremo, sirva la *boutade* de Woody Allen después de haber leído *Guerra y Paz:* / va de Rusia /.

englobarse en la competencia textual) mediante el cual el lector u hablante es capaz de señalar el *tópico* [20] del discurso.

En efecto, van Dijk considera que las macroestructuras semánticas (que constituyen la estructura semántica del discurso) son la reconstrucción teórica de nociones como *tópico, tema* o *asunto* del discurso; como señalan García Berrio y Petöfi (1978), en su base la macroestructura se concibe como el desarrollo (transformativo, jerarquizado y coherente) del tópico del discurso. Dicho tópico estaría constituido de manera que contuviera en sí toda la información esencial del texto desarrollado.

Ahora bien, el tópico textual, que está estrictamente conectado con la «interpretación» que el lector (u oyente) está *inducido* a dar al texto, representa por así decir «una operación de tipo pragmático que el lector (u oyente) realiza sobre el texto, estableciendo a su vez el "argumento" del que se habla» (Violi y Manetti, 1979, 39).

Por tanto podemos concluir que, si bien el tópico sería una estructura mínima de representación sintáctico-semántica (Petöfi y García Berrio, 1978), también se puede enfocar la operación pragmática, a la que acabamos de aludir, por la que el lector reconstruye dicho tópico.

Tal distinción (que no contradicción) analítica nos servirá para introducir ahora la perspectiva pragmática en el estudio de la coherencia.

3.4. *Coherencia pragmática*

Aunque la macroestructura es una estructura semántica van Dijk, sin embargo, estipula por otra parte que la coherencia global, a la que llama coherencia pragmática, la asigna el lector. En tal sen-

---

[20] *topico (vs. comento)*, que en la terminología del círculo de Praga se denominaba *tema (vs. rema)*, se puede definir en términos muy generales como «aquello de lo que se dice algo» (opuesto a «lo que se dice de la persona o la cosa»). Halliday, a su vez, lo ha reformulado en términos de *dado* (given) *vs. nuevo* (new).

Sirvan como ejemplo para ilustrar la posición de Halliday, que recupera van Dijk, las siguientes frases:

1) / Calvo Sotelo ha regalado una corbata a Felipe González /.
2) / Calvo Sotelo ha regalado la corbata a Felipe González /.

en 1) *Calvo Sotelo* y *Felipe González* son lo *dado* (given), mientras *una corbata* es lo *nuevo*.
en 2) *Calvo Sotelo* y *la corbata* son lo *dado*, mientras *Felipe González* es lo *nuevo*.

En la perspectiva de Halliday, las dos frases tienen el mismo significado *ideacional* (o contenido proposicional), pero difieren a nivel informativo. Tal diversidad de información se debe imputar a la diferente función *temática* de los dos artículos, indefinido y definido.

tido la coherencia pertenece a la comprensión y a la interpretación que el lector hace del texto.

Ahora bien, la interpretación del texto por parte del lector está sujeta no sólo a la *recuperación* de la información semántica que el texto posee, sino también a la *introducción* de todos aquellos «elementos» de lectura que el sujeto puede poseer, incluidos dentro de lo que hemos llamado competencia textual: desde el supuesto sociocultural e «ideológico», los sistemas de creencias, las estructuras pasionales, hasta lo que Eco (1975) ha llamado *subcódigos,* y un largo etcétera.

Igualmente podemos decir que el lector no sólo realiza una operación de *traducción* (Eco, Lotman), sino que, situándose en un nivel metacomunicativo, establece también diversos tipos de *frame* (marco).

NOTA

Con el concepto de *marco,* Bateson (1972) señaló la existencia de «mensajes metacomunicativos» que sitúan la comunicación entre varios sujetos, al definirla (metacomunicativamente) por medio de esos mensajes: /esto es un juego/, /es en serio/, etc. Dicho concepto lo identifica Goffman (1974) con el instrumento que utilizamos cotidianamente para *definir la situación* de interacción entre los actores sociales y para asignar significado al flujo de acontecimientos que se desarrollan en la interacción[21]. Otra acepción ha sido usada en Inteligencia Artificial (Minsky, 1974).

Desde la psicología cognitiva ha sido definido más restrictivamente como «el conjunto de operaciones que caracterizan nuestro conocimiento convencional de alguna situación más o menos autónoma: actividad, transcurso de acontecimientos, etc.» (van Dijk, 1980a, 157), concepto cercano al que utilizan algunas teorías textuales para las que el marco *supermercado,* por ejemplo, incluye los conceptos que «denotan ciertos cursos de acontecimientos o de acciones que afectan a varios objetos, personas, propiedades, relaciones o hechos» (van Dijk, 1976a, 31) y que, como señala Eco (1979, 80), comportará la noción de un lugar donde la gente entra para comprar mercancías de diferente tipo, tomándolas directamente y pagando a la salida en la caja; nociones

---

[21] Esta acepción se desarrolla en el capítulo III.4.4.

que se evocan cuando identificamos una *situación* como «supermercado» y que posibilitan nuestra comprensión de lo que ocurre en este marco.

Así, en el ejemplo ya aludido de Molly Bloom, al situarlo en el marco «monólogo interior» le asignamos coherencia. El texto de Joyce, que sin esa referencia se nos mostraría como una sucesión de enunciado inconexos, ubicado en un marco que engloba *todos* los elementos y posibilidades internos (en este caso desde asociaciones libres a las más disparatadas y abstrusas emisiones) adquiere coherencia en cuanto elemento de tal marco. De todo ello Eco concluye que un marco es siempre un texto virtual o una historia condensada (Eco, 1979, 80).

Y si bien es cierto que todo texto posee su propio marco[22] en función del cual se le atribuirá significado y se le asignará coherencia, también es cierto que el lector, en el nivel que Bateson llama metacomunicativo, puede cambiar de marco o, dicho en otras palabras, puede designar, en su proceso de lectura, un marco diferente de que por sus características textuales internas un texto posee en principio. Por ejemplo, mediante tal procedimiento un lector puede leer el *Telediario* como un *western*. Y aún más, a través del enmarcar en términos de *western* lo que en otro nivel (no metacomunicativo) sería un conjunto mosaico de noticias (y entrevistas) diversas, puede asignarle incluso una coherencia (los elementos dispersos se interrelacionarían en un sistema definido por el marco).

Esta operación de cambios de marco, de lecturas «aberrantes», nos remite una vez más al *lector,* figura que ha sido progresivamente resaltada en abundante literatura de pragmática textual[23].

Entre las distintas concepciones sobre este tema queremos destacar la propuesta por Eco (1979). Según Eco, para que el texto funcione al máximo rendimiento es necesaria la cooperación del lector *(Lector Modelo)* que cubrirá los intersticios y espacios vacíos que el texto («perezoso») posee. Sin tal cooperación, el texto sería un mero *flatus vocis.*

Sin embargo, en contra de lo que pudiera parecer, tal cooperación entre el texto y el *lector* no es realizada, según Eco, por sujetos individuales, sino por *estrategias discursivas,* con lo que el autor pretende salvar el foso entre el lector extratextual y las operaciones de lectura que aparecen inscritas en el texto. (Desde la perspectiva textual que adoptamos, queremos señalar el privilegio dado a las estra-

---

[22] En cierto modo análogo, en este caso, al concepto de *género*.
[23] Dentro de tan abundantes y diversas teorías hay que englobar, por poner un ejemplo, la así llamada *Rezeptionaesthetic* alemana, o la propuesta de *cooperación interpretativa* de Eco (1979).

tegias discursivas y en general a los aspectos intrínsecos al texto, reservando lo extratextual al nivel de relevancia necesaria en cada caso. Daremos prioridad a la lectura que de un texto se puede efectuar con el instrumental semiótico textual de que dispongamos. Tal actitud nos distancia de quienes, ante el hecho de la multiplicidad de lecturas posibles, invalidan cualquier intento de una lectura comprensiva (desde el propio texto).

Y si bien es cierto que, como han señalado entre otros Eco y Lotman, el texto (de la comunicación) se deforma en el proceso de decodificación realizado por el destinatario[24], también es cierto que, como muestran ambos autores, todo texto contiene lo que Lotman (1980, 191) llama «imagen del público». El texto, dice, selecciona su público[25].

Estas observaciones, que en Lotman se refieren fundamentalmente al texto artístico, encuentran puntos de coincidencia con aquellas teorías de lingüística textual (véase, por ejemplo, Weinrich, 1981), que destacan el aspecto *instruccional* del texto: el texto da *instrucciones* al destinatario para que se comporte de tal modo que aquel pueda ser comprendido, y la interacción pueda seguir su curso (veremos también en el capítulo II cómo el texto modifica *modalmente* al destinatario, afectando a su competencia modal).

Estas consideraciones se inscriben en la propuesta general de ver a los sujetos del texto (comprendido su lector) como personajes textuales. En lo que a la coherencia se refiere, sucede algo similar. En última instancia podría argumentarse que la coherencia depende del lector (o como decía Paul Valéry, en *Monsieur Teste,* «la incoherencia del discurso depende de quien lo escuche»); sin embargo pensamos que en la propia estructura textual está prevista una coherencia intratextual.

3.5. *Coherencia interna: la isotopía*

Con el concepto de *isotopía* —proveniente de la física y de la química— Greimas (1966, 1973) aborda el problema —intratextual— de la coherencia en los discursos.

Aunque a lo largo de su obra ha ido proporcionando distintas de-

---

[24] A este respecto cobran especial relevancia los estudios que desde la sociolingüística se han realizado sobre «criollización» y «pidginización» (entre otros, Hymes (ed.), 1971). Todas estas teorías destacan la dificultad de coincidencia entre códigos de destinador y destinatario, privilegiando la generación textual (creación de nuevos mensajes, de nuevas lenguas) precisamente en la *interferencia* entre los códigos de ambos (Lotman, 1979; Eco, 1975; etc.).

[25] Véase también Eco, 1979.

finiciones de isotopía («permanencia de una base clasemática» (1966), «conjunto redundante de categorías *semánticas*» (1973), etc.), ha señalado que el concepto de *coherencia,* cuando se trata de aplicarlo al discurso, «parece a primera vista poder ser relacionado con el más general de *isotopía,* comprendida como la permanencia recurrente a lo largo del discurso de un mismo haz de categorías justificativas de una organización paradigmática» (Greimas, 1976, 20).

En principio, tanto el concepto de isotopía en Greimas como otras definiciones de coherencia y cohesión, se basan en la existencia de redundancia, de reiteración o de repetición[26] de elementos similares o compatibles. Por ello la isotopía puede considerarse resultante de la repetición de elementos de significación de igual categoría (Henault, 1979, 80).

Por su parte, Weinrich (1981, 13) ha querido ver el concepto de isotopía como una *textualización* del concepto de campo de palabras, usado desde hace mucho tiempo en lingüística[27].

En todo caso, con semejante concepto Greimas ha querido designar la *iteratividad*[28] a lo largo de una cadena sintagmática de unidades de contenido que aseguran la homogeneidad del discurso.

Así concebida, la isotopía equivale a un plano homogéneo de significación, donde la recurrencia sémica[29] señala la existencia de una coherencia semántica y textual. Se podría decir, con otras palabras, que la isotopía es una propiedad semántica del texto que permite destacar los planos homogéneos de significación y que se apoya sobre la redundancia y reiteración en varios segmentos textuales de algunos elementos semánticos idénticos: estos últimos constituyen una base sobre la cual se insertan las significaciones particulares de cada segmento del texto, sin que su especificidad comporte ni dispersión ni inconciliabilidad de los diversos sentidos.

Debemos, no obstante, hacer observar que estamos hablando de *isotopía semántica,* que es la que permite estudiar las redundancias formales de contenido y que nos posibilita por generalización hablar de la isotopía como propiedad semántica del texto. Esta aclaración es necesaria, pues Rastier (1976), por ejemplo, no limita la isotopía al solo plano del contenido, sino que también la extiende al plano de

---

[26] En ese sentido dice Bellert (1970, 336): «la repetición constituye una condición necesaria para que una secuencia sea coherente».

[27] De ese modo sería posible leer *Education Sentimentale* o el *Evangelio* de San Marcos como texto político: el mecanismo consistirá en hacer en ellos un inventario de sememas que pertenezcan a un campo identificado (ideológica o científicamente) como político.

[28] Definida como reproducción sobre el eje sintagmático de unidades idénticas o comparables situadas sobre el mismo nivel de análisis.

[29] Precisamente una de las definiciones que nos da Greimas de isotopía es la de «haz redundante de categorías sémicas».

la expresión [30], lo que lleva a ampliar el concepto, ya vago, de isotopía a «toda iteración de unidad lingüística», a nuestro entender, para mayor confusión.

Por ello, nos limitaremos a destacar la isotopía semántica —de la isotopía semiológica [31], entre otras— para abordar el problema de la coherencia (intra) textual.

No se nos escapa la vaporosidad e imprecisión del concepto del que nos estamos ocupando. A este respecto cabe señalar la implacable crítica de Sánchez de Zavala (1972), quien, sin negarle un útil papel heurístico, dice que la isotopía «es de una amplitud que linda con lo nebuloso» (Sánchez de Zavala, 1972, 169). Esa misma imprecisión del concepto ha conducido a Eco (1979, 92-101) a considerarlo un concepto «paraguas» que cubre definiciones y niveles distintos. Según Eco, habría que operar las siguientes distinciones:

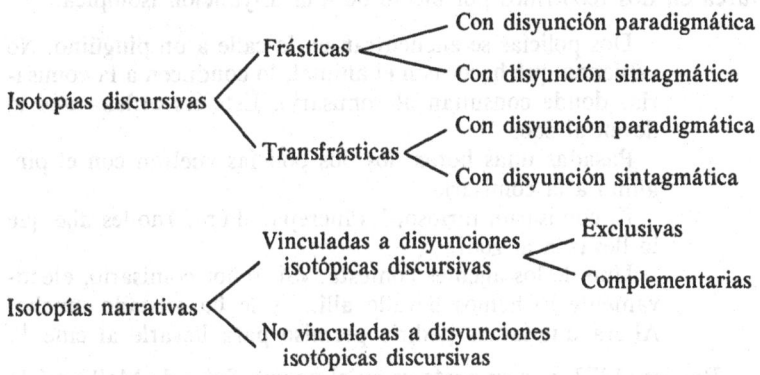

Aunque esas precisiones sean pertinentes nos interesa sobre todo destacar que con la isotopía se puede afrontar el problema de la *lectura* (desde el texto) y, como reconoce el propio S. de Zavala, «explicitar los niveles de una ambigüedad sistemática» (1972, 169).

Es obvio que un determinado texto sometido a un contexto sociocultural posee varias lecturas; variaciones culturales permiten tipologías textuales diferentes —por ejemplo, textos religiosos (y por tanto «verdaderos») en la Edad Media son considerados en épocas diferentes textos literarios, de ficción (y por tanto «falsos»).

Sin embargo, podemos también observar el texto como *invariante*

---

[30] En el que la unidad mínima ya no es el *sema*, sino el *fema*.
[31] Mientras la isotopía semántica está asegurada por la redundancia de categorías clasemáticas (clasemas), la isotopía semiológica lo está por la redundancia de categorías nucleares (semas nucleares). Cfr. Groupe d'Entrevernes (1979, 123-128), Courtés (1976, 50 y 51), Greimas y Courtés (1979, 197-199).

a partir precisamente de sus isotopías, en las que detectaremos asimismo las «marcas de veridicción», según la organización *en* el discurso de *su* verdad, falsedad, mentira, secreto... (véase capítulo II.6).

Por otra parte, la existencia del discurso —y no de una serie de frases independientes— no puede ser afirmada, según Greimas, si no se puede postular para la totalidad de las frases que la constituyen una isotopía común, reconocible gracias a la recurrencia (en términos vaguísimos) de una categoría lingüística o de un haz de categorías lingüísticas a lo largo de su desarrollo. Desde este punto de vista la isotopía, como elemento recurrente, permite definir la existencia del discurso. En ese sentido, García Berrio (1978, 250) ha hablado de una *isotopía textual global*[32].

No cabe duda de que en un relato homogéneo cabe la posibilidad de descubrir isotopías diferentes. Sirva como ejemplo más típico el chiste, texto breve que encierra un relato que en cierto punto se bifurca en dos recorridos por efecto de una disyunción isotópica:

> Dos policías se encuentran en la calle a un pingüino. No sabiendo qué hacer con el animal, lo conducen a la comisaría, donde consultan al comisario. Éste les ordena que lo lleven al zoo.
>
> Pasadas unas horas, los dos policías vuelven con el pingüino a la comisaría.
>
> El comisario, furioso, les increpa: «Pero, ¿no les dije que lo llevaran al zoo?»
>
> Uno de los agentes contesta: «Sí, señor comisario, efectivamente lo hemos llevado allí... y le ha gustado mucho. Ahora queríamos pedirle permiso para llevarle al cine»[33].

Rastier (1972) por su parte ve en el poema *Salut* de Mallarmé la posibilidad de tres conjuntos isotópicos: «banquete», «navegación», «escritura»[34]. Los textos de este tipo serán llamados pluri-isotópicos (Arrivé, 1973: 53-63).

---

[32] Al diferenciar las propiedades de las frases y las del texto, basadas en el hecho global de la diferente complejidad de la estructura profunda de ambos, García Berrio evoca las *redes isotópicas* de Rastier (1976) que «suponen elementos de selección morfémica, sintáctica y léxico-semántica basados en correlaciones textuales suprasentenciales, cuya solidaridad a través de la relativa *lejanía* en el plano de la manifestación del texto no se explica sino en términos de su *proximidad/identidad* en el plano textual en etapas profundas del macrocomponente» (García Berrio, 1978, 250). Análogamente, Petöfi habla de «diagramas de relaciones de referencia, redes temáticas, lista de índices de referencia, lista de variables argumentos» *(íd.)*.

[33] En el ejemplo queda clara la disyunción isotópica en el semema «zoo» del que se selecciona (1) el clasema «reclusión de animales» y (2) el clasema «entretenimiento para personas».

[34] Tales isotopías figurativas (banquete, navegación, escritura) se aproximan fácilmente a las isotopías temáticas correspondientes (amistad, soledad / evasión, creación).

Ciertamente diversas lecturas son posibles, según el contexto sociocultural[35] y según la competencia textual del lector; pero también es cierto que tales lecturas (que establecerían su coherencia) están garantizadas por las isotopías, y así lo reconoce Eco (pese a las críticas que hemos indicado) al considerar la isotopía como la *coherencia de un recorrido de lectura*.

4. EL TEXTO COMO PROCESO SEMIÓTICO

4.0. *Hacia el discurso*

Bajo este epígrafe queremos destacar el aspecto discursivo del texto: el texto como proceso semiótico que en su *discurrir* sintáctico va produciendo sentido. Como indica P. Ricœur (1980, 1013) «el sentido del texto no es nada que lo refiera a una realidad exterior al lenguaje; consiste en las articulaciones internas del texto y en la subordinación jerárquica de las partes al todo; el sentido es el ligamen interno del texto».

El considerar este aspecto procesual evitará, así, la búsqueda de la significación en unidades «estáticas» como palabra o frase. Es en el discurso, y no en sus componentes frásticos o lexemáticos, donde se ha de describir el funcionamiento semiótico. En ese sentido recordamos a von Humboldt: «Pero aunque estamos habituados a pasar de los sonidos a las palabras, y de éstas al discurso [de todas formas, en el curso de la naturaleza], es el discurso lo que es primero y determinante.»

En esta parte nos ocupamos del texto (discurso), entendido como «aparato translingüístico» (Kristeva, 1970, 279) que supone, según esta autora, «un tipo de producción significante que ocupa un lugar preciso en la historia y dimana de una ciencia específica que es necesario definir». Esta nueva perspectiva sobre el texto que como hemos señalado, es el objeto del que se ocupa y el que define el campo de pertinencia de la semiótica, supone un cambio epistemológico o, si se quiere, una suerte de cambio de paradigma, en el sentido de T. S. Kuhn[36].

Nos ocuparemos en estos parágrafos —desde la semiótica (incluyendo la lingüística textual, pues la «no-textual» limita el objeto de su investigación a la *frase*)— del texto-discurso para describir su funcionamiento, observando las reglas estructurales que lo constituyen

---

[35] O epistème en Foucalt, también Lotman (1979).

[36] Aunque como hemos visto, existen preocupaciones «textuales» en la retórica y en la estilística, es en los estudios semióticos (textuales) contemporáneos que propenden hacia una teoría del texto, donde este cambio de paradigma se produce.

como tal discurso, y refiriéndonos tanto a sus condiciones de producción como al problema de su comprensión, interpretación o lectura. Este interés textual ocupa y preocupa a distintas disciplinas. Como señalaba van Dijk (1976b, 116), «todas las ramas del saber que en algún modo están ligadas a los procesos de comunicación, la semiótica, la teoría de la información, la psicología, la sociología, la filosofía, etc., tienen interés en indagar las «unidades» funcionales y las reglas (...) que subyacen al texto y a la comunicación textual en sentido lato».

4.1. *Del sistema al proceso: el discurso*

Como se sabe, la teoría de inspiración saussureana concebía una sola lingüística, la de la *langue* (definida por Saussure como *sistema de signos*). Sin embargo, estudios posteriores han consentido la aparición de una lingüística de la *parole*[37], de una lingüística discursiva encargada de la *langue* en la comunicación viva.

Benveniste (1966) definía en ese sentido al discurso como «la *langue* en tanto que asumida por el hombre que habla y en la condición de intersubjetividad, que hace posible la comunicación lingüística».

Sin extendernos en estas consideraciones nos limitaremos a señalar el cambio de pertinencia experimentado en el propio seno de la lingüística: el paso (e interrelación) de la *langue* a la *parole* y al discurso. Cabe reseñar a este respecto la insistencia de E. Coseriu en trabajar con una lingüística del hablar. (Debemos a Coseriu, precisamente, la introducción, ya en 1956, del concepto *lingüística del texto* —Coseriu, 1978— antes de que apareciera la así llamada *Text-Lingüistik*.)

El desplazamiento del «sistema» al «proceso», del eje vertical al horizontal, permite una primera definición del discurso como «proceso semiótico». El propio sentido de *discurrir* evoca un «proceso» sintagmático.

El discurso, sin embargo, no debe ser considerado *sólo* como perteneciente a la *parole* (frente a la lengua)[38], o como formando parte del uso de la lengua, sino también como posible unidad formal del *sistema* lingüístico (Hendriks, 1976).

En este sentido Buyssens hablaba de cómo el discurso permite individualizar el sistema lingüístico, y sentenciaba drásticamente: «Hay una sola lingüística; todo el resto no es sino psicología, fisiología o

---

[37] Por ejemplo, como recoge Coseriu (1978, 282), ya V. Skalička (1948) «y no era el primero en hacerlo, señalaba la necesidad de una lingüística de la parole».
[38] Según otras terminologías, *langue* versus *parole* es homologable a *competence* versus *performance* [véase «competencia», en capítulo II.5] o a *sistema* versus *proceso*.

acrística» (Buyssens, 1967, 41). Pero podemos encontrar en el propio Saussure reflexiones de este tipo. Así, en los famosos inéditos recogidos por Starobinski (1971), dice el semiólogo suizo: «la *langue* no es creada sino en relación al discurso, pero, ¿qué es lo que separa el discurso de la lengua, o bien qué es lo que en un cierto momento permite decidir que la *langue entra en acción como discurso?*» (subrayado nuestro)[39].

Puesto que, como señala E. Coseriu (1978, 41), de una manera concreta el lenguaje existe sólo y exclusivamente como *hablar,* como actividad lingüística, y *lengua* y *habla* no pueden ser realidades autónomas y netamente separables, dado también que, por un lado, el *habla* es *realización* de la *lengua* y, por otro, la *lengua* es *condición* del *habla,* se constituye sobre la base del habla y se manifiesta concretamente sólo en el habla (Coseriu, 1978, 41), habremos de ocuparnos principalmente de los procesos. Pues, como ha sugerido Greimas, el pasar de las observaciones sobre el *sistema* al examen de los procesos posibilita que el conocimiento de los procesos realizados proyecte alguna luz sobre la economía general y las formas de organización del sistema.

Asimismo, estudios lingüísticos recientes han reparado en el carácter textual del sistema de la lengua. En ese sentido, Halliday (1975, 168) ha observado que la unidad de la lengua en el uso no es la palabra o la oración, sino el *texto,* y añade: «el componente "textual" de la lengua[40] es el conjunto de operaciones merced a las cuales un hablante o un escritor pueden crear textos».

La existencia de una lingüística discursiva va a permitir ocuparse, como decía Benveniste (1966), de la langue *en tanto que* asumida por el hombre. Y de esa transformación, de esa mediación *entre langue* y discurso, entre el eje paradigmático y el sintagmático, se ocupará la teoría de la enunciación (véase capítulo III).

Es en el acto de lenguaje llamado enunciación donde se genera el discurso; la enunciación creará también el contexto del discurso mismo. Puede así concebirse como la componente «pragmática» del discurso.

Visto así, el discurso puede identificarse con el enunciado o, más concretamente, con lo que es enunciado. En relación con la enunciación, el enunciado debe ser concebido como un resultado, independientemente de su dimensión sintagmática (frase o discurso).

Ya hemos señalado que para Hjelmslev la dimensión del signo no es pertinente. El texto es considerado por este semiólogo danés como

---

[39] Para una crítica a la dicotomía *langue/parole* de Saussure, véase el excelente artículo de 1952 de Coseriu, «Sistema, Norma y Habla» (Coseriu, 1978, 11-113).

[40] En la traducción española que utilizamos aparece el término «lenguaje». En inglés, como se sabe, *language* equivale tanto a lenguaje como a lengua.

una cadena sintagmática que se puede expandir indefinidamente, mientras para la lingüística frástica la unidad de base del enunciado es la frase. El discurso sería entonces el resultado de la operación de concatenación de las frases que lo constituyen [41].

Desde la lingüística discursiva, transfrástica, en cambio, las frases no son sino segmentos del discurso-enunciado. Por medio de un proceso de condensación [42] el discurso puede coincidir con una sola frase.

4.1.0. La dimensión transfrástica

Merece la pena que nos detengamos brevemente en comentar el paso, en la teoría semiótica, de la frase al texto, cambio de pertinencia que no se debe en absoluto a criterios de amplitud, de dimensiones, sino por el contrario a un cambio cualitativo que ha permitido tender hacia la constitución de una *gramática del texto*. Ya constituye un tópico en la literatura sobre el tema («de la oración al texto», «de la frase al texto», «hacia el texto», etc., epígrafes que se pueden hallar tanto en investigaciones como en manuales de semiótica) el afirmar que el significado global de un texto (o si se quiere la información que contiene) resulta superior a la suma de las significaciones de las frases que lo componen; dicho en otras palabras, encontramos un suplemento de significación peculiar del texto en cuanto estructura (y no como suma de frases).

En su ya célebre artículo E. Lang (1972, 75-86) sugería ampliar al texto el campo de la lingüística porque, argumentaba, existen hechos lingüísticos cuya explicación exige que se recurra a un contexto exterior a las fronteras de las frases.

Para Lang, el suplemento de significación al que aludíamos, la significación textual específica, emerge de las propiedades siguientes:

a) El texto es el ámbito dentro del cual las frases pierden su ambigüedad. Por ejemplo, la ambigüedad de la frase: /el recuerdo de Mao no es doloroso/ se elimina con el «mini-texto» /porque Felipe se ha resignado a la idea de su muerte/ donde queda claro que Mao es el objeto y no el sujeto del recordar.

---

[41] Por ejemplo, para Harris (1952), siguiendo la tradición bloomfieldiana para la que sólo la frase como «forma libre mínima» es pertinente en lingüística, el discurso es considerado como una estructura lineal: las relaciones jerárquicas son definibles sólo en el interior de la frase y en el nivel de la estructura superficial (cfr. Garavelli-Mortara, 1974, 29 y ss.).

[42] Condensación y expansión son los dos aspectos de la elasticidad del discurso.

b) El texto contiene presuposiciones e implicaciones diversas de las frases que lo constituyen; por ejemplo, la presuposición de la frase: /mi abuela dejó de fumar/ sería que aquélla tenía el vicio de fumar, presuposición muy diferente a la de la misma frase así textualizada: /mi abuela dejó de fumar apenas entró aquel maquis que sufría de asma/.

c) El texto posee posibilidades de paráfrasis diversas de las de la frase, por ejemplo de reducción hasta un resumen mínimo. En efecto, una frase no se puede resumir, mientras que el texto sí, y preservando la información de base. De ese modo se sugiere que un texto puede coincidir en un caso límite, y en términos comunicativos, con una sola palabra. Por ejemplo: /¡Fuego!/ (en el caso de un incendio).

A esta propuesta de Lang (1972) podríamos añadir que los actantes del discurso, por oposición a los de la frase, poseen memoria; esto es, en su dinamicidad poseen un pasado del que son resultado. Como veremos (en los capítulos II y III), los sujetos sintácticos son definidos a través de la posición que ocupan en el proceso semiótico que constituye el discurso (o texto).

A su vez conviene distinguir la enunciación del enunciado, entendiendo aquélla como la instancia donde se efectúa la transformación que va del sistema (que es de tipo paradigmático) al enunciado (discurso) sintagmáticamente realizado.

La enunciación da cuenta del conjunto de los procedimientos formales que generan y organizan el discurso (véase capítulo III). El enunciado, por su parte, entendido como resultado de la enunciación, posee elementos que reenvían a la instancia enunciacional (localizadores espacio-temporales, formas pronominales, etc.).

En nuestra perspectiva, el estudio del discurso-enunciado debe realizarse conjuntamente con el estudio de la enunciación, que en un primer sentido constituirá precisamente su contexto.

Dentro de ese ámbito de caracterización del discurso enunciado, otra diferencia entre enunciado y frase[43] es la propuesta por D. Sperber (1975, 390) para quien la frase es una entidad abstracta susceptible de una infinidad de realizaciones particulares, mientras que el enunciado es cada una de esas realizaciones particulares, cada una de las ocurrencias de la frase[44].

En tal sentido, G. Manetti, al comentar la frase: /te aconsejo que vayas a ver hoy la última película de Fellini/, observa que, fuera

---

[43] Que conecta con la distinción que los anglosajones establecen entre *type* y *token* a partir de Peirce.

[44] Esta distinción entre frase y enunciado ha sido tomada en consideración por Ducrot (1978a, 33; 1978).

de su realización en un contexto enunciativo dado, la frase no proporciona ninguna información real, sino simplemente una serie de «instrucciones para el uso» del tipo «el locutor aconseja al destinatario realizar, en el mismo día en que sucede la enunciación, un desplazamiento en el espacio desde el lugar en el que él se encuentra o encontrará para alcanzar el lugar en donde se proyecta la película de Fellini más reciente respecto al momento de la enunciación» (Violi, Manetti, 1979, 84). Estas «instrucciones para el uso» permitirán al destinatario concretar los datos abstractos, refiriéndolos a una circunstancia enunciativa precisa.

Es, pues, el enunciado el que constituye la «realización» de la unidad lingüística abstracta representada por la frase.

Por otra parte, es en el *proceso* semiótico interactivo donde se define la situación, donde se caracteriza la relación interlocutiva de los sujetos y, por tanto, donde podremos descubrir si un enunciado como el del ejemplo propuesto es un consejo, o bien una provocación, un desafío, etc.

Hasta aquí nos hemos referido al discurso como proceso diferenciado de la frase y conectado necesariamente a la instancia de la enunciación. Veremos ahora muy brevemente la *discursivización*.

4.1.1. Digresión sobre los niveles textuales: la discursivización

Hasta aquí, en la caracterización del discurso-enunciado, éste ha sido visto tal como aparece manifiesto, en un nivel superficial o, si se quiere, en un nivel *etic*[45]. Sin embargo, es en un nivel más profundo donde se encuentran los principios que lo constituyen como tal discurso manifiesto. No entraremos en el estudio de estos niveles textuales que exigiría un tratamiento exhaustivo no pertinente en este lugar. Nos limitaremos, pues, a apuntarlos brevemente.

NOTA

Recordemos muy sumariamente que, según la gramática transformacional, las frases se generan en dos etapas. Las reglas de la primera etapa son las reglas de base y las de la segunda son las transformacionales.
En las teorías generativo-transformacionales, se reconoce que las frases y sintagmas diferentes en superficie pueden derivar de la misma estructura subyacente, y a la inversa,

---

[45] Por oposición a *emic*, en la célebre oposición de Pike (en la que *emic* es tomado de *phonemic*, opuesto a *etic* de *phonetic*).

frases y sintagmas aparentemente idénticos pueden derivar de diferentes estructuras subyacentes (por ejemplo, frases activas y pasivas).

En el sistema de Chomsky, la estructura profunda de una frase es descrita explícitamente (y esto para todas las frases) como un marcador sintagmático prefrástico (un árbol con una raíz F y nudos designados por símbolos categoriales tales como SN, SV, N, V...).

La estructura de superficie es derivada por la aplicación sucesiva de un conjunto de reglas transformacionales en las que cada una tiene un efecto preciso sobre el marcador sintagmático.

A través de la relación entre estructura de superficie y estructura profunda podremos relacionar, a su vez, la sintaxis con la semántica.

Por ejemplo, Chomsky, Katz, Postal, etc., consideran que la estructura de superficie no es pertinente para la interpretación semántica (del mismo modo que la estructura profunda no lo es para la interpretación fonológica)[46].

Desde la perspectiva semántica de Greimas que, fundada sobre una teoría de la significación, trata de construir modelos susceptibles de generar discursos (y no frases), se distinguen, previas a la *manifestación,* estructuras *semionarrativas* y estructuras *discursivas.* Las estructuras *semionarrativas,* que constituyen el nivel más abstracto, la instancia *ab quo* (la llama Greimas) del recorrido generativo —construcción ideal de la disposición de los componentes interrelacionados— se presentan bajo forma de una gramática semiótica y narrativa que comporta dos componentes —sintáctico y semántico— y dos niveles de profundidad: una sintaxis fundamental y una semántica fundamental (en nivel profundo), una sintaxis narrativa y una semántica narrativa (en nivel de superficie).

Las estructuras discursivas, menos profundas, son las encargadas de «tomar a su cuenta las estructuras semióticas de superficie y de "ponerlas en discurso", haciéndolas pasar por la instancia de la enunciación». Aunque, como el mismo Greimas reconoce, están poco elaboradas en su proyecto teórico, se distingue en ellas la componente sintáctica o sintaxis discursiva, encargada de la discursivización de las estructuras narrativas —que comporta las tres subcomponentes de actorialización, espacialización y temporalización— y la componente semántica, o semántica discursiva, con sus subcomponentes de tematización y figurativización.

---

[46] Greimas critica esta posición al afirmar que desde el punto de vista semántico equivaldría a pensar que una serie de transformaciones sintácticas no aporta ningún suplemento de significación y que, por consiguiente, una forma de superficie es equivalente a una forma profunda (Greimas, Courtés, 1979, 158).

RECORRIDO GENERATIVO			
	COMPONENTE SINTÁCTICO		COMPONENTE SEMÁNTICO
ESTRUCTURAS SEMIONARRATIVAS	Nivel profundo	SINTAXIS FUNDAMENTAL	SEMÁNTICA FUNDAMENTAL
	Nivel de superficie	SINT. NARRATIVA DE SUPERFICIE	SEMÁNTICA NARRATIVA
ESTRUCTURAS DISCURSIVAS	SINTAXIS DISCURSIVA Discursivización Actorialización Temporalización Espacialización		SEMÁNTICA DISCURSIVA Tematización Figurativización

Según Greimas, Courtés, 1979, 160.

5. EL TEXTO COMO FORMA DE INTERCAMBIO

Desde una perspectiva sociosemiótica el texto es contemplado como «un intercambio social de sentido» (Halliday, Hasan, 1980). Al caracterizarlo como un proceso de tal tipo, Halliday considera al texto en su significación más general como un hecho sociológico y un encuentro semiótico a través del cual los significados *(meanings)* que constituyen el sistema social se intercambian (Halliday, 1978, 36). Para Halliday el miembro individual del sistema social es un *meaner*, alguien que significa. Y por sus actos de significar, la realidad social es «creada, mantenida en buen orden y continuamente modelada *(shaped)* y modificada» (Halliday, 1978, 139). En esta línea el texto es la forma lingüística de la interacción social.

La característica esencial del texto es la de ser interacción: «El intercambio de significados es un proceso interactivo: para ser intercambiados entre los miembros, los significados que constituyen el sistema social deben, en primer lugar, ser representados en alguna forma simbólica intercambiable, y la más accesible de las formas disponibles es el lenguaje.» Y concluye: «el texto funciona como si fuera un *potlatch*» (Halliday, 1978, 139). Entendido el texto como intercambio, como *potlatch*, surge inevitablemente una alusión al conocido ensayo sobre el don, de Marcel Mauss (1971), según el cual precisamente a través del intercambio simbólico en el *potlatch*, se establecía una relación de poder (y de humillación)[47] entre el *donador* y el *donatario*.

El concepto de intercambio, a lo Mauss, puede ser considerado tanto transferencia de objetos (de valor) —como el *potlatch*, por ejemplo—, cuanto comunicación entre sujetos. Igualmente Lévi-Strauss destaca el eje de comunicación presente en las relaciones de intercambio (de mujeres, de bienes y servicios y de mensajes).

Como se sabe, a partir de estas ideas de base surgieron las llamadas funciones del lenguaje de Jakobson. Recordemos que Jakobson en su esquema de la comunicación incorporó a las funciones de Bühler (expresiva, apelativa y de representación)[48] la poética, la metalingüística y la fática. Esta última fue tomada de B. Malinowsky (1964), quien había definido lo que él llamaba *comunión fática* precisamente como «un tipo de lenguaje en el cual los lazos de unión se crean por un mero *intercambio* de palabras» (Malinowsky, 1964, 334. Subrayado nuestro).

Nos encontramos así con el aspecto interaccional, de intercambio, que caracteriza tanto al funcionamiento del texto como al propio texto en su estructura.

Si para Halliday, como hemos visto, el texto es un intercambio de significados, para Cicourel (1980, 101) el discurso es fundamentalmente un intercambio de actos de habla *(speech-acts)*.

Bajtin, a su vez, señalaba: «se puede decir que toda comunicación verbal se desarrolla bajo la forma de un *intercambio* de enunciados, es decir, bajo la forma de un diálogo» (cfr. Todorov, 1981, 68). Distintas perspectivas coinciden en destacar la relación comunicacional, interaccional, entre un destinador y un destinatario, equivalentes en cuanto al intercambio a donador y donatario.

Debemos decir que destinador y destinatario, conceptos tomados de Jakobson, son diferentes de emisor y receptor[49], tal como los postula la teoría de la información que, al limitar su actuación a un «hacer» respectivamente emisivo y receptivo, los concibe, según sugiere Greimas, como «instancias vacías», limitados a meros polos de un *continuum* de comunicación (en el sentido informacionalista, de paso de información). Por el contrario, los conceptos de destina-

---

[47] Esa relación de poder (y de humillación), puede ser vista desde nuestra perspectiva semiótica en términos modales (y pasionales) (véase capítulo II). El donador y el donatario se considerarán actantes competentes, cada uno de los cuales ocupará una posición modal en el momento del intercambio (que en la teoría greimasiana constituye un «pivote narrativo»).

[48] Que en Jakobson (1974b) son llamadas emotiva, conativa y referencial, respectivamente.

[49] Aunque, al no existir una terminología unificada, se utilizan indistintamente ambos (y otros) conceptos.

dor y destinatario sugieren una posibilidad de dinamismo en el *proceso* comunicacional[50] en el que interactúan[51].

En el esquema actancial de Greimas, destinador y destinatario son dos actantes de la narración, y como tales intratextuales. Sobre este particular remitimos al capítulo III, donde se propone nuestra consideración de los polos emisor-receptor en tanto que constituyentes textuales y constituidos por el texto y su acción estratégica: representación del otro, atribución de intenciones, etc.

Desde la lingüística del texto (o del hablar, como dice Coseriu) se ha tratado precisamente de marcar el aspecto interaccional, comunicacional de esa lingüística.

Por ejemplo, H. Weinrich (1981) —que define de modo general al texto como «secuencia de signos lingüísticos entre dos marcadas interrupciones de comunicación»—, caracteriza a la lingüística (textual) por tres atributos: es *comunicativa, instruccional*[52] y *textual* (nemotécnicamente *CIT Linguistik*).

A su vez, como señala Schmidt (1977b, 255) —recordando a Peter Hartman, uno de los iniciadores de la *Text Linguistik*—, la manifestación lingüística socialmente normal o estándar en los procesos de comunicación es *textförmig*, en forma de texto. Los textos, continúa Schmidt, en cuanto configuraciones lingüísticas objeto de una expectativa social, aparecen no como conjuntos aislados de elementos lingüísticos, sino como conformaciones que poseen una función ilocutiva y una función perlocutiva (véase capítulo IV.3.0.) en actos de comunicación.

Acaso convenga señalar el origen wittgensteiniano de esta aproximación. Para Wittgenstein, a través de sus «juegos de lenguaje», la lengua en su conjunto debe ser considerada como una forma de vida social, una praxis; en definitiva, como forma de acción social. Schmidt, (1976, 1977) ha acuñado el concepto wittgensteiniano —habermasiano de «juegos de acción comunicativa» *(Kommunikative Handlungsspiel)* para definir el hablar como forma de acción regulada (en contextos y situaciones).

El concepto de intercambio sugiere el de contrato, que presupone en cualquier caso una relación intersubjetiva y permite por una parte

---

[50] A pesar de su aparente banalidad, recogemos la propuesta de E. Goffman cuando distingue la figura del receptor de la del destinatario, en el sentido que hablamos. Para Goffman sería receptor aquel elemento que por su posición en una «situación» *recibe* un determinado mensaje del destinador, mientras que el destinatario es precisamente aquel (entre los receptores o no) al que va dirigido el mensaje (véase capítulo III.4.1.0).

[51] Labov y Fanshel (1977, 59) definen interacción como «acción que afecta (altera o mantiene) la relación del *self* y de los otros en la comunicación cara-a-cara».

[52] «Los signos y las sucesiones de signos que el emisor transmite al destinatario son instruccione *(Instruktionen)* dirigidas al destinatario sobre cómo se deba comportar éste para seguir el proceso de comunicación» (Weinrich, 1981).

posibilidades de acción, pero por otra establece constricciones en la libertad de los sujetos que intervienen, mediante la asignación de obligaciones, poderes, etc. Por ello, la naturaleza polémica o contractual de la relación intersubjetiva depende de la estructura modal de los sujetos (textuales) que interactúan[53], de sus implicaciones recíprocas, de los objetos que intercambian, etc.

6. EL CON-TEXTO DEL TEXTO

> Dado que el lenguaje articulado es capaz de manejar símbolos vacíos puede no sólo aportar, como el grito o el gesto, un aumento de sentido a una situación dada, sino además evocar él mismo su propio contexto (...).
>
> M. MERLEAU-PONTY

6.0. *Relación del texto con la situación*

El problema del contexto es, sin duda, uno de los problemas más intrincados, por las diferentes y encontradas posiciones de las distintas escuelas y teorías, por la ambigüedad de su definición, etc., que se puede plantear a una semiótica textual.

Aunque nos interesa exclusivamente una descripción «textual» del contexto, merece la pena detenernos en algunas de las distintas acepciones de este término.

El concepto de contexto ha servido tradicionalmente de puente para relacionar las estructuras del lenguaje con las estructuras sociales. Sociolingüística, etnometodología, *etnography of speaking,* incluso la llamada pragmática[54] han hecho notar la necesidad de tener en cuenta el contexto en que se situaría la producción lingüística. Si no se tomase en cuenta, las expresiones lingüísticas adolecerían de una necesaria ambigüedad, cuando no de completa incomprensibilidad.

Como señala Cicourel (1980, 101), «el discurso está siempre empotrado en un contexto más amplio»; el propio término *con-texto* lo sugiere. Y ese quizá fue el sentido que quiso darle B. Malinowsky cuando habló del contexto de la situación (y de contexto cultural)[55].

---

[53] Reenviamos al capítulo II.5. para clarificación de estos conceptos. Véase también el concepto de «contrato fiduciario» II.6.

[54] Otro concepto «paraguas» que recubre desde la concepción morrisiana, según la cual la pragmática se ocuparía de los efectos y usos de los signos, a aquella de «dependencia esencial de la comunicación en el lenguaje natural, del hablante y del oyente, respecto al contexto lingüístico y no lingüístico» (Eco, 1979: 144).

[55] Mediante «contexto cultural» se señala la relación intrínseca que existe entre el lenguaje y la cultura.

Malinowsky, para quien el lenguaje era no una «contracara del pensamiento», sino un «modo de actividad» como otras actividades socialmente cooperativas, pensó que las emisiones lingüísticas *(utterances)* eran producidas y comprendidas sólo dentro de un contexto dado de la situación[56].

En un primer momento Malinowsky (cfr. Halliday y Hasan, 1980) pensó —mientras trataba de traducir en su trabajo sobre los trobiandeses la lengua kiriwinian— que la necesidad de contemplar la situación como contexto social, necesaria al texto en su entorno vital *(living environment)* era solamente requerida en el caso de que se estuviera estudiando un «lenguaje primitivo». Posteriormente, no obstante, rectificó y extendió a cualquier lengua la necesidad de tener presente el contexto de la situación. Pero además, analizando unos relatos trobiandeses, escribió que «en cierto sentido, el contexto *estaba creado* por las mismas historias» (Halliday, Hasan, 1980, 7, subrayado nuestro). Pero sobre esta idea volveremos. A partir del contexto de situación, Firth[57] (1957) (colaborador de Malinowsky y creador de la llamada escuela de Londres de la que también han formado parte entre otros Lyons y Halliday), propuso una teoría del sentido, precisamente vinculando los enunciados a su contexto de la situación. El contexto de situación fue considerado por este autor como la base de una teoría del sentido (Robins, 1976, Lyons, 1977...). Tener sentido para Firth equivaldría a funcionar de manera apropiada en el contexto; el sentido deviene un conjunto complejo de relaciones contextuales. El análisis del sentido de un enunciado consistiría en abstraerlo de su contexto de enunciación efectivo y en dividir su sentido o su función en una serie de funciones componentes. Este proceso fue explicado, como recuerda Lyons, por medio de una analogía: «el procedimiento sugerido para tratar el sentido es su dispersión en modos, un poco como la dispersión de la luz, compuesta de longitudes de ondas diversas en un espectro». Lyons (1978).

Para describir el contexto de situación que podría ser usado para el estudio de los textos, Firth propuso tener en cuenta los siguientes elementos:

1. *Los participantes en la situación:* en cierto modo equivalentes a los roles y estatus (sociológicos), y su actividad, esto es 2):
2. *Su acción verbal y su acción no verbal.*

---

[56] Asimismo consideraba que los sentidos y usos de las formas lingüísticas de las palabras y oraciones eran adquiridos y comprendidos a partir de su ocurrencia en tales contextos. El sentido no debía ser pensado como una relación diádica entre una palabra y un referente, sino como una serie multidimensional y funcional de relaciones entre la palabra en su oración y el contexto en su ocurrencia.

[57] Firth concibió la lingüística como estudio del significado, y todo significado (o sentido), decía, «es función en un contexto».

3. *Otras características relevantes de la situación*[58]: correspondiendo al analista establecer qué es relevante en un contexto determinado.
4. *Efectos de la acción verbal.*

A pesar de la propuesta de Firth para describir el contexto, de tener en cuenta aquellos elementos (que estuvieran) con-el-texto, y de ese modo alcanzar su mayor y mejor descripción, resulta bastante evidente la ambigüedad de la definición de los componentes, en los que por otra parte están ausentes los más elementales criterios de pertinencia y segmentación.

6.1. *Contextualización*

Ante la obvia necesidad de contextualizar el discurso, se podría distinguir, pensamos, entre la contextualización que el analista u observador hace y la que puede efectuar el propio participante[59].

El participante en la interacción social (discursiva) posee una competencia que le permitirá contextualizar[60]. Cicourel (1972) ha hablado de «competencia interaccional», que desde la etnometodología proporciona elementos para sustituir a la «teoría de los roles» en pos de un concepto más amplio que «permita precisar las relaciones entre los procesos cognitivos, *la aparición de los contextos* y los *accounting vocabularies*» (Cicourel, 1972, 7, subrayado nuestro). Recordemos brevemente que el modelo etnometodológico es «una caracterización del modo en que las personas *crean* situaciones y reglas. Y así, al mismo tiempo, se crean ellos mismos y sus realidades sociales» (Mehan y Wood, 1975, 98). En la teoría etnometodológica, a partir de los escritos de Schutz y de su lectura hecha por Garfinkel (1967), el actor es considerado como un constructor de realidad *(reality constructor)*. El modelo de constructor de realidad, recuerdan Mehan y Wood (1975, 99), está compuesto de

---

[58] No es necesario comentar la ambigüedad y falta de precisión, precisamente en lo que consideramos más importante, esto es, describir cuáles son los aspectos relevantes.

[59] Aunque ambos pueden estar en coincidencia; queremos recordar a este respecto la sugerencia de G. Lakoff (1968) al comentar la frase / Yo he soñado que tocaba el piano/. Lakoff propone dos lecturas: una primera que llama «lectura del participante», esto es: sensación de estar sentado al piano, tocar las teclas, etc., y una segunda, «lectura del observador» mediante la cual, dice Lakoff, él se ve (o ve a alguien) sentado y tocando el piano, como si estuviera sentado en un cine y se viera tocar. En el capítulo III.4 este fenómeno enunciativo se describe a través de los procesos de «conmutación».

[60] En el capítulo II.5, partiendo de la competencia de Chomsky, describimos la competencia comunicativa de Hymes y la competencia modal tal como Greimas la concibe.

«conocimiento social» *(social Knowledge)* y de «procedimientos de interpretación» *(interpretative procedures).*

El participante en la interacción social (discursiva) posee una competencia interaccional.

Respecto al tema que nos ocupa señalaremos que Cicourel indicaba que los procedimientos interpretativos «proporcionan un común esquema de interpretación que permite a los miembros atribuir *relevancia contextual*» (Cicourel, 1968, 257, subrayado nuestro).

NOTA

> Cicourel (1968, 1973), bajo el nombre de «procedimientos interpretativos» (que ha comparado con la estructura profunda en la gramática generativa y que ponen al actor social en condiciones de sostener un «sentido de la estructura social» a lo largo de cambiantes ambientes sociales de interacción), incluye a) *las formas normales:* el interlocutor asume que los otros posean repertorios similares a los suyos acerca de lo que constituye una «apariencia normal» en su cultura, alterando o armonizando eventuales discrepancias o ambigüedades; b) *la reciprocidad de sus perspectivas:* el interlocutor asume que, salvo prueba contraria, los otros ven las cosas y asignan significado a objetos y acontecimientos en su mismo modo; c) *el principio de los «etcétera»:* puesto que los conocimientos de «sentido común», comunes a los dos participantes, pueden revelarse lagunosos y la comunicación verbal y no verbal inadecuada, el individuo asume que sus interlocutores «llenan» de significado las eventuales lagunas; d) *vocabularios descriptivos como expresiones indexicales:* su significado, dice Cicourel (1968, 233), reside en el hecho de que proporcionan (...) «instrucciones» para recuperar la «plena» relevancia de una expresión. (Véase también, entre otros, para el tema de los procedimientos de interpretación, Giglioli, 1973, 22 y 23; Mehan y Wood, 1975, 152 y ss.)

Para la contextualización que ha de hacer el analista, sugerimos brevemente un criterio de relevancia que determinará a su vez la segmentación. Podríamos decir que en términos generales se necesitarán del «contexto» *exclusivamente* aquellos elementos de significación necesarios para (y desde) el texto.

Cuando, por ejemplo, Cicourel dice: «Por discurso entiendo el habla, entonación, gestos de la cara, manos y brazos, movimientos del cuerpo y vocalización no verbal que forman una compleja interacción social entre dos o más personas» (Cicourel, 1975, 34), no cabe duda de que elementos (con-)textuales, tales como movimientos del cuerpo, etc., son pertinentes en cuanto pretende analizar —como en el caso al que hace referencia— un texto situado en el marco de una interacción cara a cara (en este caso entre un doctor y una paciente). Es un tipo de texto que incluye necesariamente esos elementos.

Pensamos, a partir de estas consideraciones, que en líneas generales es aceptable la propuesta de van Dijk (1980) de considerar el contexto como una «abstracción altamente idealizada» de la situación comunicativa»[61] que «contiene sólo aquellos hechos que determinan sistemáticamente la adecuación de las expresiones convencionales». Pero añade, con la misma vaguedad de otras definiciones: «Parte de tales contextos son, por ejemplo, los participantes en el habla y sus estructuras internas (conocimiento, creencias, propósitos, intenciones), los actos y sus estructuras, una caracterización espacio-temporal del contexto, etc.» (Van Dijk, 1980, 273).

Debemos hacer observar, además, que van Dijk hace estas consideraciones acerca del contexto desde una pragmática que se ocuparía de lo apropiado y lo no apropiado de una expresión precisamente respecto al contexto en que tal expresión se produce, distinguiéndola —como en la famosa tripartición que Morris (1938) hiciera de la semiótica— netamente, y con explícitas barreras, de la semántica, que en última instancia se ocuparía de lo verdadero y de lo falso (de las expresiones) y de la sintaxis, que se ocuparía de su gramaticalidad o agramaticalidad.

Como consideramos que tal distinción —manteniendo las tres «ramas morrisianas» como compartimentos estancos— sólo se justifica desde criterios escolásticos y desde nuestra perspectiva no la tenemos por pertinente, pensamos que con conceptos como el de *frame* (marco)[62] se pueden salvar, como sugiere Forastieri (1979), las barreras epistemológicas que pueden existir entre una mal llamada «semántica del texto» y una «pragmática del contexto». En efecto, con la noción de *frame* se remite al «puente semántico que abre camino entre los mundos posibles del texto y del contexto en términos de la

---

[61] La situación comunicativa, dice van Dijk (1980, 272), «es una parte empíricamente real del mundo real en la que existen un gran número de hechos que no tienen conexión *sistemática* con la expresión».

[62] *Frame* o marco, es tomado aquí en el sentido que le da la psicología cognitiva. En el sentido cognitivo de Forastieri, el marco es «una estructura abstracta de *conocimiento convencional* que alberga representaciones conceptuales del mundo a la manera de una memoria semántica y de un banco de información y conocimiento. El marco permite, así, la identificación y la comprensión relacional de sus componentes en tareas cognoscitivas, tales como la comprensión o la interpretación» (Forastieri, 1979, 80).

abstracción que de uno y otro mundo realiza el estudioso» (Forastieri, 1979, 79).

Recordemos las dos grandes tendencias que se han ido desarrollando a partir de las consideraciones sobre la relación (ecológica, diría Halliday) que entre texto y contexto hemos —brevemente— señalado:

Una tendencia la compondrían aquellos antropólogos, sociólogos, etcétera, que han contemplado la necesidad de valorar el lenguaje no como algo invariante, sino que, al contrario, al apreciar su variación según los contextos y las situaciones, han encontrado en ella un elemento fundamental para la explicación sociológica.

A partir de esa asunción se han desarrollado disciplinas como la sociolingüística, antropología de la comunicación, etnografía del habla, sociosemiótica, etc.

NOTA

Como ejemplos dispersos sirvan los estudios de Labov, en los que se relacionan los modos de pronunciación de los habitantes de una gran ciudad con sus respectivas clases sociales (Labov, 1966) o aquel (Labov, 1973, a, b) en que señala que la forma fonética de la fricativa es más prestigiosa (en inglés), mientras las africadas y oclusivas están estigmatizadas.

Por su parte, R. Lakoff (1973) ha señalado la existencia de un «lenguaje femenino» diferente en el nivel sintáctico y léxico del masculino. Gumperz, a su vez, ha sugerido (no sin riesgo de un reductivo isomorfismo) que la estructura social se encuentra en la lengua.

Estos ejemplos se intercalarían también en la segunda tendencia, la de aquellos lingüistas que progresivamente fueron viendo la urgencia de tener en cuenta el contexto para desambiguar expresiones polisémicas. A partir de esa posición fueron apareciendo la llamada lingüística pragmática[63], la teoría de los actos de habla *(speech acts theory)*, etc.

Verón (1973, 265) señala que «se está asistiendo a cómo, partiendo del análisis del lenguaje, se ha llegado a inscribir la actitvidad lingüística en el campo más vasto (...) de las actividades de naturaleza social (...), mientras los sociólogos alcanzan el lenguaje y

---

[63] Destacamos entre la ingente bibliografía (cfr. Verschueren, 1978) las observaciones de Wunderlich (1971), Habermas (1970), van Dijk (1980), Petöfi (1978). A modo de manual Schlieben Lange (1980). En cuanto a literatura española sobre el tema, véanse los trabajos de García Berrio y Luján.

quisieran hacerse con una teoría del sentido». Como ha apuntado Giglioli (1973, 16), quizá demasiado rígidamente, el lingüista como lingüista se ocupa de los fenómenos lingüísticos sólo en la medida en que faciliten la teoría lingüística, mientras que el sociólogo como sociólogo se ocupa de los fenómenos lingüísticos sólo en cuanto que ello permita resolver o dar luz a los problemas teóricos de la sociología. Pero es importante notar que desde sus respectivas preocupaciones ambos se han visto obligados a abordar sus estudios en una nueva perspectiva todavía hoy sólo incipientemente desarrollada.

Acerca de esta temática existe una literatura ingente. Hymes (1980), por ejemplo, proporciona una enorme lista de lingüistas que han hecho explícita la necesidad de tomar en consideración características del contexto (y en modo particular —dice— los participantes en el discurso) y de sociólogos (en particular cita a Garfinkel, Goffman, Sacks, Schegloff...) que han mostrado la necesidad de considerar características del discurso mismo.

En dicho artículo Hymes, evocando una discusión mantenida con Goffman sobre este asunto, concluye afirmando que «la investigación actual en lingüística y sociolingüística está comenzando a sugerir que es posible descubrir en la gramática datos que manifiestan asunciones relativas a la constitución del mundo social y de los derechos y deberes que en él se podrán esperar y ejercitar» (Hymes, 1980, 163). Es en esta línea en la que la semiótica textual desarrolla sus investigaciones, considerando las informaciones sociales y contextuales que incorpora la propia lengua y, sobre todo, cómo las relaciones sociales son creadas y mantenidas a través de textos.

Queremos ahora reseñar algunos conceptos que desde la sociología han tratado de descubrir en el discurso mismo el funcionamiento social, o dicho en otras palabras, que han destacado la «importancia del lenguaje en la producción y mantenimiento social» (Corsaro, 1981, 6) y que desde la lingüística y semiótica, sin ignorar el contexto, tratan de contemplarlo desde el texto mismo, previendo su propia constitución.

Al ocuparnos de la (inter)acción discursiva, privilegiaremos por mor metodológico, como hemos señalado, los aspectos y funcionamientos textuales.

6.2. *Elementos textuales de contextualización*

En un primer momento podemos diferenciar en el discurso los elementos *diafóricos* (anafóricos y catafóricos, véase capítulo III, 2), que situados dentro del texto reenvían a elementos anteriores o posteriores del mismo—con los que serán correferenciales, constituirán la coherencia interna del texto, permitirán la existencia de isotopías y, por tanto, facilitarán su posterior lectura—, de los elementos llamados *exofóricos*, que estarían vinculados a la situación. Entre estos últimos consideramos los elementos indexicales (o indiciales).

NOTA

Se ha llamado tradicionalmente indexicales a aquellas expresiones, emisiones lingüísticas, que requieren de información contextual para ser perfectamente comprensibles y carentes de ambigüedad [64].

Desde la lógica y la filosofía, autores como Pierce, Russell, Goodman y Bar-Hillel, entre otros, le prestaron especial atención:

Bar-Hillel (1954), por ejemplo, en su estudio sobre la verdad advierte que todas las manifestaciones o aserciones *(statements)* que son verdad para todos los observadores, y en todos los tiempos y en todos los lugares [65], *no son indexicales,* sino objetivas o universales» (subrayado nuestro).

Sin embargo, los etnometodólogos consideran que es sobre todo mediante producciones lingüísticas como los actores producen descripciones, explicaciones y resúmenes de la interacción social, y destacan, al observar conversaciones naturales (entrecortadas, aparentemente incomprensibles, a veces irracionales, etc., y que funcionan, sin embargo, sin necesariamente requerir de expresiones del tipo / ¿qué quieres decir con esto? /), que las propiedades de las conversaciones naturales se explican mediante el carácter indexical del lenguaje.

Estos autores, separándose de los sógicos y filósofos arriba aludidos, consideran que *todas* las producciones lingüísticas son indexicales. En este sentido, Giglioli (1973) recuerda en cita una propuesta de Garfinkel y Saks: «En toda ocasión real se pueden buscar formas indexicales y aquélla proporcionará ítems indexicales» (Garfinkel y Sacks, 1970, 358).

Las expresiones indexicales son, pues, aquellas que marcan la ubicación de los textos y de su significado en la ocasión, en la situación en que son enunciados.

Para la etnometodología, que precisamente ha sido definida por

---

[64] En esta definición se comprenden fenómenos lingüísticos más amplios que los llamados índices o deícticos, como / aquí /, / hoy /, yo /, etc. (ver III.2).
[65] O, si se quiere, en un «mundo posible» universal.

Garfinkel como «el análisis de las propiedades racionales de las expresiones indexicales y de las acciones prácticas entendidas como progresiva realización de prácticas organizadas de la vida cotidiana» (Garfinkel, 1967, 11), la naturaleza indexical del discurso común y de las prácticas cotidianas no se puede eludir.

Como recoge M. Wolf (1979) de las teorías etnometodológicas, la indexicalidad no es una fastidiosa imperfección del lenguaje —que sería por otra parte irrelevante respecto a los funcionamientos sociales—, sino que es un elemento que caracteriza profundamente el trabajo de construcción de la realidad social realizado por los sujetos.

Desde la lingüística, Benveniste, hablando de la subjetividad en el lenguaje, considera a los indicadores de la deixis[66], demostrativos, adverbios, etc., como organizadores de las relaciones espaciales y temporales en torno al sujeto. Y añade: «Éstos (dichos elementos deícticos) tienen en común la propiedad de definirse sólo en relación a la situación del discurso donde son producidos» (Benveniste, 1966, 315). Establecen las referencias de persona, espacio y tiempo que ubican el texto en un contexto que a la vez construyen. También desde la lingüística, en su célebre artículo «Determinación y Entorno», Coseriu propone algunas perspectivas que consideramos vigentes y de indudable importancia.

Coseriu (1978, 309) considera la *situación* como «la operación mediante la que los objetos denotados se "sitúan", es decir, se vinculan con las "personas" implicadas en el discurso y se ordenan con respecto a las circunstancias[67] espacio-temporales del discurso mismo». Esta perspectiva «desde el discurso mismo» es claramente paralela a la perspectiva enunciacional y se puede observar en ella la tendencia hacia la creación del contexto por el texto.

Así, Coseriu (1978, 309) afirma: «la situación es el "espacio-tiempo" del discurso, en cuanto creado por el discurso mismo y ordenado con respecto a su sujeto.»

Frente a la tesis de Whitehead, que muestra la insuficiencia del lenguaje para referirse al universo en todos sus detalles, Coseriu arguye: «el lenguaje no *dice* las condiciones contextuales, porque no es necesario que las diga, pero las *utiliza,* y, por tanto, la expresión real las implica y las contiene».

También para Eco (1979, 15) la expresión (en el texto) posee un significado virtual que permite adivinar el contexto.

Podemos concluir con Halliday (Halliday, Hasan, 1980, 13), que el contexto de la situación, el contexto en que el texto es «sujetado»

---

[66] Entendida aquí en sentido restrictivo y referida sólo a los deícticos propiamente tales.
[67] Las circunstancias del habla son llamadas por Coseriu «entornos».

(unfolds), es subsumido en este último. (Habría que considerar, siguiendo a este autor, la relación entre, de una parte, el entorno social que es un constructo semiótico —en el que los objetos y las relaciones están organizados significacionalmente[68]— y, de otra, el sistema semántico y la organización funcional del lenguaje.)

Pero, además, el contexto no es un dato previo y exterior al discurso. Los participantes, a través de su interacción discursiva, definen o redefinen la situación, su propia relación, el *marco* en que se interpretan y adquieren sentido las expresiones, etc. (Sbisà, Fabbri, 1980, 16).

Bibliografía

ARRIVÉ M. (1973), «Pour une théorie des textes poly-isotopiques», *Langages*, 23.
BAJTIN, M. (1977), «Il problema del testo», en A. Ponzio (ed.), *Michail Bachtin. Semiotica, teoria della letteratura e marxismo*, Bari, Dedalo. Original: «Problema Teksta», *Voprosy Literatury*, 10, 1976.
BAR-HILLEL (1954), «Indexical expressions», *Mind.*, 63.
BARTHES, E. (1970), «Recherches Rhétoriques», *Communications*, 16 (traducción española, *Investigaciones Retóricas, I. La antigua retórica. Ayudamemoria*, Buenos Aires, Tiempo Contemporáneo).
— (1980), «Texte (Théorie du)», *Enciclopedia Universalis*.
BATESON, G. (1972), *Steps to an ecology of Mind*, Nueva York, Chaudler (traducción española, *Pasos hacia una ecología de la mente*, Buenos Aires, Carlos Lohlé, 1976).
BELLERT, I. (1970), «On a condition of the Coherence of Texts», *Semiotica*, 2.
BENVENISTE, E. (1966), *Problèmes de linguistique générale*, París, Gallimard.
— (1977), *Problemas de lingüística general II*, México, Siglo XXI.
BUYSSENS (1967), *La communication et l'articulation linguistique*, Bruselas.
CICOUREL (1968), «L'acquisizione della struttura sociale. Verso una sociologia del linguaggio e del significato», *Rassegna italiana di Sociologia*.
— (1972), *Cognitive Sociology*, Londres, Penguin.
— (1975), «Discourse and Text: Cognitive and Linguistic processes in studies of Social Structures». *Versus*, 12.
— (1980), «Three Models of Discourse Analysis: the Role of Social Structure», *Discourse Processes*, 3.
CONTE, M. E. (ed.) (1977), *La linguistica testuale*, Milán, Feltrinelli.
CORSARO, W. A. (1981), «Communicative processes in studies of social organization: sociological approaches to discourse analysis», *Text*, vol. 1, 1.
COSERIU, E. (1978), *Teoría del lenguaje y lingüística general*, Madrid, Gredos.
COURTÉS, J. (1976), *Introduction à la Sémiotique narrative et discursive*, París, Hachette.

---
[68] Lo que Greimas (1973, 49-100) analiza como semiótica del mundo natural.

DIJK, T. A. VAN (1974), «Relevance in Logic and Grammars», Mimeo.
— (1976a), «Macro-structures and cognition», Mimeo.
— (1976b), *Per una poetica generativa,* Bolonia, Il Mulino.
— (1980a), *Texto y Contexto,* Madrid, Cátedra.
— (1980b), *Estructuras y funciones del discurso,* Madrid, Alianza.
DRESSLER, W. (1974), *Introduzione alla linguistica del testo,* Roma, Officina.
DUCROT, O. (1978a), «Presupposés et sous-entendues», en AA.VV., *Strategies Discursives,* Lyon, Presses Universitaires.
— (1978b), «Enunciazione», *Enciclopedia,* Turín, Einaudi.
ECO, U. (1975), *Trattato di Semiotica Generale,* Milán, Bompiani.
— (1979), *Lector in Fabula,* Milán, Bompiani.
— (1981), «Segno», *Enciclopedia,* Turín, Einaudi.
FABBRI, P. (1973), «Le comunicazioni di massa in Italia: sguardo semiotico e malocchio della sociologia», *Versus,* 5.
FIRTH, J. R. (1957), *Papers in Linguistics 1934-1951,* Londres, Oxford University Press.
FORESTIERI, E. (1979), «Lingüística del texto, macroestructura y contexto», *Dispositio,* 10.
GARAVELLI MORTARA, B. (1974), *Aspetti e problemi della linguistica testuale,* Turín, Giappichelli.
GARCÍA BERRIO, A., y VERA LUJÁN, A. (1977), *Fundamentos de teoría lingüística,* Madrid, Alberto Corazón.
GARFINKEL, H. (1967), *Studies in Ethnomethodology,* Englewood Cliffs, New Jersey, Prentice Hall.
GARFINKEL, H., y SACKS, H. (1970), «On formal Structures of Practical Actions», en J. McKinney y E. Tiryakian (eds.), *Theoretical Sociology,* Nueva York, Appleton-Century Crofts.
GIGLIOLI, P. P. (ed.) (1973), *Linguaggio e società,* Bolonia, Il Mulino.
GOFFMAN, E. (1974), *Frame Analysis,* Nueva York, Harper and Row.
GREIMAS, A.-J. (1966), *Sémantique structurale,* París, Larousse (traducción española, *Semántica estructural,* Madrid, Gredos, 1973).
GREIMAS, A.-J., y COURTÉS, J. (1979), *Sémiotique. Dictionnaire raisonné de la théorie du langege,* París, Hachette.
GROUPE D'ENTREVERNES (1979), *Analyse semiotique des textes,* Lyon, Presses Universitaires.
GROUPE μ (1972), *Rhétorique générale,* París, Larouse.
HABERMAS, J. (1970), «Toward a theory of Communicative Competence», en H. P. Dreitzel (ed.), *Recent Sociology, n. 2: Patterns of Communicative Behavior,* Nueva York, MacMillan.
HALLYDAY, M. A. K. (1975), «Estructura y función del lenguaje», en J. Lyons (ed.), *Nuevos horizontes de la lingüística,* Madrid, Alianza.
— (1978), *Language as social semiotic,* Londres, E. Arnold.
HALLIDAY, M. A. K., y HASAN, R. (1976), *Cohesión in English,* Londres, Longman.
— (1980), *Text and Context,* Tokyo, Sophia University.
HARRIS, Z. S. (1952), «Discourse Analysis», *Language,* 28.
HENDRICKS, W. U. (1976), *Semiología del Discurso Literario,* Madrid, Cátedra.
HENAULT, A. (1979), *Les enjeux de la sémiotique,* París, P.U.F.

HJELMSLEV, L. (1943), *Prolegomena to a theory of language,* University of Wisconsin, 1961.
HYMES, E. (1980), *Fondamenti di Sociolinguistica. Un approccio etnografico,* Bolonia, Zanichelli (edición original, *Foundations in Sociolinguistics. An Ethnographic Approach,* Londres, Tavistoks, 1974).
HYMES (ed.) (1971), *Pidginization and Creolization of Languages,* Cambridge, University Press.
JAKOBSON, R. (1974a), *Coup d'œil sur le développement de la sémiotique,* Bloomington, Research Center for Language and Semiotic Studies.
— (1974b), «La lingüística y la poética», en T. A. Sebeok (ed.), *Estilo del lenguaje,* Madrid, Cátedra.
KINTSCH, W., y DISK T. A. VAN (1975), «Comment on se rappelle et on résume des histoires», *Langages,* 40.
KRISTEVA, J. (1970), Σημειωτική *Recherches pour une sémanalyse,* París, Seuil.
LABOV, W. (1966), *The Social Stratification of English in New York,* Washington, Center for Applied linguistics.
— (1973a) *Language in the inner city,* Philadelphia, University of Pennsylvania.
— (1973b) *Sociolinguistics Patterns,* Philadelphia, University of Pennsylvania.
LABOV, W., y FANSHELL, D. (1977), *Therapeutic Discourse. Psychoretapy as Conversation,* Nueva York, Academic Press.
LAKOFF, R. (1973), «Language and Woman's Place», *Language in Society,* volumen II, núm. 1.
LANG, E. (1972), «Quand une "grammaire de texte" est-elle plus adéquate qu'une "grammaire de phrase"?», *Langages,* 26.
LOTMAN (1980), *Testo e Contesto. Semiotica dell'arte e della cultura,* Roma, Laterza.
— (1981), «Retorica», *Enciclopedia,* Turín, Einaudi.
LOTMAN, L., y ESCUELA DE TARTU (1979), *Semiótica de la Cultura,* Madrid, Cátedra.
LOZANO, J. (1979), «Introducción» a Lotman y Escuela de Tartu (1979).
LYONS, J. (1978), *Semantics,* Londres: Cambridge, University Press.
MALINOWSKY, B. (1964), «El problema del significado en las lenguas primitivas», en Ogden y Richards, *El significado del significado,* Buenos Aires, Paidós.
MAUSS, M. (1971), «Ensayo sobre los dones. Motivo y forma del cambio en las sociedades primitivas», en *Sociología y Antropología,* Madrid, Tecnos.
MEHAN, H., y WOOD, H. (1975), *The Reality of Ethnomethodology,* Nueva York, Wiley.
MINSKY, M. M. (1974), «A Framework for representing knowledge», en Winston, P. H. (ed.), *The psychology of computer vision,* Nueva York, Mc Graw-Hill.
PERELMAN, Ch. y OLBRECHTS-TYTECA, L. (1958), *Traité de l'argumentation. La nouvelle rhétorique,* París, P.U.F.
PETÖFI, J. S., y GARCÍA BERRIO, A. (1978), *Lingüística del texto y crítica literaria,* Madrid, Alberto Corazón.
RASTIER, F. (1976), «Sistemática de las isotopías», en A.-J. Greimas (ed.), *Ensayos de Semiótica poética,* Barcelona, Planeta.

REY, A. (1973), *Théories du signe et du sens*, París, Klincksieck.
RICOEUR, P. (1980), «Signe et sens», París, Encyclopoedia Universalis.
RIESER (1978), «El desarrollo de la gramática textual», en Petöfi, J.S., y García Berrio, A. (1978).
ROBINS, R. H. (1976), «Malinowski, Firth y el "Contexto de la situación"», en E. Ardener (ed.), *Antropología social y lenguaje*, Buenos Aires, Paidós.
SACKS, H. (1972), «On the analyzability of stories by children», en Gumperz, J. J., e Hymes, D. (eds.), *Directions in Sociolinguistics*, Nueva York, Holt, Rinehart and Winston.
SÁNCHEZ DE ZAVALA, V. (1972), *Hacia una epistemología del lenguaje*, Madrid, Alianza.
SCHLIEBEN LANGE, B. (1980), *Linguistica pragmatica*, Bolonia, Il Mulino.
SCHMIDT, S. (1977a), *Teoría del texto*, Madrid, Cátedra.
— (1977b), «Teoria del testo e pragmalinguistica», en M.-E. Conte (ed.), *La linguistica testuale*, Milán, Feltrinelli.
SEBEOK, Th. A. (1976), *Contributions to the Doctrine of Signs*, Bloomington, Indiana University Press.
SPERBER, D. (1975), «Rudiments de rhétorique cognitive», *Poétique*, 23.
STAROBINSKY, J. (1971), *Les mots sous les mots. Les anagrammes de Ferdinand de Saussure*, París, Gallimard.
TODOROV, T. (1981), *Mikail Bakhtine: le principe dialogique*, París, Seuil.
VERÓN, E. (1973), «Linguistique et sociologie. Vers une logique naturelle des mondes sociaux», *Communication*, 20.
VERSCHUEREN, J. (1978), *Pragmatics: An Annotated Bibliography*, Amsterdam, John Benjamin.
VIOLI, P., y MANETTI, G. (1979), *L'Analisi del Discorso*, Espresso Strumenti.
WEINRICH, H. (1981), *Lenguaje en textos*, Madrid, Gredos.
WOLF, M., *Sociologie della vita quotidiana*, Espresso Strumenti.
WUNDERLICH, D., «Pragmatique, Situation d'Enonciation et Deixis», *Langages*, 26.

CAPÍTULO II

Cualificaciones y transformaciones modales

1. EL CONCEPTO DE MODALIDAD

Al abordar las modalidades queremos destacar una orientación todavía incipiente y un instrumento que consideramos fundamental en la teoría semiótica y en el análisis del discurso.

Si consideramos el texto en una perspectiva (inter)accional hemos de adoptar un aparato descriptivo-analítico de las acciones y de las transformaciones que éstas introducen en el estado de los sujetos, partiendo de la hipótesis de que el sujeto, en tanto que actuante, se define por su competencia previa a la acción —analizable en categorías ni psicológicas ni sociológicas, sino textuales: las modalidades— y por las transformaciones que producen sus acciones o las de los otros actores textuales.

El estudio de la modalidad como modificación del predicado tiene una larga tradición en lingüística y en lógica, pero sólo recientemente ha sido incorporado a la teoría semiótica[1] para analizar las relaciones del sujeto con su enunciado (modalidad como expresión de la actitud del hablante), con su hacer (modificación de los enunciados de hacer por los de estado y viceversa), con el objeto (objeto de valor modal) y con los otros sujetos (circulación de valores modales intercambiables entre los actuales). Se apunta así la posibilidad

---

[1] Las modalidades han estado ausentes, por ejemplo, en la teoría del precursor de la semiótica narrativa, V. Propp. En su *Morfología del cuento* se puede leer: «la voluntad de los personajes, sus intenciones no pueden ser consideradas como signos consistentes cuando se trata de la definición de estos personajes. No es lo que ellos *quieren hacer* lo importante (...), sino sus actos en tanto que tales, definidos y evaluados desde el punto de vista de su significación para el héroe y para el desarrollo de la intriga» (1970, 99; subrayado nuestro). Asimismo, según Parret (1975), las modalidades han estado prácticamente ausentes en la teoría estándar de Chomsky, en la que los modales no forman parte ni del sujeto ni del predicado de la frase, sino que son la *función* particular de los «auxiliares».

de afrontar las cualificaciones y transformaciones de los sujetos, pero también el texto en su organización modal y de abordar las estructuras e isotopías modales e incluso de establecer una sintaxis modal.

Recientemente Pottier (1980, 5) señalaba en términos muy generales que un discurso es siempre la manifestación de un Yo que formula un tema *(propos)*. A partir de tal consideración deduce la posición fundamental, y común a todas las lenguas, de grandes categorías de significado, como la deixis (yo, aquí, ahora), la modalidad (pensamiento crítico del Yo sobre el tema), la jerarquización intencional (presuposición, tema/rema; puesta en topicalización; efecto ilocucionario y perlocucionario, etc.).

En las páginas que siguen nos ocuparemos de las modalidades, cuyas teorías han gozado de extendida fama de oscuridad, ampliamente comentada por Blanché (1966, 73), quien nos ha recordado en este punto el conocido aserto de los escolásticos: *de modalibus non gustabit asinus*.

Es difícil tratar de dar una definición unívoca del concepto de modalidad que ha sido considerada diferentemente por las disciplinas que de él se han ocupado: la lógica, la lingüística y más recientemente la semiótica.

Sin entrar en la historia del pensamiento modal[2] recordaremos, sin embargo, que ya Aristóteles advertía que «es menester examinar el modo en que se relacionan entre sí las negaciones y las afirmaciones que expresan lo posible y lo no posible, lo contingente, lo imposible y lo necesario» (Ferrater Mora, 1979, 2240), y aunque, como han señalado estudiosos de Aristóteles (Hamelin entre otros), es difícil distinguir entre *posible* y *contingente* —definido esto último como «lo que no es necesario y que puede ser supuesto existir sin que haya en esto imposibilidad»— es a partir de este momento inaugural, cuando se perfilará una primera preocupación por el estudio de las modalidades, fundamentalmente a través de la lógica modal.

El primer resultado es el establecimiento de las modalidades llamadas *aléticas* (de *aletheia,* verdad), o también «aristotélicas», que, situadas en el «cuadrado aristotélico», adquieren la representación:

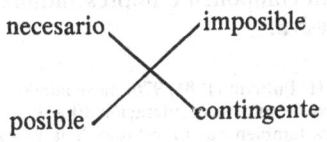

---

[2] Cfr. entre otros Hughes y Cresswell (1968) y Ferrater Mora (1979).

De estos cuatro elementos (necesidad, posibilidad, imposibilidad y contingencia), *necesidad* y *posibilidad* han sido los conceptos en los que se ha fundamentado la lógica modal.

En efecto, como indican Hughes y Creswell (1968, Introducción), la lógica modal se puede describir, en pocas palabras, como la lógica de la necesidad y de la posibilidad, del *debe ser (must be)* y del *puede ser (may be)*[3].

Hay que señalar, sin embargo, que si bien los lógicos han operado ante todo con las modalidades aléticas, han tomado conciencia, como señala Kalinowsky (1976, 12), de cómo las modalidades caracterizadas por /todo/, /alguno/, /siempre/, /nunca/, /jamás/, /probable/... (la lista se puede ampliar), son en cierta medida análogas a las modalidades aléticas. Por ello Kalinowsky afirma que el número de las modalidades es indeterminado: no están ni exhaustivamente inventariadas ni sistemáticamente clasificadas (Kalinowsky, 1976, 12)[4].

Diremos de pasada que, junto a las modalidades aléticas, ya aludidas, se consideran normalmente las modalidades *epistémicas:*

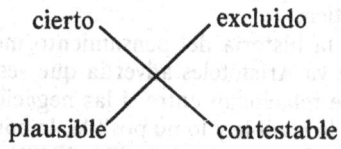

y las *deónticas*[5]*:*

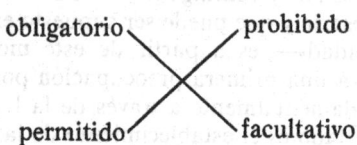

Si nos referimos a la lógica no es sólo por ser generadora del pensamiento modal, sino por sus consideraciones que, recogidas por lingüística y semiótica, han podido desarrollarlo hasta convertir a las modalidades en un componente imprescindible para el análisis de la interacción discursiva.

---

[3] Recientemente H. Putnam (1981, 976) ha señalado que «necesidad y posibilidad están hoy en el centro de una reconsideración filosófica sin precedentes». Desde la lingüística se considera también que un estudio de la modalidad lingüística concierne al menos a los conceptos de «necesario» y de «posible» (Geerts y Melis, 1976, 108).

[4] Aparte del hecho de su variabilidad de una lengua a otra, entre otras razones.

[5] Algunos individualizan las modalidades *bulomayeicas, las doxasticas,* etc., que podrían ciertamente subsumirse en las ya citadas.

Y pese a que no es nuestra tarea ni nuestra competencia la teoría lógica, recordaremos la opinión de un lógico, Jaako Hintikka (1976, 14), en relación con nuestras posiciones:

> No parece que mucho del trabajo que se ha hecho o se está haciendo sobre lógica modal augure nuevas intuiciones sobre importantes problemas teóricos de lógica o de estudios de fundamentos. No obstante, la lógica modal promete mucho como clasificación de una gran cantidad de los conceptos y problemas filosóficos más centrales, aunque al parecer menos como iluminación de los conceptos de posibilidad y necesidad lógica que como *iluminación, por ejemplo, de la naturaleza de las diferentes actitudes proposicionales* (subrayado nuestro).

Para Hintikka, las actitudes proposicionales son consideradas *modalidades personales* (aquellas que sirven para expresar el estado o actitud de un individuo): como ejemplos pueden servir el conocimiento, la creencia, la esperanza, la duda, expectación, intención, etcétera.

Normalmente este tipo de modalidades se expresan en oraciones (que Frege llamaba indirectas u oblicuas) en las que aparecen verbos como «creer», «desear», «dudar», etc.

De este modo, con las modalidades podremos definir —el planteamiento está ya presente en Aristóteles— el estatuto de la oración: interrogación, afirmación, orden, etc.

En este sentido conviene poner de relieve la vieja oposición entre *dictum* y *modus:* mientras aquél es el contenido representado (proposición primitiva expresada por la relación sujeto-predicado), éste es una *operación* que tiene por objeto el *dictum*. En otras palabras, el *modus*, por así decir, «comenta» el *dictum*, o mera descripción.

Por ello podemos proponer una primera y vaga oposición: proposición[6] descriptiva (se la denomina, a veces, aserción simple) *versus* proposición modal.

A continuación nos ocuparemos de esta oposición, cuestionando si es o no pertinente desde una perspectiva textual. Para ello comenzaremos por la aserción.

---

[6] Nosotros usaremos en adelante el término «enunciado». Acero (1979, 12), en nota, sustituye *proposición* de von Wright por enunciado o sentencia. Preferimos enunciado, que, como señala Hintikka, es un «evento de cierta clase», mientras que una oración no lo es.

2. SOBRE LA OPOSICIÓN ENUNCIADO DESCRIPTIVO/ ENUNCIADO MODAL

2.0. *El enunciado asertivo*

Desde la lingüística, el funcionamiento descriptivo del lenguaje se ocupa de la manera en que se utiliza la lengua para hacer aserciones *(statements)*.

Desde una aproximación modal, una aserción simple es un enunciado no modalizado, no modal; de hecho, en la tradición modal, como ya hemos indicado, se definía a partir de la oposición (Blanché, 1966) aserción simple *versus* proposición modal[7].

Según estas consideraciones podemos diferenciar un enunciado descriptivo como / el tren llega a las 15 h. 40' / de otros enunciados del tipo / creo que el tren llega a las 15 h. 40' /, / sería estupendo que el tren llegase a las 15 h. 40' / etc., en los que queda marcada la *actitud* del sujeto enunciante.

Sin embargo la frontera y, por tanto, la oposición no es perfectamente nítida. Benveniste, por ejemplo, situaba en la aserción esos «juicios críticos» que tradicionalmente, en la lingüística, habían definido a la modalidad, de tal suerte que tal oposición tiende a desaparecer; hasta el punto que él mismo define la modalidad como «aserción complementaria que atañe al enunciado de una relación» (Benveniste, 1977, 1897)[8].

Los enunciados descriptivos o asertivos, desde una perspectiva de acción discursiva, pueden asimilarse a los que Austin llamó enunciados *constatativos*, con función descriptiva y valor lógico, y opuestos

---

[7] Kant dividió los juicios de modalidad en *asertóricos, problemáticos* y *apodícticos*, alterando así la lógica tradicional que excluía como no-modal a la aserción. Kant argüiría que los «juicios» no son sólo objeto de la lógica, sino en gran parte de la teoría del conocimiento. Lo asertórico sería un *modo de afirmación* o, si se quiere, una *proposición de modo cero*.

La *Gramática de Port Royal* distingue en todo acto de juicio dos operaciones del espíritu que dimanan de dos facultades diferentes: *a)* la representación del sujeto y del predicado (ligada a la facultad de concebir, lo que Descartes llama «entendimiento») y *b)* la atribución del segundo al primero, es decir, la «aserción» (ligada a la facultad de juzgar que Descartes refiere a la «voluntad»). La *Gramática de Port Royal* pone explícitamente la aserción en la misma categoría que «los deseos de orden, la interrogación». Por su parte, Peirce preguntaba: ¿cuál es la esencia de un juicio? Un juicio es el acto mental por el cual el que juzga trata de convencerse *él mismo* de la verdad de la proposición. Esto asemeja a un acto de aserción de la proposición o, aún más, es *como si* se fuera delante de un notario para asumir la responsabilidad formal de su verdad, salvo que estos actos tienden a afectar a otros, mientras que el juicio no mira sino a afectarse a sí mismo.

[8] Coquet (1974, 110), interpretando esta definición de Benveniste, añade que el *enunciado de la relación* está subordinado lógica y semánticamente a la aserción complementaria.

a los enunciados *performativos*, que no tienen valor de verdad y que se utilizan más para hacer que para decir (véase capítulo IV, 2.0.).

Independiente de la pertinencia o no de tal distinción, queremos destacar que los enunciados constatativos o aserciones se pueden convertir, mediante procedimientos enunciativos, en enunciados performativos[9], aparte del hecho de que decir o asertar tal o cual cosa representa en sí una forma de hacer (véase capítulo IV, 2.3.). A la aserción / la tierra es redonda / le corresponde el enunciado explícitamente performativo / yo digo que la tierra es redonda /, donde se representa el propio sujeto de la enunciación[10].

En este sentido cobra pertinencia la consideración de Kristeva.

> Es evidente que si la función asertiva propia de la predicación concierne tanto al objeto asertado como al sujeto hablante que aserta, lleva en ella misma las posibilidades de todas las modalidades de la enunciación (Kristeva, 1975, 232).

Cuando se representa el sujeto de la enunciación en un enunciado descriptivo, la dicotomía enunciado descriptivo/enunciado modal deja de ser pertinente. Las representaciones y cancelaciones del sujeto forman parte de las estrategias discursivas de las que es precisamente responsable el sujeto de la enunciación.

Podemos extraer una primera conclusión de lo que hasta aquí hemos dicho: la posibilidad de introducir la perspectiva «performativa» en el estudio de las modalidades y la de observar, como señala Zuber (1973, 6), los enunciados modales como «actos individuales de enunciación».

El introducir el «acto individual de la enunciación» altera de un modo sustancial el tratamiento que desde la lógica reciben las modalidades. En efecto, en la lógica aristotélica la verdad de las proposiciones (su valor de verdad) es independiente de la naturaleza particular de los sujetos enunciantes y del cuadro espacio-temporal en el que se enuncian[11]. Para una teoría semiótica (e incluso podríamos decir para la propia lengua natural), esto no es así. En tal sentido, señalaba Grize (1973, 407), «lo que distingue fundamentalmente las lenguas naturales de todo sistema formal es la presencia de un sujeto enunciador». La presencia de un sujeto enunciador, la consideración de la perspectiva enunciacional, nos alejará del planteamiento lógico, for-

---

[9] Como ha propuesto G. Lakoff (1976, 21), las aserciones deberían ser representadas en la forma lógica por la presencia de un verbo performativo que tenga más o menos el sentido de «say» o «state».

[10] Remitimos al capítulo III, donde se describen los procedimientos enunciacionales mediante los cuales se puede explicar rigurosamente la diferencia entre estos dos enunciados.

[11] Sobre este punto véase Kerbrat-Orecchioni (1977, 55).

mal, poniendo en cuestión conceptos como «referencia» o «verdad».
En este sentido, al afrontar el problema de la enunciación, Todorov (1972, 407) argüía: «El problema de la referencia [12] está estrechamente ligado a la enunciación (...). La cuestión de la verdad, subordinada a la de la referencia, es igualmente inconcebible fuera de la enunciación: en sí mismo un enunciado no es verdadero ni falso, lo deviene únicamente en el curso de una enunciación particular.»

Por tanto, desde una perspectiva lingüística, y no lógica, la verdad de un enunciado no es una propiedad que le es intrínseca, inmanente o constitutiva: es una propiedad que el enunciado adquiere —si la adquiere— en el recorrido de su actualización discursiva [13].

También podríamos añadir al criterio de la actualización discursiva de un enunciado la consideración del marco en que se ubica, por ejemplo, una conversación. Así es relevante la observación de H. Sacks (1973, 186): «puede que la pertinencia de verdadero/falso tenga por condición la determinación del hecho de que esta declaración sea formulada seriamente, mientras que cuando es formulada en broma, la clase de oposición verdadero/falso no es pertinente».

Por último, y apoyándonos en aquellas palabras de Wittgenstein, en *Note Books 1914-1916,* en las que señalaba respecto a la verdad o falsedad de una proposición que «sólo sabemos qué ocurrirá si es verdadera, o falsa», veremos brevemente cómo se puede enfocar el problema de la aserción desde una perspectiva interaccional.

2.1. *Dimensión interaccional de la aserción*

Desde una perspectiva interaccional y discursiva, toda producción de enunciados es una forma de interacción social o, dicho de un modo trivial, todo enunciado es producido para alterar la posición interaccional del otro, comunicándole, persuadiéndole, manipulándole, etcétera.

Vista desde este ángulo la aserción, el enunciado asertivo cumple otras funciones que exceden a la mera descripción o a un enunciado no modalizado.

Si como dice Searle [14] «asertar *p* es, ante todo, para el locutor, hacer saber al receptor que *p* es verdad», el enunciado asertivo produce

---

[12] Ducrot (1981, 703): «El referente de un discurso no es, como a veces se dice, *la* realidad, sino *su* realidad, es decir, lo que elige o instituye como tal.»

[13] Kerbrat-Orecchioni, destacando el componente lingüístico, llega a hablar de una L-verdad, y propone que por ello las modalidades aléticas, en una perspectiva lingüística, deben ser reformuladas siempre *(sic)* en términos de modalidades epistémicas.

[14] Cit. en Kerbrat-Orecchioni (1978, 57).

efectos suplementarios a la mera aserción, constatación o descripción.
Los análisis pragmáticos se han ocupado de describir el efecto de la aserción sobre el receptor: por ejemplo, la adquisición de una nueva creencia, la adquisición de un nuevo saber, hasta la alteración pasional, resultado de operaciones cognitivas y accionales...
Igualmente sucede con el locutor. Al producir un enunciado asertivo cualquiera, el locutor realiza algo más que la simple producción de un enunciado. Sirva a este respecto la consideración de Berrendonner:

> Asertar una proposición *p,* es *hacerse garante* de la verdad de *p.*
> Es para el locutor correr el riesgo de ofrecer su propia cara, o al menos su personaje social, en garantía de un juicio de verdad (Berrendonner, 1977, 153, 4)[15].

El locutor, al asertar, se implica, corre riesgos, se juega la cara o, por decirlo con Toulmin (1975, 13), alguien que hace una aserción avanza una pretensión: una pretensión a nuestra atención y a nuestra convicción[16].
Pero también asertando el locutor puede sancionar al destinatario, o como decía Austin: «cuando digo 'S es P", implico como mínimo que lo creo y, si he sido educado rígidamente, que estoy (absolutamente) seguro (...). Cuando digo "Sé" doy a los otros mi palabra: doy a los otros mi autoridad para afirmar que "S es P"» (Austin, 1952, 143-144).
Hechas estas observaciones, podemos corroborar la hipótesis de Lyons (1980, 345) según la cual las aserciones contienen una cierta cantidad de información no descriptiva, que él caracteriza de un modo muy general como *expresiva* (o *indicial*) y *social*[17].
Dado que en los siguientes capítulos se abordarán el sujeto de la enunciación (responsable del enunciado producido) y el acto discursivo (en la dimensión pragmática e interaccional), nos limitamos en este apartado a destacar cómo el enunciado asertivo puede ser considerado un enunciado modalizado, en tanto producido por un sujeto enunciante, inserto en un proceso discursivo y formando parte de una interacción social.
Desde una perspectiva semiótica y no lógica, la oposición aserción simple *versus* proposición modal, que sirvió como punto de partida para una definición de las modalidades, se oscurece limitan-

---

[15] Véase Berrendonner (1981, 34-74).
[16] Ducrot (1981, 703) sostiene: «En el afirmar, esto es, en el avanzar una pretensión de verdad, el hablante realiza una especie de apuesta: apuesta que las cosas han sido, son o están por ser como él las presenta.»
[17] Por otra parte, y como se verá en el capítulo IV, la teoría de los actos de habla, a partir de Austin, reconoce explícitamente la dimensión social e interpersonal del comportamiento lingüístico.

do su pertinencia a un análisis frástico, que no tendría en cuenta ni el aspecto enunciacional ni el carácter interaccional en los textos.

Por último cabe recordar que la teoría semántica (de las modalidades), como ha señalado Nef (1976, 29), haciendo caso omiso de una cierta tradición lógica, toma la aserción como una modalidad[18].

3. LA MODALIDAD COMO EXPRESIÓN DE LA SUBJETIVIDAD

Una línea teórica apunta a la modalidad como manifestación de la subjetividad.

Desde la lingüística la modalidad ha sido considerada tradicionalmente como un *cambio morfológico* que expresa la subjetividad.

En ese sentido, Gili y Gaya (1951, 115) señalaba que las alteraciones morfológicas conocidas con el nombre de *modo* «expresan nuestro punto de vista subjetivo ante la acción verbal que enunciamos».

En un primer momento, la modalidad *(el modus)* es la actitud tomada por el sujeto respecto al *dictum,* el acto enunciado, el contenido representativo, basado inicialmente, como hemos dicho anteriormente, en la relación de un predicado con un sujeto.

Enunciados como /Jakobson vendrá /, /¡Que venga Jakobson!/, /Es posible que venga Jakobson /, /Jakobson debe venir/, parecen tener el mismo *dictum* y diferir, sin embargo, en el *modus.*

Y podemos observar sin dificultad la diferencia notable entre tales enunciados: entre otras, la posición y actitud del sujeto que la enuncia, y el acto lingüístico que cumple.

Pero además, la modalidad tiene modos de expresión variadísimos: los modos gramaticales, auxiliares de modalidad, enunciados modales, adverbios y verbos modales, etc., e incluso signos prosódicos, tono...[19].

Para Brunot (1922) toda frase llevaba la marca de operaciones que emanan del locutor repartidas en operaciones de juicio, de sentimiento, de voluntad que, según realizaciones muy diversas (tono, juego de los tiempos, auxiliares de modos, etc.), modalizan o modifi-

---

[18] Además añade Nef (1976, 29): la asertoricidad puede ser temporal y soportar las marcas del tiempo mientras que lo posible y lo necesario en los silogismos deben ser tomados, como dice Aristóteles en los *Primeros Analíticos,* «sin ninguna determinación de tiempo, como el presente o tal periodo dado, sino de una manera absoluta».

[19] Para Pottier (1975, 116) la modalidad se expresa por medio de auxiliares siempre relativos a la *subjetividad* (volitivos, desiderativos). Para Culioli (1968, 112) modalidad será entendido en el cuádruple sentido de 1) afirmación o negación...; 2) cierto, probable, necesario...; 3) apreciativo: /Es triste que/ ...; 4) pragmático, causativo, etc., lo que implique relación entre los sujetos.

can la red de las relaciones gramaticales que constituyen en cierta manera la infraestructura de la lengua[20].

La modalidad aparece, pues, en la teoría lingüística como la forma lingüística de un juicio intelectual, de un juicio afectivo o de una voluntad que «un sujeto pensante enuncia a propósito de una percepción o de una representación de su espíritu» (Bally, 1942, 3).

Para Rivero (1979, 84), sin embargo, el problema consiste en, una vez hecho equivaler el modo a la manifestación superficial de la posición psicológica del hablante frente al juicio, la formalización de esa posición dentro de una teoría del lenguaje[21].

En su trabajo, concluye Rivero que no se puede considerar el modo como una categoría sintáctico-semántica con significado propio, sino que el modo es un cambio morfológico que experimenta un verbo de manera automática en función de su posición subordinada.

En el breve repaso que hemos dado a algunas concepciones que desde la lingüística se han dado de la modalidad, ésta es vista como cambio morfológico que expresa en terminos lingüísticos lo que, muy en general, desde la lógica se ha denominado actitud proposicional: un enunciado no sólo representa un estado de cosas, sino que además expresa los sentimientos y pensamientos del locutor y también suscita o evoca en el oyente sentimientos. Es lo que Récanati (1979, 14) llama *sentido pragmático*. Recogiendo su mismo ejemplo, en los enunciados

a) /Vendré sin falta/
b) /Vendré probablemente/

ambos enunciados representan el mismo estado de cosas sobre modos diferentes (la venida probable y la venida sin falta).

Para nosotros, la diferencia entre ambos enunciados va a consistir no sólo en el *cambio morfológico* (y en la actitud del sujeto), sino fundamentalmente en el tipo de acto de palabra que producen o pueden producir dentro de la secuencia de actos que conforme un determinado discurso.

De ese modo, desde la perspectiva lingüística no puede obviarse

---

[20] «Una acción enunciada, encerrada sea en una pregunta sea en una enunciación positiva o negativa, se presenta a nuestro juicio, a nuestro sentimiento, a nuestra voluntad con caracteres extremadamente diversos. Es considerada como cierta o como posible, se la desea o se la rechaza, se la ordena o se la desaconseja, etc., son las *modalidades de la idea*.»

[21] Para Rivero (1979, 84) la actitud psicológica del hablante es equivalente tanto desde el punto de vista semántico como sintáctico a una oración de estructura determinada, una estructura que es paralela a las oraciones explícitas en español. Y esto ocurre no sólo en los subjuntivos «independientes», sino también en las oraciones de indicativo, dice Rivero, tal como ya había indicado A. Bello.

la dimensión pragmática, en este caso el tipo de acto lingüístico emitido.

En efecto, toda modalidad, pensemos por ejemplo en la interrogación, tiene su correlato en el acto de palabra: la pregunta a la que le corresponderá una respuesta.

Ahora bien, basta recordar los famosos postulados conversatorios de Gordon y Lakoff (1975) para reconocer que una afirmación puede *operar* como pregunta, o una interrogación funcionar como súplica, etcétera. Ello plantea la necesidad, pensamos, de un estudio del enunciado, de su sentido y de la función que cumple en el proceso de comunicación para determinar las modalidades de la enunciación. Es decir, integrar el estudio procesual de los actos de habla con el de la enunciación.

Si por modalización entendemos con Wunderlich (1972) «las marcas que el sujeto no cesa de dar a su enunciado», consideraremos enunciado modal a aquel enunciado marcado, y marcado precisamente por el sujeto de la enunciación. Dicho de otra forma, podemos observar la modalidad como una manifestación (marca) del sujeto de la enunciación respecto al (su) enunciado.

En ese sentido se puede distinguir, de una parte, lo que Dubois ha llamado *distancia* o convergencia (o coincidencia) del sujeto con el enunciado, introduciendo la certeza o la duda, la afirmación o un condicional[22] y, de otra, la expresión de la modalidad lógica de necesidad o posibilidad. Estas observaciones permiten distinguir, de modo tentativo, como ha hecho Meunier (1974), *modalidades de la enunciación* y *modalidades del enunciado*.

Para Meunier (1974, 12 y ss.) la *modalidad de la enunciación* define la modalidad en relación con el sujeto hablante y caracteriza la forma de la comunicación entre enunciador y destinatario (imperativa, interrogativa, declarativa, etc.).

A su vez la *modalidad del enunciado* hace referencia al sujeto del enunciado[23] y caracteriza el modo con que el sujeto sitúa la proposición en relación a la necesidad y posibilidad, a la verdad o a los juicios de valor.

---

[22] Pottier (1975), para los fenómenos de cortesía, establece la diferencia entre *actual* e *inactual*. Sirva también de ejemplo (Toulmin, 1975, 43, lo entresaca de Eleanor Farjeon, *Una «nursey» de los años '90*):

> Tenía tal terror [mi hermano mayor] de ser pillado, por casualidad, enunciando una afirmación hecha, que cuando era niño había tomado la costumbre de añadir «quizá» a todo lo que decía. «¿Eres tú Henry?», podía suceder que preguntase la madre desde el salón, «sí mamá, quizá»; «¿vas arriba?», «sí, quizá»; «¿quieres ver si he dejado mi bolso en mi habitación?», «sí, quizá»...

[23] En el capítulo III se explica ampliamente la diferencia entre sujeto de la enunciación y sujeto del enunciado.

Por su parte, House Holder (1971) y Halliday (1970) distinguen a su vez *modo* y *modalidad*.

Por el *modo* se señala, según estos autores, la fuerza ilocucionaria y el rol de la comunicación asumido por el locutor (podría en cierta medida ser equivalente a la modalidad de la enunciación). Mientras por la *modalidad* se señala la expresión de la necesidad y de la posibilidad (que afectaría al enunciado).

Respecto a esta última dicotomía, en cierto modo homologable a la de Meunier, Lyons (1980) considera que la diferencia es meramente terminológica y que podría disolverse en el solo concepto de modalidad. Por otra parte considera que

> la modalidad tal como funciona en general en el comportamiento lingüístico cotidiano no puede ser comprendida o analizada convenientemente sino a partir de las funciones indexicales e instrumentales del lenguaje, a las que la función descriptiva está a veces, si no siempre, subordinada.
>
> (Lyons)

4. La actuación del sujeto

4.0. *Estados y transformaciones*

En este apartado queremos referirnos a una teoría que aborda el problema de las modalidades, *more semiotico*, desde la propuesta de «gramática narrativa» tal como la ha ido desarrollando A. J. Greimas (1973, 185-218)[24]. Su interés máximo lo situamos en la cualificación que proporciona a los actores del proceso semiótico para el estudio de la relación del sujeto con la acción, que será además necesario en el análisis de la actividad discursiva.

Para Greimas y Courtés (1979, 230) la aproximación inductiva a las modalidades parece poco convincente: el inventario de los verbos modales (y eventualmente, las locuciones modales) siempre puede ser contestado y varía de una lengua natural a otra. Consideran, sin embargo, razonable que las dos formas de enunciados elementales —declarados canónicos—, esto es, los enunciados de hacer y los enunciados de estado, se encuentran tanto en la situación sintáctica de enunciados descriptivos como en la situación (que ellos llaman hipotáxica) de los enunciados modales[25].

---

[24] También Courtés (1976), Greimas y Courtés (1979), así como Groupe d'Entrevernes (1979), Henault (1979), etc. Para una lectura crítica, véase P. Ricoeur (1980).

[25] En el enunciado modal /Julia quiere comprar un vestido/, *quiere* modifica el predicado (en principio se considera modalidad, siguiendo la definición tradicional «lo que modifica el predicado» de un enunciado), sobredeterminándolo por la modalidad

Necesitamos recordar muy brevemente que para Greimas, siguiendo a L. Tesnière y H. Reinchenbach, el predicado debe concebirse como la relación constitutiva del enunciado; y el enunciado, a su vez, como la relación-función (F) constitutiva de los términos actantes (A)[26] y que adquiere la forma canónica:

$$F (A_1, A_2...)[27]$$

Los dos enunciados elementales de *estado* y de *hacer*, que son representaciones logicosemánticas de los estados y de los actos, son descritos así: el predicado «hacer» es designado como la función denominada *transformación*, y el predicado «ser» como la función *junción*[28].

Dicho en otros términos, el enunciado de «hacer» da cuenta de la transformación de estado, del paso de un estado a otro.

Por su parte, el enunciado de «estado» establece la relación de junción entre el sujeto y el objeto[29].

De esta relación (de estado) pueden surgir dos tipos de enunciados: enunciados según la *conjunción* ($\wedge$) entre sujeto y objeto —representados (S $\wedge$ O)— y enunciados según la *disyunción* ($\vee$) entre sujeto y objeto representados (S $\vee$ O)[30].

---

del *querer;* sin embargo, como iremos viendo, la inclusión del clasema *querer* va más allá de la mera sobredeterminación. Como dice Greimas «requiere la construcción de dos enunciados distintos, de los cuales uno es modal y otro descriptivo» (Greimas, 1973, 200). También la modalidad del *querer* instaura al actante como sujeto.

[26] El término *actante,* debido a L. Tesnière («los actantes son los seres o las cosas que bajo cualquier título y de cualquier manera, incluso a título de meros figurantes y de la manera más pasiva, participan en el proceso»), reenvía aquí, sin embargo, a «una cierta concepción de la sintaxis que articula el enunciado elemental en funciones [en sentido hjelmsleviano] (tales como sujeto, objeto, predicado) y que considera el predicado como el modo del enunciado. Es decir, que los actantes se considerarán como los términos —terminales— de la relación que es la función (Greimas, Courtés, 1979, 3). Independientemente de su tipología: actantes de la comunicación, actantes de la narración (véase capítulo III), el actante reemplazará el concepto vago en literatura de «personaje» o el proppiano de «dramatis persona». Puede a su vez vincularse con la «gramática de los casos» de Fillmore, donde «caso» puede ser considerado como la representación de una posición actancial.

[27] F: función; A: actante; se reserva el nombre de función a la sola «función sintáctica» denominada predicado, y actante a las otras funciones sintácticas que, en tanto que funtores, representan los términos —terminales— de la relación constitutiva del enunciado (Greimas, Courtés, 1979, 152).

[28] La junción es la relación que determina el «estado» del *sujeto* en relación con un *objeto* de valor cualquiera; sólo las determinaciones y no una «esencia» del sujeto permiten conocer algo a propósito del mismo y particularmente el considerarlo como existente (Greimas, 1976, 92).

[29] Se debe recordar que sujeto (S) y objeto (O) no son, respectivamente, personaje y cosa, sino *roles* que se definen como posiciones correlativas (actantes o roles actanciales).

[30] La disyunción no supone supresión de la relación semiótica; si fuera así no se podría hablar ni siquiera de sujeto o de objeto. Como sugieren Greimas y Cour-

Y si, como indicábamos más arriba, la *transformación* es el paso de una forma de estado a otra, podemos distinguir dos tipos de transformación: de conjunción y de disyunción.

La transformación de conjunción permite el paso de un estado de disyunción (S $\vee$ O), a otro de conjunción (S $\wedge$ O), que se representa

(S $\vee$ O) → (S $\wedge$ O) (donde «→» simboliza la transformación)

La transformación de disyunción, por su parte, consentirá el paso de un estado de conjunción (S $\wedge$ O) a otro de disyunción (S $\vee$ O). Su representación es

(S $\wedge$ O) → (S $\wedge$ O)

A partir de estas consideraciones, en la narración, entendida como representación semiótica de las acciones, Greimas distingue dos tipos de sujetos: el sujeto de estado, definido por su relación (de junción, sea conjunción o disyunción) con el universo de objetos que serán también ellos modalizados (en cuanto deseables, necesarios, etc.), y el sujeto de hacer (que a veces llama sujeto operador) en relación con la operación que ejecuta (o *performance*), esto es, realizando transformaciones[31] que se sitúan entre los estados.

4.1. *El acto en el programa de acción. El programa narrativo*

Desde la teoría de la narratividad, la narración equivale a una acción o, más concretamente, a la representación de las acciones. Ocuparse, pues, de la narración es ocuparse de acciones, de lo que pasa, de actos.

Una narración mínima se puede dar desde el momento en que en un enunciado se da la transformación

(S $\wedge$ O) → (S $\vee$ O)

El discurso, en cuanto *performance*, puede pues ser considerado fundamentalmente como un acto[32] o, mejor, como una serie de actos (cognitivos o de otro tipo). Al considerar la modalidad en términos muy vagos y generales como la modificación del predicado por el su-

---

tés (1978, 245), «la disyunción no hace sino virtualizar la relación entre el sujeto y el objeto manteniéndola como una posibilidad de relación».

[31] La relación del sujeto operador con el hacer define el *enunciado de hacer*.
[32] Van Dijk (1980), por ejemplo, habla de macroacto.

jeto, Greimas (1976, 90) señala que se puede considerar que el *acto* —y más particularmente el acto discursivo— es el lugar de surgimiento de las modalidades.

Advirtiendo que todo acto dimana de una realidad desprovista de manifestación lingüística, el acto de lenguaje no se manifiesta sino en y por sus resultados en tanto que *enunciado*[33]; el acto tanto cuando es descrito como cuando es reconstruido por el lenguaje semiótico sólo puede ser considerado, según Greimas, desde una representación semántica canónica: la que contiene los predicados de «hacer» y de «ser».

Estos predicados se encuentran en la definición «ingenua, y la menos comprometida» de acto como «lo que hace ser» que Greimas, remontándose a la escolástica, recupera de la tradición filosófica.

El actuar, el «hacer ser», presupone la existencia y se identifica con la modalidad del «hacer» que produce un estado[34] (o un cambio de estado, o una prevención de un estado nuevo) formulado como la junción de un objeto con el sujeto que puede estar en sincretismo o no con el sujeto de estado, y su representación puede ser una estructura modal del tipo:

$$F [S_1 \rightarrow O_1 (S_2 \vee O_2)]$$ ó
$$F [S_1 \rightarrow O_1 (S_2 \wedge O_2)]\text{[35]}$$

El actuar corresponde parcialmente a la actuación *(performance)* que presupone una *competencia modal*, que comentaremos más adelante, considerada como la potencialidad del hacer; así el acto será visto como el paso de la competencia a la *performance*. Paso que viene interpretado sistemáticamente como la modalidad del hacer[36].

En cuanto estructura modal del hacer, la *performance* ha sido llamada por Greimas *decisión* (si está situada en la dimensión cognitiva del discurso) y *ejecución* —o *actuación*— (en la dimensión pragmática). Es en la *performance* donde ha comenzado a perfilarse una teoría semiótica de la acción, que debe dar cuenta de las transformaciones de estados y de sus secuencias en el recorrido narrativo.

Un concepto clave en el proyecto de una semiótica de la acción es el de *Programa Narrativo*:

---

[33] Mientras que la *enunciación* que lo produce no posee sino el estatuto de presuposición lógica.

[34] Para von Wright (1965) una acción consiste en la producción o prevención de un cambio, donde cambio equivale a transformación de estado.

[35] F: función; S: Sujeto; O: Objeto; $\rightarrow$: transformación; $\wedge$: conjunción; $\vee$: disyunción.

[36] Que es «la conversión en el nivel de la sintaxis antropomorfa del concepto de transformación» (Greimas, Courtés, 1979, 5)

Con el concepto de Programa Narrativo (PN) se señala la serie de estados y de transformaciones que se encadenan sobre la base de una relación Sujeto/Objeto y de sus transformaciones.

El Programa Narrativo, situado en la sintaxis narrativa de superficie, puede considerarse la unidad sintáctica mínima, constituida por un enunciado de hacer que rige un enunciado de estado, y se le representa:

$$PN = F [S_1 \rightarrow (S_2 \wedge O_v)]$$
$$PN = F [S_1 \rightarrow (S_2 \vee O_v)]^{37}$$

Tal representación permite interpretar el Programa Narrativo como un cambio de estado, efectuado por un sujeto (S_1) cualquiera que afecta a un sujeto (S_2) cualquiera.

Según la naturaleza de la función, el valor asimilado al objeto, y la naturaleza de los sujetos en presencia, podría establecerse una tipología de Programas Narrativos (Greimas, Courtés, 1979, 297). Así, la conjunción o disyunción correspondería a la *adquisición* o a la *privación* de valores; los valores adquiridos pueden ser *modales* o *descriptivos* (y dentro de éstos, valores *pragmáticos* o *cognitivos*); por último, los sujetos pueden ser distintos y asumidos por actores autónomos, o bien pueden estar presentes en sincretismo en un solo actor: en este último caso, el PN es llamado *performance*.

En el caso del PN de *performance* queda presupuesto otro, el PN de la competencia: en efecto, el sujeto del «hacer-ser» debe previamente ser modalizado, por ejemplo como sujeto del «querer-hacer», o del «deber-hacer» que lo constituyen en sujeto competente.

A continuación introduciremos el concepto de competencia modal, fundamental en la teoría de las modalidades, definible a partir del concepto lingüístico de competencia.

5. LA COMPETENCIA DEL SUJETO

5.0. *Competencia lingüística*

Como se sabe, el concepto de competencia *(competence)*, si bien aparece en la llamada psicología de las «facultades» del siglo XVIII, es acuñado en la teoría del lenguaje por la lingüística generativa de

---

[37] PN = Programa Narrativo; F = Función; S_1 = Sujeto de hacer; S_2 = Sujeto de estado; O = Objeto (susceptible de investirse semánticamente bajo forma de y = valor); [ ] = enunciado de hacer; ( ) = enunciado de estado; $\rightarrow$ = función de hacer (resultante de la conversión de la transformación); $\wedge\vee$ = junción.

Chomsky, cuyo objeto es precisamente la competencia lingüística o capacidad de actuar lingüísticamente.

La competencia define desde esta aproximación el conocimiento que el hablante tiene de su propia lengua o, más aún, la aptitud para producir y comprender una serie infinita de oraciones [38].

O dicho en palabras de Sánchez de Zavala (1978, 9 y 10) tal abstracto objeto debería llamarse (a la vista de cómo se lo explora realmente [sic]) «estructura del conjunto de oraciones gramaticalmente posibles para la idealizada comunidad lingüística que sea».

La gramática generativa puede describir lo que el hablante nativo de una lengua *sabe* hacer —y no lo que efectivamente *hace,* que pertenecería a la teoría de la actuación. Lo que tal hablante ideal *sabe* (o puede saber) de su propia lengua constituye su competencia lingüística, el conocimiento intuitivo de la lengua; lo que el hablante *hace,* es decir, su uso de la lengua en situaciones concretas, constituye su actuación; aquélla se opone y es lógicamente anterior a ésta.

Se ha podido observar (véase capítulo 1.4.1.), y el mismo Chomsky lo ha advertido, una cierta relación entre la dicotomía *competence/performance* chomskyana y la dicotomía *langue/parole* de Saussure [39].

En lo que nos interesa de este discutible paralelismo, destacamos, por su conexión con nuestro tema, el aspecto «virtual» que poseen tanto la competencia como la lengua, opuestas, respectivamente, a actuación y a habla, concebidas como «actualizaciones» de potencialidades previas.

No es nuestro objetivo criticar el concepto de competencia en Chomsky ni su gramática (la competencia es el equivalente intuitivo de una gramática formalizada, según Garavelli Mortara, 1974, 17), pero sí señalar que el concepto de competencia lingüística no agota el concepto de competencia: la competencia lingüística no es, nos di-

---

[38] Como señala Ruwet (1967, 18), el hablante es «en todo momento capaz de emitir espontáneamente, o de percibir y comprender un número indeterminado de oraciones que, en su mayor parte, no ha pronunciado nunca ni oído antes».

[39] Aunque será necesario, dice Chomsky (1965), expulsar el concepto de Saussure de *langue* entendida como simple inventario sistemático de signos y volver más bien al concepto humboldtiano de competencia subyacente entendida como procesos generativos.

Como señalan Greimas y Courtés (1979, 53) respecto a la aportación de Chomsky: «concebir la *langue* como un proceso productor —y no ya como estado— del que la competencia sería una de las instancias orientadas, constituye ciertamente una aproximación nueva cuyas posibilidades teóricas están todavía lejos de ser explotadas».

También en este sentido Sánchez de Zavala (1978, 9) observa que el «enfoque que caracteriza a la lingüística generativa al considerar como su objeto propio la *capacidad de actuar lingüísticamente* (o "competencia lingüística") trasciende radicalmente la estática perspectiva de los estudios gramaticales estructuralistas».

rá Greimas, sino un caso particular de un fenómeno más amplio que bajo la denominación genérica de competencia forma parte de la problemática de la acción humana y constituye al sujeto como *actante*.

Por otra parte, siempre según Greimas, el *saber* de la competencia (conocimiento implícito que el sujeto tiene de su lengua, y que funda el concepto de gramaticalidad), no concierne al saber hacer, sino que se refiere a un *deber-ser,* es decir, al «contenido» de la competencia considerada como un sistema de costricciones (conjunto de prescripciones y de prohibiciones) (Greimas, Courtés, 1979, 53).

5.1. Competencia comunicativa

Como ejemplo de una mayor amplitud de la competencia chomskyana nos referiremos al concepto de *competencia comunicativa,* que desde la sociolingüística ha propuesto Dell Hymes (1971, 1974). Decimos una mayor amplitud, pues dentro de la competencia comunicativa viene incluida la competencia estrictamente lingüística.

La competencia comunicativa podría definirse como los conocimientos y aptitudes necesarios a un individuo para que pueda utilizar todos los sistemas semióticos que están a su disposición como miembro de una comunidad sociocultural dada.

Para Hymes, recordémoslo brevemente, el problema fundamental es el de descubrir y explicar la capacidad que permite a los miembros de una comunidad desarrollar e interpretar la *actividad lingüística* (1974, pág. 35 trad. italiana). Y dentro de esa actividad lingüística, los *speech events* (fenómenos de habla) y otros sistemas más amplios no son reductibles a la competencia lingüística de las personas —aunque, en todo caso, tal competencia está en la base del comportamiento comunicativo.

En suma, la adquisición de la competencia comunicativa (que a veces por metonimia se hace equivaler a competencia *socio*-lingüística), va a suponer para el hablante —según Hymes— la capacidad no sólo de hablar, sino también de comunicar[40].

Se trata, en definitiva, del conocimiento implícito (o explícito) de las reglas psicológicas, culturales y sociales presupuestas por la comunicación[41].

Desde esta perspectiva, ampliando el concepto de competencia se contempla la posibilidad —por usar una terminología a lo Hymes—

---

[40] Cfr. Hymes (1974), donde en varios lugares a lo largo del libro señala sus críticas a Chomsky, incluso cierta conversación entre ambos en la que Chomsky rechaza la oposición competencia/realización.
[41] Véanse también Gigliogli (1973), Habermas (1970). Remitimos asimismo a los «procedimientos interpretativos» de Cicourel, recogidos en el capítulo I.

de contextualizar (véase capítulo I.6) las frases (que Lyons llamaría *de sistema,* por oposición a *frases de texto,* Lyons, 1978).

Recientemente el propio Chomsky (1980, 356) ha señalado la distinción entre «competencia gramatical» y «competencia pragmática», restringiendo la primera al conocimiento de la forma y del significado y la segunda al conocimiento de las condiciones y del modo de uso apropiado, en relación a los diversos fines. Se puede, por tanto —dice Chomsky—, concebir la lengua como un instrumento, que puede ser utilizado. La gramática expresa competencia gramatical. Un sistema de reglas y de principios que constituyen la competencia pragmática determina el modo en que el instrumento puede ser utilizado con eficacia (Chomsky, 1980, 356). La competencia pragmática, añade Chomsky, puede incluir lo que Paul Grice (1975) ha definido como una «lógica de la conversación». Se podría decir que coloca a la lengua sobre la escena institucional de su uso, ligando intenciones y fines a los medios lingüísticos disponibles (siguiendo la trayectoria de Wittgenstein, Austin, Searle y otros, que será comentada en el capítulo IV).

5.2. *Competencia modal*

Con este concepto de *competencia modal,* tal como lo ha propuesto Greimas, la teoría semiótica de las modalidades, todavía incipiente y poco desarrollada, puede contar con un instrumento clave para el análisis textual, con un elemento necesario para una teoría semiótica de la acción y de la manipulación (y de la sanción); se abre un nuevo horizonte para la definición del sujeto textual y, por ende, para una revisión de los conceptos de estatus y *rol.*

Aunque derivada de la competencia lingüística tal como la ha formulado Chomsky, la competencia modal introduce una perspectiva accional que proporciona un estatuto dinámico al sujeto, definido precisamente por ella y por su hacer.

En cierto sentido, y el mismo Greimas así lo reconoce, la competencia modal reemplaza el concepto demasiado vago de competencia comunicativa de Hymes.

Como acabamos de ver, la competencia y la *performance* poseen ambas una estructura modal, siendo la competencia, previa al hacer, «*lo* que hace ser»; dicho con otras palabras, la competencia comprende todos los presupuestos y condiciones previas que hacen la acción y la actuación posibles.

En la contribución que Greimas ha proporcionado a la teoría modal, la competencia modal equivale a un complejo de modalidades compatibles dirigidas al hacer de un sujeto. Tal complejo de modalidades (organizadas jerárquicamente) constituirá la competencia modal fundada sobre un querer-hacer o un deber-hacer que rigen un poder-hacer o un saber-hacer.

Efectivamente, la definición que Greimas da de este concepto es «el querer y/o deber[42] y/o poder y/o saber hacer del sujeto que presupone su hacer operador *(performanciel)*» (Greimas, 1973b; 164).

Desde esa concepción la competencia lingüística del sujeto hablante podría reformularse como el sincretismo de las modalidades de querer + deber + poder + saber decir.

Las cuatro modalidades, *querer, deber, poder y saber,* han sido reagrupadas por Greimas en función de su modo y nivel de existencia; así, las modalidades del querer y deber (hacer) constituyen las modalidades *virtualizantes,* las modalidades del poder y saber (hacer) las *actualizantes,* mientras que el hacer y el ser constituyentes de la *performance* conforman las modalidades *realizantes.*

M. Virtualizantes	M. Actualizantes	M. Realizantes
DEBER	PODER	HACER
QUERER	SABER	SER

Las modalidades de las dos primeras casillas, virtualizantes y actualizantes, forman la competencia del sujeto, mientras las de la última —modalidades realizantes— indican, como «hacer-ser», la actuacióno *performance.*

Atendiendo a los distintos niveles de la gramática narrativa, las modalidades virtualizantes se encuentran en la *estructura profunda,* las actualizantes en la *semionarrativa* y las realizantes en las *estructuras discursivas* o de superficie.

En su recorrido narrativo el sujeto debe adquirir dinámicamente y previamente a su hacer la competencia para devenir sujeto operador (sujeto de la actuación o *performance*), según la lógica motivadora *(post hoc, ergo propter hoc)* (Greimas, 1973b, 165). Conforme a una elemental lógica de las presuposiciones, el hacer realizador del sujeto implica previamente una competencia de hacer. Para hacer hay que, previamente querer y/o deber y/o saber y/o poder hacer.

De ese modo, el actante sujeto puede asumir en el programa narrativo dado un cierto número de *roles actanciales.* Estos roles son definidos a la vez por «la *posición* del actante en el encadenamiento lógico de la narración (su definición sintáctica) y por su *caracterización modal* (su definición morfológica), que hace así posible la regla-

---

[42] Aunque inicialmente no incluía el *deber,* posteriormente ha formado parte de la competencia.

mentación gramatical de la narratividad» (Greimas, 1973b, página 165).

De ese modo se puede definir analíticamente al sujeto tanto en el orden sintáctico, esto es, según la *posición* que va ocupando a lo largo de su programa narrativo, cuanto por su definición modal —compatible con la anterior, hasta el punto que la determinará— que permitirá dar cuenta de las características de su *hacer*: posibilidades de acción, su querer o saber hacer, etc., así como de su *estado*.

Estas consideraciones apuntan a fijar el objeto del que se ocuparía la semiótica modal: a saber, determinar y formular la competencia modal de los *sujetos* (de hacer) y la existencia modal de los *objetos* de valor.

Concebida así, la semiótica modal se distingue nítidamente de la lógica (modal) de la que las modalidades de las proposiciones pueden considerarse su objeto y en la que se hace caso omiso del sujeto enunciante. Dicha aproximación lógica, por otra parte, es de naturaleza frástica (y no opera sino por sustitución), mientras que en la semiótica discursiva los enunciados poseen también una significación posicional.

Pensamos, en fin, que la semiótica modal (o mejor dicho, su proyecto, alterará la definición de los sujetos y que sus consecuencias incidirán sustantivamente en los estudios interaccionales [43].

Las modificaciones del estatuto del *sujeto de hacer* vendrán dadas por las modalizaciones del hacer, esto es, por su competencia modal. El sujeto de hacer, conviene insistir en ello, se presenta como un agente, un elemento activo «que acumula todas las potencialidades del hacer».

No así el sujeto de estado, definido por su relación con el objeto de valor (las modalidades que le afectan —el valor del que se encuentra investido— conforman la definición modal del estado) [44], que aparece como un paciente y «recoge pasivo todas las excitaciones del mundo, inscritas en los objetos que lo rodean» (Greimas, 1979, 13).

6. LA CONSTRUCCIÓN DE LA VERDAD: MODALIDADES VERIDICTIVAS

Si, como hemos visto, el acto o *performance* puede ser entendido en términos modales como el «hacer» modalizando al «ser» y a su vez la

---

[43] Así, por ejemplo, los emisores y receptores tal como se conciben desde la teoría de la información y la teoría de la comunicación, son meros polos de un *continuum* comunicativo y, como tales, autómatas, fantasmas o como dice Greimas «instancias vacías». Con la aportación de esta propuesta, los emisores y receptores pueden ser considerados destinador y destinatario, dotados ambos de competencia: son sujetos competentes.
[44] Las modalidades de hacer rigen, según Greimas, las *relaciones intencionales*, mientras que las de estado rigen las *relaciones existenciales* (Greimas, 1979b, 12).

competencia se puede describir en principio como el «ser» modalizando al «hacer», también se pueden advertir otras dos posibilidades de modalización: el «ser» modalizando al «ser» y el «hacer» modalizando al «hacer». A las de la primera clase las ha llamado Greimas modalidades de la veridicción, o modalidades veridictivas, y a las de la segunda modalidades factitivas.

Las modalidades veridictivas atañen a las modalizaciones del enunciado de estado: un enunciado modal de estado que tenga por sujeto a S_1 es susceptible de modificar otro enunciado de estado producido y presentado por el sujeto S_2[45].

Para dar cuenta de las diversas modalizaciones de estado, Greimas utiliza la *categoría de la veridicción* que reúne un cierto número de elementos modales combinables.

Como ya hemos visto, la modalización del enunciado de estado apunta a una cualificación de la relación sujeto/objeto. A lo largo de una narración, todo estado del sujeto puede ser definido según la *manifestación* (estado del sujeto visible, comprensible, interpretable) y de la que da cuenta el llamado *esquema de la manifestación* (parecer/no parecer), o según la inmanencia, cuyo esquema —*esquema de la inmanencia*— (ser/no ser) se opone a y es complementario del anterior.

La puesta en correlación de estos dos esquemas, manifestación e inmanencia, conforman precisamente la *categoría de la veridicción:* la combinación de los valores del sistema (inmanencia *versus* manifestación) —en el que todo enunciado de estado puede ser definido— generará distintas figuras de la veridicción.

Una figura viene dada por la relación de estado definida positivamente sobre el plano de la inmanencia y sobre el plano de la manifestación[46]: su relación de contrariedad /< .... >/ forma el eje de contrarios /S + P/ y es llamado *verdad* (lo que es y parece)

$$\overbrace{S \ \langle .... \rangle \ P}^{\text{VERDAD}}$$

---

[45] S_1 y S_2 pueden estar en sincretismo. Véase capítulo III.
[46] La inmanencia ser y no ser (s y s̄): su relación de contradicción /s ↔ s̄ / es llamada *esquema positivo*.

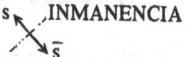

La manifestación parecer y no parecer (p y p̄): su relación de contradicción /p ↔ p̄ / en el cuadrado semiótico es llamada *esquema negativo*.

Una segunda figura es la relación de estado definida negativamente sobre los dos planos, manifestación e inmanencia. Su relación de contrariedad /⟨....⟩/ forma el eje de subcontrarios /s̄ + p̄/ o *falsedad* (lo que no es ni aparece).

$$\bar{p} \underbrace{\langle \ldots \ldots \rangle}_{\text{FALSEDAD}} \bar{s}$$

Una tercera figura: S y p̄, cuya relación en el cuadro es de complementariedad /→/, forma la *deixis* positiva /s + p̄/ llamada *secreto* (lo que es y no aparece)

$$\text{SECRETO} \begin{cases} s \\ \uparrow \\ \bar{p} \end{cases}$$

La cuarta y última figura forma la deixis negativa /s̄ + p/ o *mentira* (lo que parece y no es)

$$\begin{cases} p \\ \uparrow \\ \bar{s} \end{cases} \text{MENTIRA}$$

Las cuatro figuras, en fin, conforman el sistema:

$$\text{Secreto} \left\{ \begin{array}{c} \overbrace{\text{ser} \quad \text{parecer}}^{\text{Verdad}} \\ \underbrace{\text{no parecer} \quad \text{no ser}}_{\text{Falsedad}} \end{array} \right\} \text{Mentira}$$

Debemos aclarar, para evitar malentendidos, que *ser* y *parecer* no son valores ontológicos o metafísicos, sino modalidades del enunciado de estado, inscritas en la estructura misma del discurso. Hablamos, pues, de *clasificaciones modales* y no de evaluaciones morales, ontológicas, etc. A partir de la clasificación modal de las posiciones en el recorrido sintagmático se puede, en esta perspectiva, observar la disposición de la *verdad* en los textos.

Al proponer la interpretación semiótica de verdadero *versus* falso según las articulaciones del cuadrado semiótico de la veridicción, tal como la acabamos de ver, Greimas ha tratado no solamente de «liberar esta categoría modal de sus relaciones con el referente no semiótico» (Greimas, 1973b, 165), sino sobre todo de sugerir que la veridicción constituye una isotopía narrativa independiente, susceptible de establecer su propio nivel referencial (a partir de las separaciones y desviaciones tipologizables), que él llama «la verdad intrínseca del relato» (Greimas, 1973b, 166).

Al usar el término de *veridicción* (veri-dicción, decir verdad), para designar un tipo de operación cognitiva, se intenta subrayar que en los discursos, los enunciados de estado no tienen verdad «en sí», sino que ésta es construida (por un sujeto enunciante) y aparece como «efecto» de un proceso semiótico que el análisis describe por la combinación de los planos de la manifestación y de la inmanencia[47], y que permitirá, como ha propuesto Fabbri (1980, 80), observar recorridos sintácticos de las distintas combinaciones[48].

Desde el momento en que la *verdad* en el discurso no es una representación de una verdad exterior, sino una construcción, no basta con describir las marcas de inscripción de la verdad en el discurso. Como señala Greimas, para que la «verdad» pueda ser dicha y asumida, debe desplazarse a las instancias del enunciador y el enunciatario.

Entonces la operación cognitiva, producción de verdad, realizada por el enunciador, consiste, más que en *producir* discursos verdaderos, en generar discursos que produzcan un efecto de sentido, al que podemos llamar «verdad».

Desde este punto de vista, Greimas ha indicado que la producción de verdad corresponde al ejercicio de un hacer cognitivo particular, que él llama un *hacer parecer verdadero;* es decir, se trata de la construcción de un discurso cuya función no es el decir-verdadero *(dire-vrai)*, sino el *parecer verdadero* (Greimas, 1980, 80).

El hacer parecer verdadero, esto es la construcción del simulacro de verdad (su simulación), corresponde —en cuanto a realización— al enunciador, entendido como un actante sintáctico que, interesado en producir el efecto de sentido «verdad», tenderá en el plano de la comunicación (o intercambio cognitivo) a hacer su discurso *eficaz*.

---

[47] La oposición *inmanencia* vs. *manifestación* la hereda Greimas de Hjelmslev; pueden encontrarse correlatos en las dicotomías «profundo» vs. «superficial» en lingüística; «noumenal» vs. «fenomenal» en filosofía; «latente» vs. «manifiesto» en psicoanálisis, etc.

[48] Así el secreto, que parte de lo verdadero negando el parecer, es el resultado de un recorrido sintáctico orientado (Fabbri, 1980, 81).

Para que resulte eficaz, el actante de la comunicación destinador entablará con el destinatario un contrato de tipo cognitivo, que Greimas ha llamado *contrato de veridicción*[49], mediante el cual destinador y destinatario manipulan estados de veridicción.

En su manipulación discursiva, el hacer del destinador se dirigirá a garantizar la adhesión de su interlocutor: a tal hacer del destinador lo llama Greimas *hacer persuasivo* basado en un hacer creer (verdad). Al hacer persuasivo atribuye Greimas la función de establecer precisamente el contrato de veridicción que comprende la adhesión del destinatario, quien mediante un *hacer interpretativo* o creer (verdad) se adherirá a la propuesta del destinador.

De este modo se va perfilando el objeto de hacer persuasivo, esto es, la organización discursiva de la verdad, de la falsedad, de la mentira o del secreto.

Y si se habla de contrato no se hace en sentido metafórico: la comunicación de la verdad reposa sobre la estructura de intercambio que subyace; y el intercambio —de objetos de valor— presupone el conocimiento de los valores del intercambio. Dicho conocimiento del valor, no es sino, en términos de Greimas (1980, 9), el saber verdadero *(savoir-vrai)* sobre los valores-objetos.

El *hacer cognitivo* equivale a una transformación que modifica la relación de un sujeto con el objeto-saber. Cuando el objeto-saber se comunica, la transferencia del saber está modalizada desde el punto de vista veridictorio: en el eje destinador/destinatario tendremos, respectivamente, un hacer persuasivo y un hacer interpretativo.

Podemos extraer de estas consideraciones dos consecuencias: La primera es la identificación de la dimensión cognitiva de los discursos[50] (Greimas y Courtés, 1976; Greimas y Nef, 1981) que ha ido ocupando una zona autónoma en la semiótica discursiva.

La segunda concierne a la consideración del hacer informativo, el hacer saber que caracteriza a toda comunicación en su nivel más elemental: el hacer emisivo (del emisor) y el hacer receptivo (del receptor), lo son en tanto en cuanto meros polos de un *continuum* comunicacional. Sin embargo, y como acabamos de ver, la operación cognitiva que subyace a la transferencia de saber, modalizada por la veridicción, consiente sustituir a aquéllos por el hacer persuasivo y por el hacer interpretativo (de destinador y destinatario, respectivamente), esto es, por un hacer creer y un creer (verdad).

De este modo podemos abordar la persuasión, entendida como efecto global del discurso, como una operación cognitiva y epistémi-

---

[49] «La categoría de la veridicción se presenta como el cuadro en cuyo interior se ejerce la actividad cognitiva de naturaleza epistémica que, con la ayuda de diferentes programas modales, tiende a alcanzar una posición veridictoria, susceptible de ser sancionada por un juicio epistémico definitivo» (Greimas, Courtés, 1979, 419).

[50] El contrato de veridicción, ya lo hemos visto, es de naturaleza cognitiva.

ca en que, mediante un contrato, el destinatario no se limite, como el receptor, a recibir pasivamente un saber que le proporciona el destinador, sino que mediante un hacer interpretativo cree (que es verdad) lo que le propone el destinador.

Ahora bien, no basta con señalar el desplazamiento de un transporte de información a una estrategia de persuasión, ni con considerar a ésta en un nivel cognitivo y epistémico, sino que es necesaria una reflexión sobre la modalidad del creer (Lozano, 1981).

7. LAS FIGURAS DE LA MANIPULACIÓN. PASIONES Y MODALIDADES FACTITIVAS

Se puede decir, en líneas generales, que se da modalización factitiva cada vez que un enunciado modal que tiene por predicado «hacer» y por sujeto S_1 modifica a otro enunciado de «hacer» cuyo sujeto sea S_2.

De ese modo, las modalidades factitivas se ocupan del hacer-hacer, al que llamaremos *manipulación,* situado en el eje comunicacional que establecen los dos sujetos S_1 y S_2 (destinador y destinatario).

Entre destinador y destinatario se establece un eje de comunicación a través del cual se intercambian objetos cognitivos («saberes»); dicho en otros términos, el destinador hace saber (algo) al destinatario. Semejante esquema elemental ha permitido ver una dimensión comunicacional en toda práctica discursiva. Por así decir, todo discurso hace saber.

Al efectuarse dicho intercambio, los partícipes de la comunicación, destinador y destinatario, se ponen de acuerdo (negocian) sobre el valor de los objetos intercambiados.

A un acuerdo tal entre los participantes del intercambio Greimas lo ha denominado *contrato fiduciario,* que presupone en la transformación narrativa una *operación cognitiva* al término de la cual un valor es propuesto y reconocido a los objetos.

Si el destinatario ocupa hipotéticamente una posición de libertad, puede aceptar o no el contrato propuesto; en ese caso nos encontramos ante un caso elemental de comunicación sin más.

Si por el contrario el destinador manipulador empuja al destinatario-manipulado hacia una posición de falta de libertad hallamos una comunicación manipulatoria. Dicho con otras palabras, el destinatario no puede no aceptar el contrato propuesto. Caso que, representado en el cuadro semiótico corresponde a la posición*:

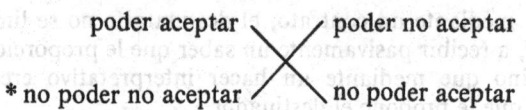

Así vista, la manipulación se define por una dimensión contractual. Sin embargo, posee al mismo tiempo una estructura modal de tipo *factitivo*, que permite considerar a la manipulación como un *hacer-hacer*, y que en el cuadrado semiótico adopta cuatro posibilidades:

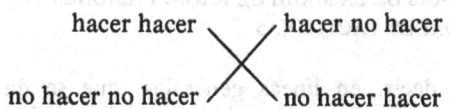

En la propuesta de Greimas las cuatro posibilidades son, a su vez, lexicalizadas del siguiente modo: hacer-hacer («intervención»), hacer no hacer («impedimento»), no hacer hacer («no intervención») y no hacer no hacer («dejar hacer»).

En cuanto configuración discursiva, contractual y modal, en la manipulación juega un papel fundamental la transformación de la competencia modal del destinatario sujeto, necesaria para la realización del programa narrativo propuesto por el destinador.

Dicha transformación de la competencia modal puede jugar, conforme al sistema de modalidades, con varias posibilidades, encaminadas a que el programa del destinador manipulador consiga que el destinatario manipulado *haga*. Así:

1. Puede basarse en el poder:

   a) Puede amenazar, y de ese modo *intimidar* al destinatario. En términos de intercambio, ofrecerá al destinatario un «don negativo».

   b) Puede, por el contrario, ofrecerle un «don positivo» y *tentarlo*.

2. Puede basarse en el *saber* y

   a) *Provocarle* (algo así como /tú eres incapaz de.../). En esta operación, el destinador ofrece al destinatario una imagen negativa de su competencia.

   b) También puede *seducir* al destinatario, dándole una imagen positiva de su competencia.

Por su parte, el destinatario manipulado puede estar modalizado por:

3. Un *deber*-hacer y en consecuencia actuará, puesto que:

    a) Se siente *intimidado*.
    b) Se siente *provocado*.

4. Puede, en fin, estar modalizado por un *querer*-hacer, por el que se sentirá:

    a) *Tentado*.
    b) *Seducido*.

A pesar del mero acercamiento tentativo, que no tipológico, hacia estas «figuras» de la manipulación, las consecuencias que se pueden desprender de su desarrollo para una teoría del discurso y su funcionamiento social pueden ser, según pensamos, altamente prometedoras, en la evolución de una semiótica de la manipulación, correlativa a una semiótica de la sanción y a una semiótica de la acción.

Con una semiótica de la manipulación se afronta el campo de las estrategias comunicativas, al ocuparse no sólo de la manipulación del sujeto, sino también de la del antisujeto, situando la *manipulación modal* en el centro de un estudio y análisis de las estrategias discursivas. Así, en toda teoría del lenguaje se reconoce el intento, intención, tendencia, programa, o como quiera decirse, que el sujeto enunciante tiene de influenciar al otro [51].

El funcionamiento contractual, donde los sujetos modalizan sus enunciados, modificando la competencia modal y, por ende, modalizándose entre ellos, está, por otra parte, en la base de la acción humana, con sujetos interactuantes que se manipulan y se influencian y afectan en su interacción.

Por estas razones, a partir de una semiótica de la manipulación se ha vislumbrado una *semiótica de las pasiones*, creada a la luz de las teorías filosóficas que históricamente se han ocupado de tal cuestión.

La pasión, el estado pasional, aparece en un primer momento

---

[51] Por ello, cuando se habla de la comunicación entre destinador y destinatario como *conjunto de operaciones cognitivas y de manipulaciones modales* se quiere resaltar no sólo el transporte de información, sino también la «influencia» en el otro a través de la manipulación modal que tiene como objetivo la modificación de la competencia modal del destinatario. Como ejemplo canónico, sirva el discurso publicitario encaminado a manipular modalmente el «querer» del destinatario.

como el resultado de un hacer que afecta al sujeto como un efecto («afecto») de sentido.

Sin embargo, la dialéctica acción/pasión no debe ser vista como el juego entre polos excluyentes en el desarrollo de un recorrido narrativo, por ejemplo, entre destinador-manipulador (agente) *versus* destinatario-manipulado (paciente).

En efecto, el destinador-manipulador no es sólo sujeto de hacer, sino que en su hacer modalizado por un querer o deber en el nivel virtual (nivel de la enunciación según Coquet) y por un poder y/o saber en el nivel de la actualización (nivel del enunciado según Coquet), va a producirse una «afectación» como sujeto de estado (pasional). Así el poder hacer le puede producir satisfacción, el no poder hacer frustración, etc. (la tipología está por hacer).

De modo similar ocurre con el sujeto de estado, que puede convertirse por la afectación de una pasión en sujeto de hacer. Un sujeto (de estado) afectado por los celos, o por la cólera, se puede convertir en un sujeto de hacer[52].

Si Greimas ha introducido los roles actanciales para caracterizar el paradigma de las posiciones sintácticas modales que los actantes pueden asumir a lo largo del recorrido narrativo (y también los roles temáticos, entendidos como una formulación actancial de los temas o de los recorridos temáticos), nos parece oportuna la propuesta de Paolo Fabbri de considerar los *roles pasionales* o *pathemicos* (de *pathema,* en Spinoza) para señalar el aspecto pasional, que deja de ser solamente efecto de sentido, para condicionar el propio acto discursivo y la actitud proposicional y va a orientar también la interpretación textual (Fabbri, Sbisà, 1980).

Con la aportación de Fabbri y Sbisà, en su dimensión interaccional, los aspectos pasionales en las estrategias discursivas apuntan hacia una reformulación de la perlocución (véase capítulo IV, 3.2.).

8. ANOTACIÓN PROSPECTIVA

Las modalidades desempeñan un papel básico en el nivel interaccional, tanto en las modalizaciones de los enunciados como en las

---

[52] Estas observaciones han permitido intentar establecer tipologías «pasionales» distinguiendo los *actores* (sujetos de hacer y sujetos de estados modalizados), el *tiempo* (pasiones prospectivas, como la esperanza; retrospectivas: los celos, el rencor), el *espacio* (la modalización del territorio va a permitir distinguir pasiones internas y externas a ese territorio: no se puede perseguir por venganza a alguien que escapa al territorio donde se puede ejercer la venganza, etc.).

También el nivel *aspectual* (o problema del punto de vista) es pertinente; hay pasiones que no pueden durar mucho tiempo: la curiosidad, por ejemplo. Otra propuesta (Fabbri) distingue pasiones «télicas» y «atélicas», según se orienten a un objeto (objetivo), como la avaricia, o no.

modalizaciones de los sujetos interactuantes en las actividades y en las estrategias discursivas.

A ello se refiere Halliday (1978, 46) cuando afirma que «el elemento modal expresa el rol particular que el hablante ha elegido adoptar en la situación y el rol o las opciones de rol que ha elegido asignar al oyente»; de ese modo las modalidades entablan una estrecha relación con los actos discursivos[53].

Sirva como ejemplo el acto de *mitigación* en una conversación, mediante el que se evita situar al destinatario en una posición en la que tenga que contestar (véase capítulo IV, 5.4.). Para ello, en el juego modal, el sujeto de la enunciación se distancia del propio enunciado y amortigua la fuerza ilocucionaria, no responsabilizándose, por otra parte, del propio enunciado, y distinguiéndose como sujeto de enunciación del sujeto del enunciado[54].

Opuesta a la mitigación puede ser la acción *agravante* (Labov y Fanshell, 1977), en la que en lugar de atenuarse la amenaza potencial del acto de palabra tiende a agravarse esta amenaza añadiendo a la petición un reproche y un desafío *(challenge)* (Roulet, 1981, 221).

Otro ejemplo podría ser el acto de *alusión* mediante el cual se crea en el receptor una obligación y al tiempo una libertad de interpretación mientras el locutor no adquiere ninguna obligación respecto a lo que dice.

Junto a estos ejemplos cabe reseñar un trabajo de E. Roulet, en el que se observa la relación entre actos ilocucionarios con los verbos modales *poder* y *deber,* y se hace posible una descripción de las reglas de cortesía (Roulet, 1981)[55]. Como muestra su autora, las formas gramaticales *poder* y *deber,* en tanto que modales, juegan roles muy diferentes en la determinación del valor ilocucionario del enunciado. Se señalan varias funciones posibles: distanciadores (/debo pedirte que salgas/, /puedo permitirte que salgas/), marca de desafío (/¿debo pedirte que salgas?/), marcador de acto ilocucionario que juega el rol de signo de deferencia (/¿puedo pedirte que salgas?/), etc.

Podríamos todavía indicar una incipiente línea de trabajo hacia la que apunta en estos momentos la teoría semiótica, a saber, el análisis de las estructuras actanciales en su relación con las modalidades. O aún más, la elaboración de una tipología de sujetos en función de éstas.

---

[53] Y como ya indicábamos más arriba, el acto es el lugar de surgimiento de las modalidades.

[54] En este sentido podemos recordar el enunciado modalizado /yo creo que X/ considerado por Benveniste precisamente como «aserción mitigada», diferenciándolo del /yo sé que p/, que implicaría, por identificación del sujeto de la enunciación con el enunciado, un riesgo, un jugarse la cara, etc.

[55] Cfr. Rivero (1979) y Alarcos Llorach (1970).

En términos muy generales, la semiótica modal en curso se ocupa de la descripción de las grandes organizaciones textuales: isotopías modales en el eje sintagmático, dimensiones modales en el paradigmático, sintaxis modal, etc.

En fin, el proyecto de establecer una tipología de discursos se verá enriquecido por la semiótica modal: el discurso pedagógico, el publicitario, el científico, etc., podrán ser redefinidos según las configuraciones modales que caracterizan sus respectivas estrategias.

Bibliografía

ACERO, J. J. (1979), «Sobre la lógica epistémica de Jaako Hintikka», prólogo a Hintikka, 1979.
ALARCOS LLORACH, E. (1970), «Cantaría: Modo, tiempo y aspecto», en *Estudios de gramática funcional del español,* Madrid, Gredos.
AUSTIN, J. L. (1952), «Other Minds», *Logic and Languages: 2nd. series.*
BALLY, Ch. (1942), *Sintaxe de la modalité explicite. Cahiers F. de Saussure.*
BENVENISTE, E. (1977), *Problemas de lingüística general,* II, México, Siglo XXI. (Edición original: *Problèmes de linguistique général,* II, París, Gallimard.)
BERRENDONNER (1977), «Le fantôme de la vérité. Questions sur l'assertion», *Linguistique et sémiologie,* 4, 1977.
— (1981), *Eléments de Pragmatique Linguistique,* París, Minuit.
BLANCHÉ, R. (1966), *Structures Intellectuelles,* París, Vrin.
BRUNOT, F. (1922), *La Pensée et la langue,* París, Masson.
COQUET, J. C. (1974), «Semantique du discours et analyse de contenu», *Connexions,* 11.
— (1979), «Prolegomenes à l'analyse modale», *Documents,* 3.;
CHABROL, D. (ed.) (1973), *Sémiotique narrative et textuelle,* París, Larousse.
COURTÉS, J. (1976), *Introduction à la sémiotique narrative et discursive,* París, Hachette.
CULIOLI, A. (1968), «La formalisation en linguistique», *Cahiers pour l'analyse,* 9.
CHOMSKY, N. (1965), *Aspects of the Theory of Syntax,* Cambridge, Mass., MIT. Press (traducción española, *Aspectos de la teoría de la sintaxis,* Madrid, Aguilar, 1970).
— (1980), «Linguaggio», en *Enciclopedia,* Turín, Einaudi.
DIJK, T. A. VAN (1980), *Texto y Contexto,* Madrid, Cátedra.
DUCROT, O. (1979), *Dire e non dire,* Roma, Officina (edición original: *Dire et ne pas dire*).
— (1981) , «Referente», *Enciclopedia,* Turín, Einaudi.
DUCROT, O., y TODOROV, T. (1972), *Dictionnaire encyclopédique des sciences du langage,* París, Seuil.
FABBRI, P. (1980) «Du Secret», *Traverses.*
FABBRI, P., y SBISÀ, M. (1980), «Il grimaldello e le chiavi», in *VS Quaderni di studi semiotici.*
FERRATER MORA, J. (1979), *Diccionario de Filosofía,* Madrid, Alianza.

GARAVELLI MORTARA, B. (1974), *Aspetti e Problemi della linguistica testuale*, Turín, Giappichelli.
GEERTS, W., y MELIS, L. (1976), «Remarques sur le traitement des modalités en linguistique», *Langages*, 43.
GILI Y GAYA, S. (1951), *Curso Superior de Sintaxis Española*, Barcelona, *Spes*.
GORDON, D., y LAKOFF, G. (1975), «Los postulados conversatorios», en Sánchez de Zavala, V. (comp.) (1975), *Semántica y sintaxis en lingüística transformatoria*, 2, Madrid, Alianza.
GREIMAS, A. J. (1973a), *En torno al Sentido. Ensayos Semióticos*, Madrid, Fragua.
— (1973b), «Les actants, les acteurs et les figures», en Chabrol, C. (ed.).
— (1975), «Des accidents dans les sciences dites humaines», *Versus. Quaderni di studi semiotici*, 12.
— (1976a), *Maupassant. La sémiotique du texte: exercices pratiques*, París, Seuil.
— (1976b), «Pour une théorie des Modalités», *Langages*, 43.
— (1979), «De la modalisation de l'être», *Le Bulletin*, 9.
— (1980), «Le contrat de véridiction», en Gómez Moraina (ed.), *Le vrai semblable et la fiction*, Montreal, K. R. Gürtller.
GREIMAS, A.-J. y COURTÉS, J. (1976), «The Cognitive Dimension of Narrative Discourse», *New Literary History*, vol. VIII.
— (1978), «Cendrillon va au bal... Les rôles et les figures dans la littérature orale française», en AAVV, *Sistèmes de signes*, París, Hermann.
— (1979), *Sémiotique. Dictionnaire raisonné de la théorie du langage*, París, Hachette.
GREIMAS, A.-J. y NEF, F. (1981), «Essai sur la vie sentimentale des Hippopotames», *Sémiotique et Bible*, 22.
GRICE, P. (1975), «Logic and Conversation», in *Syntax and Semantics. Speech Acts*, P. Cole y J. L. Morgan, Nueva York, Academic Press.
GRIZE, J. B. (1973), «Logique et discourse pratique», *Communications*, 20.
Groupe d'Entrevernes (1979), *Analyse sémiotique des textes*, Lyon, Presses Universitaires.
HALLIDAY, M. A. K. (1970), «Functional diversity in language as seen from a consideration of modality and mood in English», *Foundation of Language*, 6.
— (1978), *Language as social semiotic. The social interpretation of language and meaning*, Londres, Arnold.
HENAULT, A. (1979), *Les enjeux de la sémiotique*, París, P.U.F.
HINTIKKA, J. (1976), *Lógica, juegos de lenguaje e información*, Madrid, Tecnos (edición original: *Logic, Languages-Games and Information*, Oxford, The Clarendon Press, 1973).
— (1979), *Saber y creer*, Madrid, Tecnos (edición original *Knowledge and Belief*, Cornell University Press, 1962).
HOUSE HOLDER, F. W. (1971), *Linguistic Speculations*, Londres, Cambridge University Press.
HUGHES, G. E., y CRESSWELL, M. S. (1968), *An Introduction to Modal Logic*, Londres, Methuen (traducción española: *Introducción a la lógica modal*, Madrid, Tecnos, 1973).
HYMES, D. (1974), *Foundations in Sociolinguistic. An Ethnographic Approach*, Londres, Tavistock.

KALINOWSKI, G. (1976), «Un aperçu élémentaire des modalités déontiques», *Langages*, 43.
KERBRAT-ORECCHIONI, E. (1978), «Déambulation en territoire aléthique», en AAVV, *Stratégies discursives*, Lyon, Presses Universitaires.
KRISTEVA, J. (1975), «La fonction prédicative et le sujet parlant», en Kristeva, J.; Milner, J. C.; Ruwet, N. (eds.) (1975), *Langue, Discourse, Société. Pour Émile Benveniste*, París, Seuil.
LAKOFF, G. (1976), *Linguistique et logique naturelle*, París, Klincksieck.
LABOV, W., y FANSHELL, O. (1977), *Therapeutic Discourse. Psychoterapy as Conversation*, Nueva York, Academic Press.
LOZANO, J. (1981), «Problemi e definizioni (?) del credere nel discorso persuasivo», en Fabbri P.; Lozano, J.; Manetti G.; Wolf, M., *La persuasione: modelli ed analisi sui funzionamenti discorsivi nelle comunicazioni di massa*, Appunti di Servizio Opinioni RAI, núm. 365.
LYONS, J. (1980), *Sémantique linguistique*, París, Larousse (edición original: *Semantics*, Londres, Cambridge University Press).
MEUNIER, A. (1974), «Modalités et Communication», *Langue Française*, 21.
MORRIS, Ch. (1938), «Fondations of the theory of Signs», *International Encyclopedic of Unifieded Science*, vol. I, núm. 2, Chicago, University Press.
NEF, F. (1976), «*De Dicto. De re*, formule de Barcan et sémantique des mondes posibles», *Langages*, 43.
PARRET, H. (1975), «La Pragmatique des Modalités», *Documents de Travail* del Centro Internazionale di Semiotica, 49.
POTTIER, B. (1975), *Gramática del español*, Madrid, Alcalá.
— (1980), «L'homme, le monde, le langage, les langues et le linguiste», *Le Bulletin*, 14.
PROPP, V. (1970), *Morphologie du conte*, París, Seuil.
PUTNAM, H. (1981), «Possibilitá e neccesitá», *Enciclopedia*, Turín, Einaudi.
RÉCANATI, F. (1979), «Le Développement de la Pragmatique», *Langue Française*, 42.
RICOEUR, P. (1980), «La grammaire narrative de Greimas», *Documents*, 15.
RIVERO, M. L. (1979a), *Estudios de gramática generativa del español*, Madrid, Cátedra.
— (1979b), «Un ejemplo de Metodología de Filosofía analítica en la semántica lingüística: la cortesía y los actos verbales», en AAVV, *Metodología y gramática generativa*, Madrid, Sociedad General Española de Librería.
ROULET, E. (1981), «Modalité et illocution. Pouvoir et devoir dans les actes de permission et de requête», *Communication*, 32.
RUWET, N. (1967), *Introduction à la grammaire générative*, París, Plon.
SACKS, H. (1973), «Tout le monde doit mentir», *Communication*, 20.
SÁNCHEZ DE ZAVALA, V. (1978), *Comunicar y conocer en la actividad lingüística*, Madrid, Fundación J. March y Ariel.
SUER, J.-P. (1977), «Quantificateurs et modalités», *Langages*, 48.
TODOROV, T. (1972), «Enonciation», en Ducrot, O.; Todorov, T., 1972.
TOULMIN, S. (1975), *Gli usi dell'Argomentazione*, Turín, Rosenberg and Sellier.
WUNDERLICH, P. (1972), «Pragmatique, situation d'énonciation et deixis», *Langages*, 26.
ZUBER, R. (1973), «Quelques problèmes de logique et langage», *Langages*, 30.

Capítulo III

Sujeto, espacio y tiempo en el discurso

1. El sujeto en el discurso

Aproximarse al discurso como objeto supone postular un sujeto productor y una relación dialógica locutor-interlocutor (autor-lector, etcétera).

Lingüísticamente, la noción de sujeto es necesaria para dar cuenta de la transformación de la lengua en discurso. El sujeto del discurso es así un presupuesto de la teoría lingüística. Sin embargo, en términos discursivos, desde el punto de vista de la práctica de los sujetos hablantes, ni la lengua es un sistema unitario ni el sujeto hablante es una entidad —individuo— dada *a priori* de su práctica discursiva, pese a que ambas nociones hayan sido las básicas en la teoría del lenguaje, en la lingüística e incluso en la estilística (Bajtin, 1979, 77).

En la lingüística europea, a partir de Benveniste, el concepto de sujeto productor del discurso se une a la observación de su presencia en su propio discurso: «El acto individual de apropiación de la lengua introduce al que habla en su habla» (Benveniste, 1970). Se asume así una consideración que va a ser fundamental para el análisis del discurso: El discurso es el lugar de construcción de su sujeto (Greimas, 1976). A través del discurso el sujeto construye el mundo como objeto y se construye a sí mismo (Greimas, Courtés, 1979).

Hay que señalar la importancia de esta duplicidad en la noción de sujeto que será considerado tanto productor como producto del discurso al tiempo que su existencia se presenta, sea como una realidad empírica —el autor del texto, el emisor del discurso situado histórica y biográficamente—, sea como una construcción teórica dentro del cuadro de la lingüística, según los presupuestos epistemológicos de que se parta.

Lo que aquí nos interesa es el discurso y su sujeto, un sujeto que sólo podemos conocer por su discurso. De una parte, por cómo se presenta a sí mismo —representación a menudo falaz, advierten

Greimas y Courtés (1979)— y, de otra, como el responsable de conjunto de operaciones puestas en marcha a lo largo del texto (Greimás, 1976).

Este principio representante, cuya imagen reconstruimos al final del recorrido textual, es el *sujeto de la enunciación* que, en términos teóricos y metodológicos, no se confunde con el sujeto empírico (emisor, autor...) que efectivamente haya producido el texto.

La razón de esta distinción metódica se halla en la necesidad que tiene la teoría del discurso de contar con conceptos propios y homogéneos. Se comprende que la introducción de consideraciones biográficas, psicológicas u otras acerca del sujeto empírico haría imposible delimitar el campo del análisis textual y su sistema conceptual.

¿Se trata entonces de un tipo de análisis que hace abstracción de las situaciones reales en que se dan los discursos? Cuando, además, es bien sabido que tanto el significado de una expresión como la función que cumple dependen fundamentalmente de la situación en que se dan. La semántica considera pertinente para su análisis todo aquello que dota de significado a un determinado enunciado, y no podría ser de otro modo puesto que en cada nueva situación el enunciado producido es uno nuevo (aunque la *frase* como entidad abstracta fuera la misma, véase Ducrot, 1978, 33).

De modo que para conocer el significado de un enunciado, y saber además si ha de ser tomado como una orden, como una felicitación o como una sugerencia, se ha de insertar ese enunciado en su contexto, sin el cual no pasa de ser una entidad abstracta. Por ello esa circunstancia no puede considerarse extralingüística o extradiscursiva, sino elemento integrante de la significación del enunciado.

El estudio de las producciones lingüísticas y el paso de la concepción de la lengua como sistema a la lengua como proceso no se debe sólo a la «filosofía del lenguaje ordinario» (de Wittgenstein a Austin y Searle), que se interesa por los usos del lenguaje y por el lenguaje como acción. El llamado análisis del discurso se desarrolla fundamentalmente a partir de los estudios sobre la *enunciación,* es decir, la puesta en discurso de la lengua por un sujeto: sistema y proceso, señala Benveniste, son inseparables, pues ciertos elementos de la lengua adquieren significación sólo cuando son actualizados por el hablante en el momento de la enunciación. Lo que se propone Benveniste es el estudio *de la lengua* desde sus condiciones de uso y no específicamente del uso o los efectos que pueden producir las emisiones lingüísticas, por lo que todavía hoy se detecta en el análisis del discurso una línea de ruptura entre la orientación «inmanentista», para la que toda consideración extralingüística es no pertinente, y la «pragmatista» que estudiaría el uso que se hace del lenguaje.

Pero ya hemos apuntado que la «semántica» como relación de las *frases* con los estados de cosas que significan no se puede oponer a la «pragmática» como relación de las frases con quienes las usan e interpretan, pues las frases como entidades abstractas no representan ni describen algún estado de las cosas, no son verdaderas ni falsas, más que una vez utilizadas, enunciadas, en una situación «pragmática» (Récanati, 1979). Así, el *sentido* del enunciado efectivamente producido (contrapuesto a la *significación* abstracta de la frase como conjunto de instrucciones para su uso, Sperber, 1975, 390) está en función de la situación en que se da y además forma parte de ese sentido la interpretación que recibe en cuanto acción (como promesa, orden, amenaza, etc.).

Por su parte los estudiosos de *la lengua*, además de observar que el lenguaje es un modo de acción y la estructura dialógica de la enunciación[1], aportan una contribución fundamental: la enunciación no es sólo la actualización de la lengua. La lengua misma como sistema integra en su interior sus condiciones de uso. Benveniste demuestra que no es posible dar cuenta del sistema de tiempos verbales del francés más que como correspondientes a dos sistemas diferentes, a dos tipos de enunciación, a dos modos diversos de relación del sujeto con su enunciado y con su interlocutor. Que el significado de verbos de operaciones lógicas y de actitud (suponer, concluir...; creer) varía según que se utilicen para referirse a una tercera persona, en que son meramente descriptivos, o sean enunciados en primera persona en que dejan de ser descriptivos e implican una determinada actitud del hablante respecto a su enunciado, como ocurre con los declarativos y ejecutivos (/él jura/ es una descripción, /yo juro/ un compromiso) (1958).

En la misma línea Ducrot afirma: «las reglas de la *langue* no pueden ser formuladas sin hacer referencia a la *parole*», como demuestran sus análisis de la conjunción *puisque* (que establece una relación entre lo que dice un primer enunciado, su contenido «semántico» y el *hecho de decir* un segundo), de determinados adverbios como /sinceramente/ que califican no un enunciado, sino su enunciación, etc. (1980b). En definitiva, el estudio del significado deja de pertenecer al ámbito de un sistema cerrado; la lingüística de la enunciación deja de observar corpus homogéneos y *ad hoc,* como hacía

---

[1] «Cada enunciación es un acto que apunta directamente a ligar el oyente al locutor por el nexo de algún sentimiento social o de otro género. Una vez más el lenguaje en esta función no se nos manifiesta como un instrumento de reflexión, sino como un modo de acción» (Benveniste, 1970), refiriéndose al uso fático del lenguaje descrito por Malinowski. Sin embargo, Benveniste no desarrolló el análisis del lenguaje como modo de acción. En 1956 había observado: «el enunciado que contiene /yo/ pertenece al nivel o tipo de lenguaje que Charles Morris llama pragmático y que incluye, con los signos, sus usuarios», pero estudió, en cambio, el /yo/ como entidad discursiva, la subjetividad como una construcción del lenguaje: «Es en el lenguaje donde el hombre se constituye como sujeto» (1958).

cierta lingüística, para interesarse por las *diferencias* existentes entre diversas prácticas discursivas (Simonin-Grumbach, 1975).

Pero en estas notas hemos apuntado problemas diferentes que orientan las varias líneas de investigación:

1. El estudio de la lengua como sistema que integra en sí mismo sus condiciones de uso, que desembocará en una nueva concepción de la lengua como actividad interlocutiva que se inscribe en su propia estructura: fenómenos como la presuposición, morfemas como /pero/ o /incluso/ y estructuras lingüísticas como la comparación, señala Vogt, caracterizan el lenguaje por su valor de intercambio (Vogt, 1981).
2. El estudio de las diferentes prácticas discursivas que tiende a establecer una tipología de discursos (partiendo de que existen unos tipos básicos de relación del sujeto con su enunciado).
3. El estudio de la relación de los enunciados-discursos con la situación en que se dan. Una vez aceptada la premisa de que dicha situación forma parte del sentido del enunciado queda por precisar cómo se la integra en el análisis del discurso. En esta línea cabe partir de la hipótesis de que ciertos elementos lingüísticos «engarzan» con el contexto de enunciación.

Esos elementos serían los que determinan las coordenadas espaciales, temporales y actoriales en que se sitúa el enunciado y, a partir de ellos, se podría operar una reducción metodológica de dicho contexto. Por otra parte, el discurso establece sus propias coordenadas, contiene elementos para su ubicación, de algún modo muestra su contexto[2], construye un espacio, un tiempo y unos actores. (Naturalmente aquí no estamos pensando en frases aisladas inscritas por el teórico en un papel, sino en emisiones reales, admitiendo que es diferente el caso de la conversación entre personas copresentes, en que incluso un hecho físico o un objeto puede funcionar como un enunciado, de los textos escritos, como veremos.) Y no se trata sólo de «coordenadas», es decir, de situar los textos en el espacio y el tiempo. Podemos decir que cada discurso se presenta a sí mismo de determinada manera, orienta su propia lectura o interpretación, establece por tanto una cierta relación con sus usuarios. No sólo el «contexto»

---

[2] Lo que conecta con la hipótesis de los etnometodólogos americanos (Garfinkel, Cicourel...) de que un enunciado crea el contexto en el que es posible su aparición. Es una convención social y discursiva el que en determinado contexto son adecuados ciertos enunciados y otros no. Por tanto, si aparece un enunciado, *se infiere* que el contexto es el adecuado para ello. Si fuera «extraño», «fuera de lugar», o bien se interpreta que el contexto ha variado o bien se le hace variar para indicar a su locutor que ha cometido un error de adecuación.

determina el sentido de las producciones significativas, también éstas actúan sobre ese contexto, del mismo modo que no sólo los sujetos producen los discursos, sino que también son un producto de ellos.

Este planteamiento ha sido tenido en cuenta desde los estudios de las emisiones lingüísticas en tanto que acciones (véase capítulo IV). Se ha considerado en esta perspectiva que la comprensión de lo que el enunciado *es*, su interpretación como acto (orden, sugerencia, petición...) establece una relación determinada entre los implicados (que quedan definidos *en* y *por* el enunciado como quien pide y a quien se pide, por ejemplo).

Pero podemos decir que hay otros niveles de acción en el texto; el de la acción enunciativa es uno de ellos: por ella el enunciador define, califica el texto y, por ende, a su interlocutor. De entrada hay que advertir que ambos ámbitos, el de la acción discursiva y el de la enunciación, sólo son completos con un análisis de los niveles semántico y sintáctico del texto (susceptibles de dar cuenta de las transformaciones textuales de los sujetos en su hacer y en su competencia semántica y modal), y que a su vez son ámbitos complementarios. Trataremos de precisar, no obstante, sus diferentes áreas de pertinencia.

Compete al análisis de la enunciación todo aquello que en el texto indica la actitud del sujeto respecto a lo enunciado: el texto se presenta siempre como «marcado» o «no marcado» subjetivamente, esto es, referido a un sujeto que manifiesta expresar sus opiniones, puntos de vista, referir una experiencia o unos acontecimientos respecto a sí mismo, o bien como hechos y saberes «objetivos» ajenos a quien los enuncia. Estas dos posiciones de base, que se matizan después en los más variados modos, se marcan textualmente de diversas formas. A través de:

— Los indicadores de persona, espacio y tiempo.
— Las modalidades de la enunciación que definen, en primer lugar, la actitud de certidumbre, duda, posibilidad, orden al interlocutor que son consideradas en el estudio de la fuerza ilocucionaria. Pero que, en un sentido más amplio, integrarán los llamados:
— «Indicadores de actitud» que, según Récanati (1979, 15), no están asociados al acto ilocucionario, sino a la actitud del «locutor» hacia lo que dice. Así, en /me voy a dar un buen baño/, el carácter de aserción del enunciado no es afectado por el indicador /buen/, que sí afectará, en cambio, a la caracterización del enunciador.

En este apartado habría que introducir las unidades léxicas llamadas «subjetivas», difícilmente discernibles de las no subjetivas, en muchos casos, en el nivel de la lengua[3], pero textualmente identificables en relación con los tiempos verbales, deícticos, etc., cuando hacen explícita una evaluación del enunciador que así, con la ayuda de esos otros indicadores, opta por un modo de enunciación «subjetivo» y por situar a su interlocutor en un tipo de comunicación «implicativa», en una «tensión dialógica».

También se incluirían aquí los adverbios y conjunciones «enunciativos» como /sinceramente/, /confidencialmente/, /puisque/... que, para Ducrot, no se aplican al acto ilocucionario, sino a la enunciación, pues marcan la relación entre el locutor y la situación (Ducrot, 1980a, 131).

Todo aquello, en fin, que en el texto indica el tipo de comunicación que se establece. A una pregunta como /¿qué estás haciendo?/, las respuestas /me voy a comer su alfil/ y /estoy jugando al ajedrez/, quizá equiparables como actos ilocucionarios, no lo son en el nivel enunciativo: con la primera el enunciador se sitúa como actor dentro del juego, en la segunda como observador fuera de él, definiéndolo con un enunciado metacomunicativo por el que excluye del juego al interlocutor (Goffman, 1974).

Por todo ello privilegiamos en este trabajo:

4. El estudio de las representaciones que dan los textos de sus sujetos, de su relación con el enunciado y con su interlocutor. Este estudio está relacionado con el de la norma o código lingüístico, susceptible de variar para cada situación, y con el de los tipos de comunicación: coloquial o formal, «subjetiva» u «objetiva», etc.

Naturalmente, un sujeto puede representarse a sí mismo de determinado modo para otros, o tomarse a sí mismo como destinatario de su propio discurso como en el monólogo o «diálogo interiorizado» en que «Ego ora se escinde en dos, ora asume dos papeles, se presta a figuraciones o trasposiciones psicodramáticas» (Benveniste, 1970). Ambos casos se encuentran en los discursos cotidianos y se hallan incorporados en la teoría textual del sujeto.

---

[3] C. Kerbrat-Orecchioni (1980b) hace una clasificación de los elementos «subjetivos» de la lengua: sustantivos, adjetivos, verbos, adverbios, «afectivos» y «evaluativos» en la medida en que enuncian una reacción emocional o una evaluación del sujeto de la enunciación. Advierte, sin embargo, que «toda unidad léxica es, en cierto sentido, subjetiva» (pág. 70). El estudio pone de manifiesto cómo por ejemplo, verbos del tipo /reconocer/, /pretender/ suponen una evaluación respecto a la verdad o falsedad del objeto, o /perpetrar/, /merecer/... una toma de posición respecto a la bondad o maldad del proceso o del agente, aunque son susceptibles de aparecer en textos supuestamente objetivos.

2. SITUACIÓN DE ENUNCIACIÓN Y DEIXIS

2.0. *El concepto de enunciación*

Vale la pena recorrer brevemente la historia del concepto de enunciación para introducir por medio de ella los conceptos que serán necesarios para su análisis.

Tanto Jakobson como Benveniste se plantean la reflexión sobre la enunciación a partir del fenómeno lingüístico de la deixis, observado anteriormente por diversos autores[4].

Para Jakobson (1957) los *shifters,* deícticos o conmutadores, son símbolos-índices (en la terminología peirceana) que se diferencian de los demás elementos del código lingüístico por la característica de que reenvían obligatoriamente «al mensaje», e implican una referencia al proceso de la enunciación —que Jakobson distingue de su objeto o materia enunciada. Así la persona del verbo caracteriza a los protagonistas del proceso enunciado por referencia a los protagonistas del proceso de la enunciación. /Yo/ señala la identidad de un protagonista del enunciado con el agente del proceso de la enunciación. El tiempo verbal funciona con igual mecanismo: el pretérito, por ejemplo, nos informa de que el proceso del enunciado es anterior al de la enunciación, mientras el modo refleja la relación que los protagonistas de la enunciación establecen con el proceso y los protagonistas del enunciado.

NOTA

La idea de Ch. S. Peirce, de la que toma Jakobson los términos, se plantea así: Peirce sitúa, por ejemplo, los demostrativos /esto/, /aquello/ entre los *índices* como la veleta que indica la dirección del viento o la plomada que indica la dirección vertical (§ 2.286, 2.287), porque reenvían a su objeto en virtud de una conexión dinámica —incluso espa-

---

[4] Varios autores se refieren a K. Bühler *(Sprachtheorie),* como su introductor, quien según Weinrich, retomaría el concepto del gramático griego Apolonio Discolo (siglo II d.C.); Jakobson cita también a A. W. Burks («Icon, Index, Symbol», en *Philosophy and Phenomenological Research,* 9, 1919) y B. Russell (*An Inquiry into Meaning and Truth,* Londres, 1940) para la reflexión sobre el pronombre /yo/. Weinrich (1979) reclama para W. von Humboldt la observación primera de la peculiaridad de la primera y segunda personas gramaticales. Jespersen (1922, 123) definió los deícticos como la «clase de palabras cuyo sentido varía con la situación». Bühler (1979, 99) refiere de hecho a los primeros gramáticos griegos que incluyeron los personales entre los signos lingüísticos deícticos.

cial— con él y con el sentido o la memoria de la persona para la que sirve de signo.

Si A avisa de un incendio a B, y B pregunta dónde, A puede indicar con el dedo —su dedo está entonces dinámicamente ligado al incendio—, o bien puede responder /a mil metros de aquí/, siendo la palabra /aquí/, como el dedo, un índice (§ 2.305, 2.306). /Aquí/ designa el lugar respecto al que se sitúa el incendio en esa particular relación, en esa particular situación espacio-temporal en que ha sido enunciado. En cuanto alguna de estas determinaciones varíe, la palabra /aquí/ dejará de designar ese objeto.

En cambio, «toda palabra ordinaria como /don/, /pájaro/, /boda/ es un ejemplo de símbolo. *Es aplicable a todo lo que puede realizar la idea ligada a esta palabra;* no identifica por sí mismo estas cosas. No nos muestra un pájaro ni realiza ante nuestros ojos una donación o una boda, pero supone que somos capaces de imaginar estas cosas y que les hemos asociado una palabra» (§ 2.298), por convención o por hábito (§ 2.292). «Un símbolo (...) no puede indicar una cosa particular, denota un género de cosa. Es más, él mismo es un género y no una cosa singular (...)» (§ 2.301).

Los *shifters* o símbolos-índices tienen, como símbolos, una significación indeterminada genérica —/aquí/ significa «lo que el locutor señala como el lugar en que habla»—, pero sólo adquieren un sentido determinado cuando es enunciada una ocurrencia particular *(token)* de esa palabra *(type)* en una situación concreta (en que /aquí/ pasa a indicar «Madrid» o «Guadalajara» según que quien la enuncie se encuentre en una u otra ciudad).

Para Bühler (1979, 108) «los demostrativos también son símbolos (no sólo señales); un /aquí/ o /allí/ simboliza, nombra un dominio, nombra el lugar geométrico, por decirlo así; es decir, una zona en torno al que habla en cada caso, en la cual puede encontrarse lo señalado; del mismo modo que la palabra /hoy/ nombra de hecho el compendio de todos los días en que puede ser dicha, y la palabra /yo/ todos los posibles emisores de mensajes humanos, y la palabra /tú/ la clase de todos los receptores como tales».

También sobre los índices señala Peirce que sólo ellos permiten distinguir el mundo real del imaginario, lo que no puede hacer ninguna descripción, afirma, y se requieren además para mostrar de qué manera están ligados los otros signos (§ 3.336), idea que retomaremos y desarrollaremos, especialmente en lo que se refiere a la función de estos signos para hacer comprender cómo deben ser leídos los otros signos del texto (señalada por Eco, 1976, 176, donde afirma que /yo/, /tú/, /esto/ son «signos metalingüísticos que determinan la manera en que deben ser utilizados los restantes signos emitidos en aquel momento»).

2.1. *Deixis y anáfora*

La *deixis* puede ser definida como la localización y la identificación de las personas, objetos, procesos, acontecimientos y actividades de que se habla por relación al contexto espacio-temporal creado y mantenido por el acto de enunciación (Lyons, 1980, 261). Pero siguiendo a Jakobson, además de los deícticos (los pronombres personales /yo/, /tú/, demostrativos como /esto/, adverbios como /hoy/, /aquí/...) remiten a la enunciación el tiempo y el modo del verbo: el tiempo verbal en su funcionamiento deíctico, de localización temporal respecto al momento de la enunciación; el modo en cambio como «reflejo» o manifestación de la actitud o relación del sujeto de la enunciación respecto a lo enunciado. Aunque desarrollaremos más adelante estos puntos, hay que destacar la dualidad jakobsoniana que articula el «proceso y protagonistas de la enunciación» con el «proceso y protagonistas del enunciado», éste a su vez modulado a través del concepto de *orden* que caracteriza el proceso del enunciado por relación a otro proceso del enunciado, sin hacer referencia a la enunciación (concepto introducido por Bloomfield).

El elemento central del sistema indicial es el pronombre /yo/, sobre el que las discusiones lógicas y filosóficas aún no se han agotado. Para Benveniste (1965) /yo/ significa «la persona que enuncia la actual situación del discurso que contiene /yo/». Cada /yo/ sólo puede ser identificado por la situación de discurso que lo contiene, y sólo puede ser definido en términos de «hablar». Por tanto, la realidad a la que se refiere es una «realidad de discurso»; así el /yo/ referido es una situación lingüística, tras la cual Benveniste precisa su definición: /yo/ es «el individuo que enuncia la presente situación de discurso que contiene la situación lingüística /yo/». (Del mismo modo que para Jakobson, como hemos señalado, /yo/ es un protagonista o personaje del enunciado que se identifica con el agente del proceso de la enunciación.) /Yo/ es, en primer lugar, «el sujeto de este enunciado» y, en segundo lugar, puede ser también «el sujeto de la enunciación» (Eco, 1976, 176). En otros casos /yo/ puede no identificarse con el sujeto de la enunciación.

/Yo/ forma con /tú/ una «correlación de subjetividad». /Tú/ se define como la «persona no-yo», la persona no subjetiva, dado que es necesario y suficiente representarse una persona diferente de /yo/ para asignarle el índice /tú/ (forma que puede funcionar incluso como anafórico del impersonal /se/). Ambas personas, /yo/ y /tú/, se oponen conjuntamente a la «no persona», /él/, que en sí no designa específicamente nada ni a nadie, la única forma pronominal mediante la que se puede predicar verbalmente una *cosa*[5] (Benveniste, 1946).

La referencia necesaria y constante a la situación de discurso une el par /yo-tú/ a la serie de los «indicadores» o deícticos (los *shifters* de Jakobson): los adverbios /aquí/ y /ahora/ que se refieren a /yo/, pues «delimitan la situación espacial y temporal coextensiva y contemporánea a la presente situación de discurso que contiene /yo/». Y a la misma serie que este punto cero de las coordenadas enunciativas, el yo-aquí-ahora (Bühler, 1979, 121), pertenecen los otros adverbios deícticos, que sitúan un hecho u objeto respecto a ese punto origen, los demostrativos como /éste/, índice de ostensión que identifica el objeto designado en la presente situación de discurso...

Los deícticos forman el *sistema de referencias internas* a cada situación de discurso cuya clave es /yo/ y «definen al individuo a través de la construcción lungüística particular de la que se sirve cuando se enuncia como hablante». Pero a cada uno de los deícticos podemos hacer corresponder otro término que no se refiere ya a la situación de discurso, sino a objetos y relaciones de los que se habla (no al proceso o protagonistas de la enunciación, sino del enunciado, que diría Jakobson). Podemos formar dos paradigmas contrapuestos: /ahora/ vs. /entonces/; /hoy/ vs. /el mismo día/; /ayer/ vs. /la víspera/; /mañana/ vs. /el día siguiente/; /aquí/ vs. /allí/; /yo/ vs. /él/, etc. (Benveniste, 1956). Los términos segundos de esta serie de oposiciones sitúan el proceso del enunciado respecto a otro proceso del enunciado, son términos *anafóricos,* que establecen una referencia a un elemento textual[6].

Para Benveniste (1959) su presencia —en lugar de los deícticos—, junto con determinados tiempos verbales y formas personales, con-

---

[5] La única que admite un verdadero plural, un conjunto indefinido. /Nosotros/ es la conjunción de /yo/ y /no-yo/. En algunas lenguas se dice diferentemente el plural inclusivo «yo + vosotros» del exclusivo «yo + ellos» (Benveniste, 1946; Bühler, 1979, página 159).

[6] Para Lyons (1980, 282 y 55) los términos anafóricos refieren al mismo referente que su antecedente (o en la catáfora remitirían al referente de la expresión no que antecede, sino que sigue y a la que remite el término catafórico). Pero en textos como /El 25 de mayo salieron del puerto. Al día siguiente se produjo el motín/, las expresiones /25 de mayo/ y /al día siguiente/ no tienen el mismo referente, sino que el referente de la segunda se localiza por relación a la localización temporal establecida por la primera (a su referente). Seguimos, en cambio, la formulación de Bühler, por ejemplo, para quien la anáfora es una mostración de lugares en la estructura del discurso. Habría «un orden allí en el espacio y sitios en él; un orden aquí en la fluencia del discurso y lugares en él, o partes del discurso, a las que se señala para referirse a lo mentado» (1979, 139).

forma la «enunciación histórica» u objetiva, pretendidamente exenta de toda subjetividad.

La observación de los elementos de la lengua que no poseen un sentido pleno más que actualizados en una situación de discurso ha tenido importantes consecuencias teóricas:

1. Ha legitimado el estudio, desde la lingüística, de la lengua en relación con sus condiciones de uso, dado que sin éste los propios elementos de la lengua no podían recibir una definición.
2. Este cambio de perspectiva condujo a los estudiosos del lenguaje, incluido el propio Benveniste, a observar que otros elementos de la lengua, además de los deícticos propiamente tales, precisaban una referencia a su uso: Benveniste (1970) señala los tiempos verbales, la interrogación, la intimidación, etc., como formas lingüísticas derivadas de la enunciación.

Fillmore (1966) observa, por ejemplo, que el verbo venir incluye en su descripción semántica la referencia necesaria al lugar de la enunciación[7]. En ese sentido es asimilable a los deícticos, es un símbolo-índice: posee un significado general abstracto, pero una nota esencial a esa definición semántica remite al lugar en que es utilizado por un locutor.

Ciertamente, como ha observado la sociolingüística, el sentido de todas las unidades de la lengua se concreta sólo cuando son utilizadas en un discurso efectivo (en la misma dirección se orienta la diferencia de Sperber, 1975, entre significación abstracta de la frase y sentido del enunciado), pero lo característico de los deícticos es que carezcan de definición posible —en el nivel abstracto o *type*— al margen de la referencia a la situación de enunciación.

Sin embargo, Ducrot ha identificado recientemente otras unidades léxicas que, sin ser deícticas, participan de esta característica, como los adverbios enunciativos, la conjunción adversativa *pero,* etcétera, para cuya interpretación es necesaria una referencia a la si-

---

[7] En inglés, francés e italiano, por ejemplo, se utiliza cuando el desplazamiento se orienta tanto hacia el polo emisor como al receptor; en castellano, en cambio, sólo cuando el desplazamiento se dirige al emisor. Decimos /Juan *viene* a mi casa/ o /*ven* a mi casa/, pero /Juan *va* a tu casa/ o /yo *voy* a tu casa/. El *Diccionario de uso del español* de María Moliner define *venir* como «Andar o moverse hacia el lugar donde está el que habla». Habría que atender también al valor deíctico de *traer* en castellano, definido en el mismo diccionario como «transportar una cosa al sitio en que está el que habla», pese a que exista también un uso no deíctico del mismo: «A veces se emplea "traer" en vez de "llevar" cuando se trata del sitio en que está otra persona: "le trajo las zapatillas y se las puso".»

tuación de enunciación[8] (Ducrot *et al.*, 1980, 97-98), etc., luego la nota antes aludida no caracteriza exclusivamente a los deícticos, en cuya definición hay que incorporar la función localizadora respecto a la situación de enunciación, de la que forman parte locutor y receptor.

Veremos más adelante cómo esa función localizadora puede ser «falsificada» en diversas formas en los textos para crear de este modo espacios enunciativos otros, lo cual no niega, sino confirma, la existencia de un uso tipificado e inscrito en la lengua de estos elementos. (Es el funcionamiento retroactivo de la implicación: la existencia de una norma de uso no supone que todos los usos sean conformes a la norma, sino que ésta funciona como punto de referencia interpretativo respecto al cual evaluar las variaciones, innovaciones, los usos «normalizados», etc.)

Precisamente ésta es la característica importante de este tipo de signos[9], el que su función localizadora[10] se da exclusivamente en situaciones de comunicación oral, tipo conversación cara-a-cara, pero en todo tipo de textos, incluidas las conversaciones, son usados junto con las otras formas enunciativas, para construir situaciones de enunciación representadas, para permitir a los actores modular de diversas formas su participación en el enunciado, crear tiempos y espacios superpuestos, e indicar relaciones interlocutivas.

Este rasgo diferencia claramente los deícticos de los no deícticos.

---

[8] Ducrot (1972, 128) definiría el «pero» de P *pero* Q diciendo que esta expresión presupone que la proposición P puede servir de argumento para una conclusión r, y que la proposición Q es un argumento que anula esa conclusión. Pero la conclusión r que liga a P y Q está sólo parcialmente determinada por el contenido de las dos proposiciones, depende en buena parte de las creencias que los interlocutores se atribuyen respectivamente (Ducrot, *et al.*, 1980, 98). Además, «pero» puede encontrarse al inicio de un enunciado y articularse sobre una réplica precedente o sobre un fenómeno no verbal, elemento de la situación de discurso —como en /pero, ¿qué haces?/ (1980a, 100-125).

Weinrich, por su parte (1981, 131), analiza esta conjunción, siguiendo la lógica de Port-Royal, como instrucción al lector: «La conjunción *mais* viene a ser aquí la bisagra textual que da a entender al lector que dé un salto de una concepción a la otra.» (Si un texto se truncara después de un «pero», pese a no saber nada más el lector sobre las opiniones del autor, «por medio de la señal de esa conjunción se le habría informado de que la opinión expuesta al principio no tiene una validez indiscutible».) Veremos también (en el apartado 5.2.1.) otros análisis de *pero* que le atribuyen, junto con *sino*, la capacidad de representar el discurso del interlocutor dentro del propio locutor.

[9] Que como todos los signos, para serlo han de poder ser utilizados para mentir, han de ser falsificables (Eco, 1975, 12).

[10] En el sentido de identificar referencialmente una persona, un momento en el tiempo o un lugar en el espacio extra o intratextuales.

	Deícticos	*Anafóricos*
Persona	yo (mi, me), tú, (te, ti, conmigo, contigo)	él (su, se, si, consigo)
Tiempo	ahora	entonces
	en este momento	en ese momento
	hoy	el mismo día
	hace un momento	poco antes
	ayer	el día anterior
	mañana	el día siguiente
	dentro de poco	poco después
	la semana que viene...	una semana más tarde...
Espacio	aquí	allí
	este	ese
	venir	ir

Pueden además recibir un uso deíctico los adverbios /delante/ y /detrás/ referidos a un objeto que no tiene un «delante» y un «detrás», como un poste por ejemplo; /izquierda/ y /derecha/, en el caso de objetos no orientados lateralmente, y /arriba/ y /abajo/ (Bühler, 1979, 147; Kerbrat-Orecchioni, 1980, 49-52), cuando estas posiciones se establecen desde el lugar del locutor, así como todos los localizadores que en un texto concreto remitan al lugar de la enunciación: /del otro lado/, por ejemplo, cuando no se refiere a «otro» respecto a un punto de referencia textual, sino a aquel que ocupa el locutor.

En textos que combinan la expresión escrita con la imagen, índices como /éste/, /ése/, /así/... pueden remitir bien a la parte escrita bien a la imagen y ser considerados deícticos, si se considera «texto» únicamente el texto verbal, en cuyo caso éste remite a lo extratextual; o anafóricos si entendemos que la imagen forma parte del texto, en cuyo caso remite de una parte de éste a otra:

> Si tiene un televisor en color usted tiene medio vídeo. El otro medio es esta maravilla de Thomson.
> Con este Thomson usted tiene el vídeo más completo del mercado.

Aquí /este/ señala la imagen fotográfica del televisor reproducida junto a este texto. En otro caso el adverbio /así/ refiere simultáneamente a la parte verbal e icónica del texto:

> Sólo los auténticos ejecutivos se presentan así.
> De 4 en 4 y con la garantía de Berkshire.

(Entre ambos enunciados, la reproducción del envase del producto, y bajo ellos la imagen de unas piernas con los calcetines anunciados, de modo que el primer enunciado puede remitir tanto a estas imágenes como al segundo enunciado, o más bien a ambos.)

Se habla de «efecto de presencia» cuando en un texto escrito aparecen «índices de ostensión» (/éste/, /ése/, /aquél/...) que implican un gesto para señalar un objeto. En realidad, la aparición de un deíctico de este tipo implica la instalación en el texto de un sujeto observador —en ese sentido se puede hablar de «personificación»—, fenómeno de *conmutación* (del que nos ocupamos en el apartado 4).

Hay que advertir que los deícticos remiten siempre a un sujeto que observa o que habla poniéndose como punto de origen, pero que ese sujeto puede no ser el sujeto de la enunciación productor del texto, sino algún personaje textual que eventualmente asume ese papel en una representación textual de la enunciación, como se verá.

3. LAS FORMAS ENUNCIATIVAS

3.0. *Tipos de enunciación*

Allí donde aparecen deícticos aparecen también los tiempos verbales propios de la «enunciación discursiva» (o «experiencial»[11], como la llama Lyons, 1980, 309): aquella en que un /yo/ se enuncia y enuncia un /tú/, un /ahora/ y un /aquí/ en los que ese /yo/ habla. Esos tiempos son el presente, el pretérito perfecto y el futuro, aunque en los textos «experienciales» pueden darse todas las formas personales del verbo (excluido en francés el «aoristo»-pretérito indefinido).

Benveniste observa que «los tiempos de verbo francés no son usados como miembros de un único sistema, se distribuyen en *dos sistemas* distintos y complementarios» (1959) que son la manifestación de los dos tipos fundamentales de enunciación. Para dar cuenta de «las condiciones de uso de la lengua», Benveniste necesita establecer esta primera tipología de discursos ampliamente reconocida.

A la enunciación discursiva se opone la del tipo «historia» que excluye todas las formas lingüísticas «autobiográficas». En ella aparentemente nadie habla, los acontecimientos son enunciados «como se han producido en su aparecer en el horizonte de la historia». No encontraremos, por tanto, deícticos y los tiempos verbales predominantes son el indefinido, imperfecto, pluscuamperfecto y el «prospectivo» (tiempo perifrástico sustitutivo del futuro) en tercera persona.

Hay que señalar que la categoría de enunciación discursiva o

---

[11] Utilizaremos en adelante, indistintamente, uno u otro de estos pares terminológicos sinónimos: *discours/histoire* (discurso/historia) (Benveniste); histórica/experiencial (Lyons) o comentativa/ narrativa, como actitudes lingüísticas (Weinrich).

«discurso» procede precisamente de la observación de las formas propias de la comunicación oral (si bien dentro de ésta las narraciones adoptarán la forma de la enunciación histórica). Tanto Jakobson como Benveniste observan que la lengua posee los elementos para localizar el discurso respecto a la enunciación —o acto por el que se produce el enunciado— y respecto al enunciado. Estos elementos, lo hemos apuntado, son las categorías que se refieren a la persona, al espacio y al tiempo. La localización respecto a la enunciación, *localización deíctica,* es clara en la comunicación oral en que el polo emisor y el receptor se encuentran situados en un contexto compartido y reconocible[12]. En cambio, la localización deíctica no es ni mucho menos clara en textos escritos que sin embargo presentan todas las formas de la enunciación discursiva.

3.1. *Localización y modalización*

Veremos entonces con más detalle los elementos que caracterizan los tipos de enunciación y los problemas que presentan.

En primer lugar, retomemos los tiempos verbales. La referencia temporal deíctica se realiza por medio de los tiempos discursivos: el pretérito perfecto es «la forma autobiográfica por excelencia», establece un lazo viviente entre el acontecimiento pasado y el presente en que se sitúa su evocación (Benveniste, 1959). El presente se utiliza para situar un hecho como contemporáneo al momento de la enunciación[13], mientras que los tiempos «históricos» realizan una localización no deíctica: «La referencia temporal del pretérito perfecto es el momento del discurso, mientras la referencia del aoristo es el momento del acontecimiento» *(ídem).*

Pero el tiempo verbal no contiene sólo una referencia temporal ni la referencia temporal se indica sólo a través del tiempo verbal (están también las formas deícticas y anafóricas, indicaciones cronológicas, etcétera). Por ejemplo, es claro el caso del futuro, que es un tiempo

---

[12] Contexto que, según la definición de deixis por Lyons (véase *supra* 2), es «creado y mantenido por el acto de enunciación». Esta afirmación exige diferenciar tipos de deícticos, pues si los pronombres de 1.ª y 2.ª persona se refieren a realidades definidas como tales 1.ª y 2.ª persona, locutor e interlocutor, por el acto de enunciación y lo mismo cabría quizá decir de los deícticos temporales, no parece ese el caso de los «índices de ostensión» que remiten a objetos preexistentes al acto enunciativo, si bien éste los hace pertinentes y les llama a formar parte del contexto de *enunciación.*

[13] La línea divisoria de los «tiempos» en las lenguas es siempre el presente que «como referencia temporal no tiene más que un dato lingüístico: la coincidencia del evento descrito con la situación de discurso que lo describe. El punto de referencia temporal del presente no puede ser más que interior al discurso» (Benveniste, 1958). «De la enunciación procede la instauración de la categoría del presente, y de la categoría del presente nace la categoría del tiempo» (1970).

discursivo no por el tipo de localización temporal que indique, ya que no contiene referencia temporal, sino por las modalidades subjetivas que implica. El futuro «no es más que un presente proyectado hacia el porvenir, implica prescripción, obligación, certeza, que son modalidades subjetivas, no categorías históricas» (Benveniste, 1958). El pretérito perfecto no establece tanto una localización deíctica como una relación «viva» entre el sujeto y los hechos de que habla. Por ello, podemos decir que las dos series de tiempos verbales señalan una presencia del sujeto en el texto y una situación que implica a los interlocutores en lo enunciado, o una no presencia del sujeto y de esa relación interlocutiva.

Los rasgos esbozados para textos discursivos se observan claramente en esta carta de Pavese a Tullio Pinelli:

> En resumen, hable con quien hable necesito hacerme una cara especial adaptada a cualquier particular de esa persona, con evidente perjuicio de la que podría ser mi verdadera cara.
> Así he logrado incluso no saber ya cuál es esta cara mía. Que quizá ni siquiera exista.
> ¿Cómo llamarías tú a esto? ¿Simulación de persona? ¿Simulación de alma?
>
> (C. PAVESE, *Cartas I*, Madrid, Alianza, 1973, traducción de María Esther Benítez.)

Este texto sirve como las cartas personales, en general, de ejemplo «discursivo», personalizado, *modalizado* a través del modo verbal, las expresiones modales (/evidente/, /verdadera/, /quizá/...) que indican incertidumbre, probabilidad, indecisión, las interrogaciones... (Benveniste, 1970), tiempos comentativos y relación interlocutiva inscrita en el texto.

Por modalización enunciativa entendemos aquí todo aquello que en el texto indica una actitud del sujeto respecto a lo que enuncia, tanto a través del modo verbal, la construcción sintáctica (como en las interrogaciones) o los lexemas (sustantivos, adjetivos, verbos o adverbios) afectivos o evaluativos. Recogemos de este modo la aproximación de Benveniste al tema (1970), excesivamente poco matizada (para un estudio más detallado véase capítulo II), pero que agrupa el fenómeno de las marcas textuales de una actitud por parte del sujeto.

Las características de este texto experiencial contrastan con las de otro del tipo «historia»:

> Echó a andar el tren por el campo oscuro, como si tuviera miedo de no llegar; a la media hora se detuvo en un apeadero desierto: un

cobertizo de cinc con un barco y un farol. Juan cogió su equipaje y saltó del vagón. El tren, inmediatamente, siguió su marcha.

(Pío Baroja, *Aurora Roja,* Madrid, Rafael Caro Raggio, sin fecha, pág. 15.)

Salvo por el subjuntivo del símil del segundo enunciado, éste es un caso típico de texto de «historia»: ninguna otra «modalización»; localización de unos acontecimientos respecto a otros incluso reproduciendo su orden cronológico de sucesión —marcada por adverbios o locuciones temporales no deícticas (/a la media hora/, /inmediatamente/), etc.[14].

La diferencia en la localización temporal es muy clara respecto a un texto que emplea procedimientos de localización «discursivos»:

El sábado se iniciaron de hecho estas negociaciones (...). Para hoy está anunciada una reunión del consejo central de los sindicatos (...). En el mismo sentido se expresó ayer en la prensa de Gdansk el primer secretario.

(Julio Sierra, Bonn, *El País,* 26 de agosto de 1980, página 3.)

Aunque esta crónica nos introduce ya en el terreno de las contaminaciones entre uno y otro tipo de enunciación, pues si bien los procedimientos de localización son deícticos, se combinan con tiempos narrativos y con una ausencia total de personalización y modalización enunciacional del discurso (propia de la obsesión objetivadora de algunos géneros informativos del periodismo actual).

3.2. *Las formas enunciativas en la definición del texto y sus sujetos*

Ciertamente, como señala Benveniste, incluso la mera aserción es una modalidad (véase capítulo II.2.) en el sentido de que apunta a comunicar una certidumbre, y «es la manifestación más común de la presencia del locutor en la enunciación» (1970). El no marcar una actitud respecto a lo que se enuncia es ya una actitud atribuible al sujeto enunciador y, por tanto, por más que éste no se manifieste explícitamente, sus enunciados lo revelan y él resulta de hecho construido por su propio texto.

---

[14] La sucesión de acontecimientos no implica cambio de tiempos verbales como en el «discurso» en' que la anterioridad o posterioridad se marca por oposiciones de formas verbales, del tipo /el tren ha echado a andar, ahora se detiene.../ o /el tren echa a andar, dentro de media hora se detendrá.../ (Simonin-Grumbach, 1975, 94).

Lo que nos interesa por el momento no es adscribir cada texto a tal o cual tipo ideal, sino conocer los modos de funcionamiento textuales qe hacen que cada uno de ellos sea percibido de diferente forma. Así los procedimientos de localización, las formas verbales, las modalizaciones, no nos interesan sólo por lo que «informan» acerca de cómo se localiza un acontecimiento, o de lo que un autor «piensa» o «siente», por ejemplo, sino fundamentalmente porque conjuntamente definen el texto, lo presentan como «subjetivo» u «objetivo», por no referirse sino a los tipos más generales. Ésa es la «función señalética» que atribuye Weinrich a las formas enunciativas consistente en *enmarcar* el texto y la comunicación que en y por él tiene lugar.

Por esta razón no podemos considerar central la localización —deíctica o no deíctica— para determinar el tipo de enunciación, como hace Simonin-Grumbach (1975). (Alcanzar una tipología de discursos es un fin todavía lejano que exigirá un desarrollo en el estudio de los modos diferentes en que se combinan el conjunto de formas enunciativas.)

Simonin-Grumbach (1975) señala que en los textos escritos no existen «auténticos» deícticos. Una carta, por ejemplo, tiene todas las características del «discurso», pero los deícticos no son en realidad tales, pues el /yo/ que aparece en el texto sólo es localizable por referencia a la firma que también se encuentra en el texto; el /ayer/ remite a la fecha de la carta, etc. Los deícticos sólo son «auténticos» cuando la situación de enunciación —su sujeto, momento y lugar— quedan implícitos, pues desde el momento que sean explicitados en el texto todo elemento que remita a ellos resultará en realidad un anafórico.

Observando que existen textos completamente despersonalizados de «historia», novelas por ejemplo, que sin embargo utilizan el presente y la segunda persona (como el caso típico de *La Modification* de M. Butor), Simonin-Grumbach argumenta que el criterio definitivo para clasificar un texto en uno u otro grupo (discurso/historia o un tercero intermedio entre ambos) no es ni la presencia o ausencia de deícticos aparentes ni los tiempos verbales predominantes, sino el que los acontecimientos están localizados por referencia a la situación de enunciación «real», productora del texto, o por referencia a una situación de enunciación interna al texto, producida, representada.

Así, debido a los anafóricos, que remiten a una situación de enunciación textual, prácticamente todo texto escrito queda para esta autora incluido en la categoría «historia», pues incluso cuando pone un ejemplo que califica de «típico de discurso», demuestra que la situación de enunciación sólo queda totalmente implícita en el presente de los verbos de modalidad (1975, 92).

Con esta preocupación por la situación de enunciación «real» o ficticia las diferencias de procedimiento, que consideramos fundamentales en la estructuración del texto y determinantes de las modalidades de su recepción por el aspecto relacional que implican, quedan borradas o relegadas a un aspecto secundario, mientras un aspecto para nosotros secundario resulta el único determinante, pues esa localización «real» pasa por alto también la construcción de un espacio, tiempo y personas propios de cada texto.

Se podría además argumentar contra la conclusión de Simonin-Grumbach que, si nos atenemos al criterio de «objetividad» o de ausencia de marcas de presencia del sujeto en el texto, ningún texto podría, en pureza, adscribirse a la categoría de «historia». (se hace imposible admitir la existencia de una *histoire* en el sentido de Benveniste si no es como el horizonte mítico de ciertos discursos», Ducrot, 1972, 99).

Con respecto al tiempo textual veremos más adelante el ejemplo de *Bomarzo*. Kafka, en una carta a Felice Bauer, ilustra la «ficción enunciacional»[15] de la persona.

> En el fondo no he cambiado, sigo girando dentro de mi propio círculo (...). Usted sin embargo se siente inquieta y alterada, llora en sueños, lo que es peor que estarse contemplando el techo durante el insomnio, es usted distinta a como era aquella tarde en que, tranquila, su mirada se posaba en unos y en otros, salta usted de una cosa a la otra, tan pronto hay en su carta 20 personas como no hay ninguna, en resumen, las ganancias están injusta, injustísimamente repartidas entre nosotros (¡y tú, por qué vienes a sentarte ahora enfrente de mí en esta habitación silenciosa que, eso es verdad, te pertenece!).
>
> (F. KAFKA, *Cartas a Felice,* Madrid, Alianza, 1977, pág. 77, traducción de Pablo Sorozábal Serrano.)

El fragmento exclamativo entre paréntesis al final del párrafo produce un sorprendente efecto de realidad: introduce unos personajes, espacio y tiempo que se hacen tan presentes y reales que dejan a los anteriores como meras figuras de papel. Por la irrupción de las formas interlocutivas características de la comunicación oral: exclamaciones, deícticos —incluida la deixis implicada en el verbo *venir*—, etc., que desmienten la relación interlocutiva y la sensación de contemporaneidad con la enunciación anteriores.

La primera persona y el /usted/ que, apoyadas en las formas enunciativas típicas del «discurso» (presente-pretérito perfecto, modalizaciones enunciativas, etc.), no dudamos en identificar con el

---

[15] Véase Fillmore, 1975, 370-392.

locutor e interlocutor del acto de comunicación, se revelan de pronto como figuras de una retórica, cuya referencia extratextual queda como en el aire ante un /tú/ que debe referirse al mismo interlocutor, pero cuya realidad se presenta como fantasmal (lo que no puede dejar de producir el efecto de sugerir el mismo carácter fantasmal para el referente del anterior /usted/, el mismo interlocutor de la carta).

Todo lo cual, ciertamente, no niega que nos podamos referir a personas físicas y a experiencias ocurridas en el mundo extratextual a través de los textos, pero ilustra magistralmente la capacidad que tienen las mismas formas que establecen esas referencias para construir una realidad textual cuya fuerza y vivacidad supera a aquélla (al menos para Kafka)[16].

Las formas textuales, sean categorías verbales, adverbiales, pronominales, u otras, se engarzan para formar el entramado de un discurso personalizado o despersonalizado: aquel en que el sujeto se representa a sí mismo o aquel en que se borra de la superficie discursiva. En el primero, junto al anclaje de los hechos o acontecimientos de que se habla respecto al /yo-aquí-ahora/, se da también la representación en el texto del /tú/ interlocutor. A esta representación textual de la enunciación se ha llamado «enunciación enunciada» (Greimas, Courtés, 1979, 128) y las personsas /yo/ y /tú/ que aparecen en estos textos, escritos u orales, no son sino personajes del enunciado, no de la enunciación. Si identificáramos el sujeto enunciador con el /yo/ del texto autobiográfico o conversacional tendríamos que pensar que en los textos despersonalizados no hay tal sujeto cuando lo que falta en realidad es su manifestación, así como la manifestación de actitudes respecto a lo enunciado (modalizaciones enunciacionales).

Weinrich señala: «Todos los tiempos verbales tienen una función

---

[16] Que vive con Felice Bauer un caso de «enamoramiento por correspondencia» como comenta perplejo el introductor de esta edición, E. Heller, en la que advertimos cómo Kafka pasa del tratamiento distante y respetuoso a una «distinguida señorita» a la que apenas conoce, al íntimo y apasionado «mi amor» en menos de dos meses sin que se haya producido ningún encuentro personal con ella entre tanto (encuentro que, en opinión de Heller, Kafka eludía).

Kafka repite una similar escisión de su interlocutor en las *Cartas a Milena:*

> El día es tan breve que entre usted y apenas dos o tres nimiedades se me termina en seguida. Difícilmente consigo un ratito para escribir a la verdadera Milena, ya que otra más verdadera aún estuvo aquí conmigo, todo el día, en la habitación, en el balcón, en las nubes.
>
> (Madrid/Buenos Aires, Alianza/Emecé, 1974, pág. 19, traducción de J. R. Wilcok.)

Aquí el destinatario es designado tanto con la segunda como con la tercera persona, e incluso esta tercera persona se refiere a dos Milenas, una /verdadera/ y otra /más verdadera aún/.

señalética que es imposible describir adecuadamente si se entiende como información sobre el tiempo. El *Präteritum* es un tiempo del mundo narrado, da al receptor una información acerca de la actitud comunicativa que le conviene (...) señala simplemente la situación narrativa» (1978, 36).

Este estudio de Weinrich se centra en los tiempos verbales; posteriormente lo hace extensivo al resto de las formas enunciativas[17].

El pretérito imperfecto, y el indefinido son, en su terminología, tiempos narrativos (como el pluscuamperfecto, el pretérito anterior y el condicional). Pouillon señalaba cómo el imperfecto en la novela no tiene un significado temporal, sino más bien espacial: nos aleja de lo que estamos mirando. No indica que el autor esté en el futuro de su personaje, sino que no es aquel personaje, que nos lo muestra (1946, 161; citado por Weinrich, 1978, 34).

Como se ve las formas temporales están íntimamente relacionadas con el grado de implicación o distancia del sujeto. El presente, futuro y pretérito perfecto (los tiempos del «discurso» de Benveniste) son en la clasificación de Weinrich, los «tiempos comentativos», correspondientes a la actitud lingüística del comentar que se presenta como implicando a locutor y receptor a través del discurso.

Con el pretérito indefinido, en cambio, la realidad queda separada, conducida a un punto, «libre de las raíces existenciales de la experiencia, orientada hacia una unión lógica con otras acciones, (...) reducida a pocas líneas significativas» (Barthes, 1953, 46).

3.3. *Conclusión*

Podemos concluir que la clasificación de las formas lingüísticas en formas de la enunciación discursiva y de la enunciación histórica revelan que el uso se haya inscrito en la lengua.

Al estudiar no ya la lengua, sino los textos, encontramos que, a través de estas formas lingüísticas, los textos se presentan *grosso modo* como «discursivos» o «históricos». El espejismo derivado del fenómeno de la deixis ha llevado a pensar que las formas enunciativas

---

[17] «Corresponde a los morfemas sintácticos la tarea particular (que se puede llamar metacomunicativa) de señalar al receptor la manera en que debe entender la organización del texto para descodificarlo correctamente» (1979, 340). Estos morfemas sintácticos son, además de las formas verbales, los adverbios «narrativos» y no narrativos» (anafóricos y deícticos), las personas gramaticales, las formas especiales del imperativo y del lenguaje performativo...

Pero en *Lenguaje en textos* son para Weinrich todos los morfemas gramaticales los que tienen un estatuto matalingüístico (además de algunos lexemas), en el sentido de dar al oyente o al lector instrucciones para la descodificación del texto (1981, 132-134).

tienen fundamentalmente una función localizadora, enfocada a situar lugares, tiempos, personas con respecto al acto de enunciación o sin referencia a él, por lo que a la hora de clasificar los textos se trataría de identificar primordialmente el acto y situación de enunciación, para averiguar si la localización remitía a ese lugar de producción del discurso (localización deíctica) o bien a puntos de referencia internos al texto. Sin embargo, se ha puesto de relieve que la «función señalética» de las formas lingüísticas es tan importante o más que la localizadora: los tiempos verbales y prácticamente todos los morfemas gramaticales son señales que enmarcan el texto, instauran un tipo particular de relación comunicativa. Es lo que se ha llamado *estructura reflexiva* del enunciado o texto por la que el texto se muestra de determinado modo, se autodefine[18] y define la situación en que se da (véase capítulo I, 6.). Nos interesará, por tanto, la articulación de las formas enunciativas con todos los niveles textuales que mostrará las personas, espacio, tiempo y situaciones construidos por el texto.

4. NIVELES Y PERSONAJES ENUNCIATIVOS

4.0. *El cambio de nivel o conmutar*

La mayoría de los textos no presentan formas puras de *discurso* o de *historia,* sino que, aun prevaleciendo alguna de ellas, pasan de una a otra. Al cambio de nivel de la actitud de comentar a la de narrar (o del *discurso* a la *historia,* o del texto subjetivizado al objetivizado) se ha llamado *débrayage* de la enunciación al enunciado y *embrayage* al proceso inverso que va del enunciado a la enunciación. Hablamos de cambio de nivel porque el adoptar una u otra forma instaura un distinto tipo de relación interlocutiva y afecta al sentido de lo enunciado, más concretamente al modo en que es percibido.

(*Embrayeur* es la traducción francesa del *shifter* de Jakobson, que ha sido traducido en español como «conmutador». Utilizaremos, por tanto, el término *conmutar*[19] *[shifting]* para el cambio de nivel que supone tanto el *débrayage* como el *embrayage.*)

---

[18] Weinrich (1981, 70-71) habla de la estructura reflexiva («metacomunicativa») en los comunicantes y en todos los morfemas gramaticales. Estos son «señales de que tiene lugar una dirección de la comunicación». Para Ducrot (1980a, 34), un enunciado vehicula una imagen de su enunciación, imagen que considera su sentido. También para Recanati (1979, 32), un enunciado habla al mismo tiempo del mundo y de sí mismo; el lenguaje, además de representar, se *muestra*, muestra sus propiedades formales (1979, 134).

[19] Que hemos preferido al de embragar (y conmutador en lugar de embrague) pese a que el término «conmutación» designe comúnmente en lingüística la operación de sustitución de elementos constituyentes, sea del plano de la expresión (fonemas, lexemas...) o del contenido (semas, sememas, etc.).

Como hemos apuntado, se trata de procedimientos que utilizamos para indicar nuestra actitud respecto a lo que hablamos, y que se realizan fundamentalmente a través de las formas de localización espacial y temporal (deícticos o anafóricos y tiempos verbales comentativos o narrativos) y de las formas de personalización o despersonalización del discurso[20].

Veamos un texto que combina el nivel comentativo con el narrativo:

> **a)** Iniciaremos nuestra descripción de la epopeya europea medieval con la de las leyendas germánicas.
> **b)** Cuando los pueblos bárbaros del norte de Europa aprendieron de los depositarios de la cultura latina el arte de escribir, pudieron aplicarse a la tarea de dejar constancia de su rico y variado pasado literario, constituido por una serie de temas míticos antropomórficos y por leyendas embellecedoras de hazañas históricas. Gran parte de esta tradición hasta entonces oral adquirió fisonomía literaria en una época en que aquellos pueblos bárbaros ya se habían cristianizado y habían establecido contacto con la civilización nacida en el Mediterráneo; **c)** debido a lo cual no es raro que parte de la materia legendaria se nos haya transmitido en trance de evolución en cuanto a su fondo mitológico y religioso.

> (MARTÍN DE RIQUER, *Historia de la literatura Universal*, vol. I, Barcelona, Noguer, 1958, páginas 205-206.)

De la enunciación enunciada («discurso») de *a)* se *conmuta* en *b)* a la enunciación objetivada (situación de los procesos unos por relación a otros, ausencia de deícticos y de «personas», en el sentido de Benveniste, pretérito indefinido para los acontecimientos de «primer plano» y pluscuamperfecto para los de «fondo» —Weinrich, 1964—), para volver en *c)* a la enunciación enunciada: retorno a la primera persona y al presente-pretérito perfecto que mimetizan la contemporaneidad con el presente de la enunciación y de la recepción, enunciados apreciativos con conectivos argumentativos, etc.

En los fragmentos discursivos, *a)* y *c)* hay una personificación

---

[20] Algunos estudiosos analizan estos cambios de nivel en la imagen. Entre ellos Peninou, al analizar las imágenes publicitarias, identifica el «discurso» con la posición frontal del personaje que se dirige en relación yo-tú al receptor, y la «historia» con los personajes de perfil desarrollando alguna actividad que aparece como «narrada» (1976, 137). Otros elementos a considerar en la relación enunciativa son el enfoque y el plano como posición desde la que se representa, al tiempo que la iluminación y el sonido matizan, resaltan, enfatizan... lo representado.

del sujeto de la enunciación: el *narrador*, aquí en la forma del «nosotros de autor» (aunque en el fragmento final se trata más bien del «nosotros inclusivo», yo + vosotros, que incluye al receptor). En *b*), en cambio, ese personaje está ausente, o mejor está «borrado», ningún /yo/ asume la palabra, aunque es muy patente en el desarrollo de los acontecimientos su ordenación desde una «perspectiva» o punto de vista particular. De hecho, toda expresión de acontecimientos, todo relato, adopta necesariamente algún punto de vista sobre la acción; presupone, por tanto, un *observador*. (Ese punto de observación corresponde al enunciador, como «principio representante», es una función de la enunciación; Greimas, Courtés, 1979: 259. Véase apartado 4.3.). Además hay valorizaciones implícitas, opciones léxicas y otras indicaciones «subjetivas», que representan opciones de algún sujeto.

Aquí el conmutar del discurso a la historia implica, junto al cambio de tiempos (conmutación temporal), un cambio de persona (conmutación actancial), y veremos otros casos en que la conmutación implica fundamentalmente un cambio en las localizaciones espaciales. Los modos en que se realiza el cambio de nivel irán poniéndose de manifiesto a lo largo de los siguientes apartados tomando como eje las formas de representación del sujeto en el texto. Señalaremos solamente que la conmutación puede cumplir diferentes funciones en la estrategia discursiva. Por ejemplo, en una conversación, que se desarrolla normalmente en el modo «personalizado» (comentativo), el que un hablante cite un refrán supone una operación de conmutación por la que hace hablar al «saber popular». El refrán en cuanto elemento prefabricado o fórmula se introduce como evidencia, voz de la experiencia de generaciones pasadas, etc., en el discurso del hablante (Del Ninno, 1980, 395).

Hemos llamado al /yo/ del texto personalizado *narrador*, y a la representación textual del destinatario, el /tú/ simétrico al /yo/, *narratario* (término tomado de Genette, 1966, 1976). Pero hemos visto que el sujeto del discurso, el sujeto de la enunciación, en una amplia parte del texto se borra tras un discurso despersonalizado que, sin embargo, le pertenece y le define: a ese sujeto delimitado por el texto le llamamos *enunciador*.

4.1. *El sujeto textual*

4.1.0. Destinador y destinatario

El enunciador es, como hemos apuntado, lógicamente diferenciable del emisor, en cuanto éste es una realidad empírica y aquél una construcción textual, autor lógico y responsable del texto pero también construido por él.

Se podrá decir que, puesto que todo en un texto emana del enunciador, éste se confunde con el texto mismo y su identificación en el análisis se hace imposible. Efectivamente, desde los contenidos de que el texto habla —que provienen de un hacer semántico que dota de existencia a ciertos objetos, que serán también axiologizados y modalizados (Greimas, 1976; Fabbri, 1979)— hasta la organización temporal y espacial —que referencializa los acontecimientos— la elección de un nivel de inteligibilidad, o las estrategias discursivas puestas en marcha, emanan de y remiten al enunciador textual. El análisis plantea diversos niveles de pertinencia. En la orientación de los estudios sobre la enunciación que aquí adoptamos privilegiamos la relación interlocutiva que se establece a través del texto —que ya caracteriza de determinado modo a los que en ella participan—, los diversos modos en que el enunciador se manifiesta respecto a su enunciado, responsabilizándose o desresponsabilizándose de ciertas opiniones, comprometiéndose o no con lo que dice o lo que le puede ser atribuido, proyectando imágenes de sí mismo que serán unas coherentes entre sí, otras divergentes e incluso contradictorias, etcétera (en otros niveles de análisis interesará, por ejemplo, poner de relieve el universo semántico o cultural del autor, o caracterizarlo socioculturalmente a través de las opciones léxicas realizadas que compondrán un código lingüístico, lengua, variedad dialectal, etcétera. Eco, 1979, 63).

Asimismo, nos interesa la representación que el texto da de su destinatario, representación llamada, por amor a la simetría, *enunciatario*. No se trata, como ocurre igualmente con el enunciador, de una presencia explícita en el texto, como puede ser el /tú/ de la conversación, o la segunda persona de la interpelación al lector, sino del destinatario presupuesto también a todos los niveles, como los temas tratados que seleccionan un tipo de receptores supuestamente interesados..., pero más claramente en el nivel de inteligibilidad, en el juego de implícitos y explicitaciones que diseñan un saber caracterizante, en las modalidades argumentativas que inscriben un enunciatario que se cuestiona o se resiste a desprenderse de ciertas opiniones[21], etc.

---

[21] Los medios a que recurre el autor para prever un Lector Modelo capaz de

Esa relación entre destinador y destinatario, actantes textuales, establece una suerte de *contrato enunciativo* por el que el enunciador articula una serie de programas de hacer (cognitivo, persuasivo, manipulador, etc.) tendentes a constituir a nivel semántico y modal al enunciatario, y constituirse también a sí mismo (Greimas, 1976). El estudio de los personajes de la enunciación sólo se realiza completamente a través del análisis textual, que revela que, por ejemplo la receta de cocina, aunque formulada por medio de imperativos, no puede ser considerada como una prescripción, que impondría un deber-hacer al destinatario, sino más bien como un contrato dirigido a investir a ese actuante del saber-hacer, necesario a su hacer posterior (elaboración del plato)[22]. (Greimas, 1979, 7.)

Varios autores han advertido de la excesiva simplificación de los conceptos de emisor y receptor. Greimas y Eco (1979), desde posiciones diferentes, los diferencian de los sujetos textuales (enunciador/enunciatario como representantes del sujeto textual o de la enunciación para Greimas. Autor y Lector Modelo como estrategias textuales para Eco). En cuanto al enunciador, se ha señalado la necesidad ya apuntada de no confundirlo con el /yo/ sujeto del enunciado, con el que ocasionalmente se superpone, /yo/ que de hecho recubre entidades diferentes.

NOTA

O. Ducrot, por su parte, diferencia el «enunciador» del «locutor» y el «destinatario» del «alocutario». Enunciador y destinatario se sitúan en el nivel de la actividad ilocucionaria, son respectivamente la persona a quien es atribuida la responsabilidad del acto ilocucionario que se realiza en el enunciado, y aquella a quien se dirige (en un enunciado imperativo, quien ordena y quien resulta obligado,1980a, 38), mientras locutor y alocutario son los personajes que el enunciado *presenta como* su autor y aquel a quien se dirige («seres sin realidad empírica cuya determinación forma parte del sentido del enunciado», 1980b, 30).

---

cooperar en la actualización textual son, según Eco, la elección de una lengua, la elección de un tipo de enciclopedia («Si comienzo un texto con / como está explicado claramente en la primera *Crítica*... / ya restrinjo, y en un sentido bastante corporativo, la imagen de mi Lector Modelo»), la elección de determinado patrimonio léxico y estilístico, y otras como las marcas de género o la explicitación precisa del destinatario. Pero, además de presuponer la competencia de su Lector Modelo, el texto la *instituye,* no sólo prevé un lector, sino también lo construye (Eco, 1979, 55-56).

[22] Las otras modalidades que constituyen la competencia del sujeto para el hacer —el querer o deber y el poder— no son abordadas en la receta más que ocasionalmente.

Esta distinción explica, por ejemplo, los casos de burla o ironía en que «locutor» y «enunciador» no coinciden: si un locutor pronuncia el enunciado /hace verdaderamente buen tiempo/, y un segundo locutor responde burlonamente: /puesto que hace verdaderamente buen tiempo.../[23], este segundo locutor no se pretende responsable de la expresión que retoma, y de la que se burla. Es, según Ducrot, «locutor» pero no «enunciador» de la misma (precisamente atribuye la aserción al alocutario, al que presenta como su responsable, su «enunciador») (1980a, 49).

Pero el caso es que el autor de una ironía es, y aparece como, responsable de ella. El fenómeno de la distancia irónica no parece justificar la separación entre el sujeto que el enunciado presenta como su autor («locutor») y el responsable del acto ilocucionario. Precisamente el sentido de un enunciado irónico consiste en que se atribuya a su autor una no adhesión al enunciado que pronuncia. Habría, pues, más bien un desdoblamiento del «locutor» (en términos ducrotianos) en: L_1 que enuncia la ironía (y marca el texto con la entonación, o anteponiéndole el /puesto que.../, etcétera), y L_2, el autor del enunciado que L_1 viene a ridiculizar (véase apartado 5.3.). (En el nivel de la actividad ilocucionaria hay un responsable de la ironía, el enunciador, identificable con L_1.)

Porque no nos parece que contribuya a clarificar los problemas abandonamos la terminología de Ducrot; y porque los actos ilocucionarios se realizan a través del sentido de los enunciados, los responsables de esos actos aparecerán, a su vez, contenidos en el enunciado[24]. Así cuando un mismo enunciado supone la realización de varios actos ilocucionarios, como en el ejemplo de Ducrot de la supuesta declaración del ministro del interior: /el orden será mantenido a cualquier precio/ que realiza dos actos simultáneos, una promesa a los «buenos ciudadanos» y una amenaza a los «malos ciudadanos» diremos, con Ducrot, que el enunciado instituye enunciadores y destinatarios diferentes para cada acto. Hay un enunciador y un destinatario de la promesa, y un enunciador y un destinatario de la amenaza, que materialmente pueden ser los mismos (los buenos y malos

---

[23] El ejemplo es más ilustrativo en francés por el poder de la conjunción *puisque* que sirve no sólo, como ya apauntamos para justificar la *enunciación* (no el enunciado), sino también permite al enunciador diferenciarse del locutor (Ducrot, 1980a, 47).

[24] En los casos en que el acto significado difiera del acto cumplido, nos referimos lógicamente al sentido pragmático, es decir, al del acto cumplido (véase capítulo IV, 5.2.).

ciudadanos que cada uno somos. Ducrot, 1980a, 39). Pero ese desdoblamiento del polo emisor y del receptor subsiste no sólo en el nivel de la actividad ilocucionaria, sino también en el nivel del sentido del enunciado (si aceptamos que forma parte del sentido del *enunciado*, no de la *frase*, el saber cómo ha de ser comprendido en cuanto acto)[25].

Llamaremos locutor simplemente al emisor material de un texto y enunciador al autor textual, tal como lo hemos ido perfilando, definido por su enunciado también como responsable de los actos ilocucionarios que realice y susceptible de representarse de modos diversos y hasta contradictorios, de adoptar diferentes máscaras, o más bien de constituirse a través de los papeles que pueda asumir.

La figura del enunciatario no es menos compleja. En primer lugar, habría que diferenciar al destinatario previsto por el texto, la audiencia, con cuya presencia se cuenta, del destinatario directo a quien precisamente se dirige la comunicación: el interlocutor elegido a través de la mirada o la interpelación (*audience* vs. *addresse*, según Fillmore).

Los papeles pueden estar invertidos en el nivel de la manifestación textual: cuando en presencia de la madre, el padre propone al hijo /dile a tu madre.../, formalmente es el hijo el destinatario directo, pero su papel efectivo es el de audiencia, e inversamente para la madre (véase también sobre el concepto de «audiencia», Goffman, 1974, 540).

El «aparte» del teatro juega con este mecanismo. Si el público es

---

[25] Ducrot organiza su dicotomía a partir de la diferencia que establece entre enunciación y actividad lingüística: «El concepto de enunciación no implica que ésta tenga un autor y aún menos que sea dirigida hacia otra persona. Se trata de la pura aparición de una frase de la lengua realizada bajo una forma particular, en un punto y momento particulares» (1980b, 30). En un enunciado como /francamente, sólo habló Pedro/, el adverbio enunciativo califica, según Ducrot, el decir, la enunciación, no lo dicho ni el acto ilocucionario. Pero si, como afirma Ducrot, lo que es presentado como hecho de manera sincera es la aserción /sólo habló Pedro/, entonces lo que califica o comenta el adverbio es el hecho de decir un enunciado concreto —que es al tiempo un acto de aserción—, no el hecho de tomar la palabra. Para nosotros la enunciación consiste en la producción de un enunciado concreto (una expresión, un texto, etc.) con el que el sujeto se compromete de alguna manera. Podemos estudiar las representaciones textuales del sujeto de la enunciación sin atender, en una fase del análisis, a los actos de habla que realiza, pero cuando consideramos ambos niveles, no vemos como segregables el hecho de emitir un enunciado y los compromisos que ese enunciado crea a su autor y receptor. Vogt (1981, 20), por su parte, establece una diferencia entre locutor y alocutario del enunciado, nivel semántico, y destinador y destinatario de la enunciación, nivel pragmático de la actividad ilocucionaria, en el que el sujeto se representa y representa al otro por el acto de lenguaje que realiza. De tal modo, la referencia a los individuos del mundo implicados en la comunicación (referencia que se pueda establecer en el nivel semántico) debe tener en cuenta esta representación, derivada del proceso de autorreferencia característico de todo acto de enunciación.

siempre el destinatario (enunciatario) de la obra, el diálogo entre los actores se desarrolla supuestamente sin tomarlo en cuenta, salvo en el «aparte» en que un actor se dirige directamente al público constituyéndolo en destinatario directo (la regla del juego es en este sentido estricta: la confabulación con el público ignora a los otros actores en escena, se supone que no oyen ni ven, y el diálogo entre los actores formalmente prescinde del público, salvo juego con la regla. «Lo que se dice en escena no se les dice *a* ellos [las personas del público], sino que es dicho *para* ellos», Goffman, 1974, 540).

La obra construye su enunciador y enunciatario a través de un juego de narradores/narratarios-personajes (además de hacerlo por la puesta en escena, las interpretaciones, etc., o las acotaciones en el texto escrito).

Otra forma de jugar con el doble estatuto del destinatario es, por ejemplo, la confabulación con un receptor-destinatario a costa de otros receptores-audiencia a través de alguna clave o información ignorada por éstos, etc.[26]. La relación específica enunciador-enunciatario será clave para el diseño de una tipología de discursos, como apuntamos sumariamente (en el apartado 4.1.1.) a propósito del discurso científico, del polémico, etc.

La imagen que el texto construye de su destinatario se ha revelado fundamental para definir ciertos usos de la lengua. Ducrot, por ejemplo, contrapone sobre este criterio la presuposición al sobreentendido: la enunciación que contiene una presuposición, según este autor, pretende obligar al destinatario a admitir lo presupuesto sin presentarlo como dicho (o «puesto»), es decir, como algo sobre lo cual se puede discutir, hablar, mientras en el sobreentendido el locutor deja la responsabilidad al destinatario de extraer el sobreentendido, presentándose a sí mismo como no responsable del mismo[27] (1978, 42).

Pero, además de definir ciertas formas de la lengua, la representación de destinatario, a través de esas formas, se convierte en una

---

[26] E. Goffman (1979) descompone la categoría de «hablante» en *animator:* cuerpo físico emisor, *author:* ente productor de sentimientos, opiniones, etc., *principal:* quien queda comprometido con lo que dice, identidad social o rol que puede cambiar por las palabras permaneciendo constante como autor y animador; además distingue el /yo/ textual como *figure* perteneciente al «mundo del que se habla» o como personaje del que hablamos y del que nos diferenciamos en el momento presente. A este *production format* corresponde otro formato de recepción: participante ratificado, oyente, fisgón, etc. Recogemos aquí sus sugerencias en lo que atañen a los personajes construidos, previstos por el texto, no a los seres empíricos como el fisgón, quien escucha o lee sin ser un participante previsto (véase también «frame analysis of talk», en Goffman, 1974, 496-559, y 1979, 331-332).

[27] Kerbrat-Orecchioni, siguiendo a Borel (1975), postula que lo presupuesto es atribuido a un enunciador anónimo y colectivo (sería «lo que todo el mundo sabe») si bien el locutor que lo enuncia se hace responsable de dicho presupuesto (1980, 165-166). Para el sobreentendido sigue la formulación de Ducrot, según la cual el locutor puede siempre pretender no haber querido decirlo (1981).

realidad textual por la que, por ejemplo, se atribuyen al destinatario ciertas proposiciones. Así, como veremos (en el apartado 5.2.0.), ciertas formas de negación atribuyen a ese destinatario la proposición refutada, como si él la hubiera dicho o, en cualquier caso, representan a un enunciatario que la sostendría; sintagmas como /desde luego/ pueden ejercer una función similar: preceden a un enunciado atribuido al alocutario (además, naturalmente, están las representaciones y alusiones explícitas, de que nos ocuparemos en el siguiente apartado).

4.1.1. Representación y cancelación del sujeto

Hemos considerado dos variables fundamentales de la representación de la subjetividad en el texto: *a)* el sujeto se representa en la forma /yo/ o /nosotros/; *b)* el sujeto se borra, desaparece de la escena discursiva. Estas formas no corresponden sólo a la dicotomía «discours»/«histoire», ya que muchos textos comentativos son despersonalizados y otros narrativos se manifiestan en primera persona.

Por otra parte, además de la presencia explícita de la primera persona, hay que considerar la presencia indirecta del sujeto a través de expresiones afectivas, evaluativas, etc., o a través de un código lingüístico, estilístico, retórico particular (Kerbrat-Orechioni, 1980b); es un caso intermedio respecto a los antes enunciados, donde el enunciador, si no se enuncia explícitamente, no deja tampoco de manifestarse por medio de marcas textuales que le señalan[28].

Respecto a la cancelación del sujeto de la enunciación, tras el caso clásico del relato «objetivo» hay que considerar otros como el informe impersonal, o el ya referido (en el apartado 3.1.) de la crónica del periodista-testigo que refiere hechos y acontecimientos deícticamente (/hoy/, /mañana/, /aquí/...), eludiendo sin embargo la primera y segunda personas y las expresiones «subjetivas» (práctica que escenifica a los medios de comunicación como testigos «objetivos» y «directos» de lo que acontece). Es diferente aun el caso de aquellos textos comentativos que pretenden el máximo de desperso-

---

[28] Dado que todo discurso ha de utilizar algún código lingüístico (estilístico, retórico...), el nivel del código sólo se puede asimilar al de las expresiones afectivas y evaluativas cuando es utilizado como signo de discurso «subjetivo» presentado como característico o peculiar del autor. En caso contrario no es indicador de un tipo de discurso («experiencial»), sino uno de los elementos caracterizadores de todo enunciador textual (y que delimita al tiempo al enunciatario, como hemos visto). Por otra parte, hemos señalado también que, por ser prácticamente inevitable la presencia de expresiones afectivas o evaluativas, no existe de hecho texto de tipo *histoire* puro. Nos interesan, por tanto, las variaciones de matiz en la manifestación/ocultación del sujeto en el análisis de los discursos y de cara a una tipología de éstos que considere toda la gama de posibilidades entre los tipos «puros».

nalización, como hacen algunos textos teóricos y científicos y, por ejemplo, los editoriales periodísticos, que eluden no sólo la primera persona, sino también la manifestación de opiniones, evaluaciones, etcétera, que no aparezcan sustentadas por «la evidencia de los hechos», la lógica de los argumentos, el buen sentido, las reglas de la observación científica, los principios inapelables... Como textos comentativos, en que la relación comunicativa, la intención de un sujeto de convencer, informar, persuadir, a otro se haya inscrita en el propio discurso, la cancelación de enunciador y enunciatario se logra sólo provisionalmente instaurando otra instancia garante del discurso: la «realidad evidente», el saber, la ciencia..., que toman a su cargo las modalidades argumentativas (o bien una necesidad, un deber que se imponen al sujeto).

> Las contradicciones ínsitas en esta doctrina resultan evidentes, sobre todo en la identificación de conceptos tan distintos como suma-sistema, patrimonio-facultad. Y no puede considerarse como científicamente válido el recurrir a oposiciones tan ambiguas y arbitrarias como «espíritu individual»-«espíritu colectivo», no muy distintas de la vieja y desechada oposición entre «alma individual» y «alma colectiva».
>
> (E. COSERIU, *Teoría del lenguaje y lingüística general*, Madrid, Gredos, 1978, pág. 31.)

Que la doctrina considerada contiene contradicciones es «evidente», lo que remite al saber común de las reglas del discurso científico, como la mencionada de que no se pueden identificar conceptos distintos. Los calificativos /ambiguas/ y /arbitrarias/ están justificados igualmente en la cientificidad, justificación que se refuerza a su vez por la comparación con una «vieja y desechada oposición» (nuevamente apoyada por una referencia de autoridad, en nota, que remite a Jespersen).

La cancelación es tanto más manifiesta cuanto que las propias estructuras del discurso argumentativo, como la comparación, la negación, la subordinación, las formas adversativas..., representan las situaciones interpretativas en que son posibles. Para su comprensión es necesaria la atribución de intención a un sujeto (fenómeno textual), representado así en el texto, o bien implican que le son asignados al interlocutor ciertos enunciados. (Así, por ejemplo, según se atribuya al locutor la intención de hablar de —poner como tema— una cosa u otra[29], la relación entre proposición principal y subordi-

---

[29] Para Eco el *topic*, el individualizar un «tema», es un fenómeno pragmático, una inferencia del lector, e interviene en la definición semántica de términos como /también/ (1979, 89) y de /en vez/ o /en cambio/ (que adoptaría la forma: «en el caso de que el argumento (*topic* o tema) del texto sea x, la expresión en cuestión indica una alternativa

nada cambia [Vogt, 1981, 23], las conjunciones adversativas *pero* y *sino* representan el discurso del interlocutor en el de aquel que las enuncia, etc. Veremos éstas adversativas y otras formas de cita implícita de la palabra de otro en el apartado 5.2.1.)

El carácter estratégico de los procesos discursivos, que suponen siempre, como afirma Pêcheux (1975), una anticipación de las representaciones del destinatario sobre la cual se funda la estrategia del discurso, se manifiesta con la mayor claridad en los textos polémicos. Aunque eviten la personificación explícita de los adversarios (en las formas pronominales de la primera y segunda personas) se construyen en la forma de diálogo implícito entre los personajes de la enunciación, diálogo-lucha por el que ambos resultan investidos de determinados papeles:

> En cualquier caso no es difícil probar que lo que se llama «retórica», para designar los medios de un arte inconsciente en el lenguaje y en su formación (...) *es un perfeccionamiento de los artificios ya presentes en el lenguaje*. Se trata de algo que puede probarse a la clara luz del entendimiento. No existe en absoluto una «naturalidad» no retórica del lenguaje a la que acudir: el lenguaje en cuanto tal es el resultado de artes puramente retóricas.
>
> (F. NIETZSCHE, «Retórica y lenguaje», en *El libro del filósofo*, Madrid, Taurus, 1874, traducción de Ambrosio Berasain, págs. 139-140.)

Para formular las propias opiniones el enunciador atribuye las opuestas a un locutor ficticio que las habría sostenido, en este caso «la opinión común» de la que supuestamente participa el destinatario (de hecho, el destinatario es apelado a través de un *nosotros* cortés en el párrafo anterior: /Calificamos de «retóricos», siempre con un matiz peyorativo (...). Pensamos que nos encontramos.../. La cortesía consiste en incluirse el propio enunciador entre los equivocados, cuando después se distanciará de éstos rechazando enérgicamente la opinión que les había atribuido).

Este atribuir enunciados a una instancia impersonal se puede realizar de forma explícita: /se cree que.../, /generalmente se piensa.../ (o como en nuestro ejemplo, /lo que se llama.../) o de forma implícita, como también hace este texto, a través de los enunciados refutativos que rechazan una opinión «común».

La representación explícita de enunciador y destinatario como /yo/ y /tú/ en el enunciado, adopta también diversas formas. El narrador supuestamente autobiográfico aparece en textos como *Cas-*

---

respecto de x» (1979, 22). Igualmente, la tematización, el que se hable de un personaje u otro, decide a quién de ellos se refiere un anafórico como /él mismo/ (Eco, 1979, 97).

tillo interior o *Las Moradas* de Teresa de Jesús, cuyo prólogo comienza:

> Pocas cosas que me ha mandado la obediencia se me han hecho tan dificultosas como escribir ahora cosas de oración; lo uno, porque no me parece que me da el Señor espíritu ni deseo; lo otro por tener la cabeza tres meses ha con un ruido y flaqueza tan grandes que aun los negocios forzosos escribo con pena.
>
> (*Obras Completas*, Madrid, Aguilar, 1976, página 389.)

Este texto presenta todas las características del «discurso». Se ha dicho que los textos teóricos en que aparece un sujeto discurriendo en primera persona son del tipo «discurso» porque poseen «verdaderos» deícticos como el /yo/ que designa al autor del texto (Simonin-Grumbach, 1975).

Habría que observar, como se aprecia en este ejemplo, que en un mismo texto el pronombre /yo/ unas veces designa al «autor», al sujeto en su función comunicativa, y otras a un personaje del que se enuncian, ese /yo/ enuncia ciertas cualidades o actividades: «Expresarse a sí mismo significa hacer de sí mismo un objeto para los otros y para sí» (Bajtin, 1977, 206). «Cuando pensamos... nosotros mismos tal como somos en ese momento aparecemos como un signo» (CH. S. PEIRCE, citado por B. A. Babcok, 1980).

Esta diferencia se manifiesta aún más claramente en el comienzo del primer capítulo de *Las Moradas:*

> Estando hoy suplicando a Nuestro Señor hablase por mí, porque no atinaba a cosa que decir ni cómo comenzar a cumplir esta obediencia, se me ofreció lo que ahora diré para comenzar con algún fundamento.
>
> (SANTA TERESA, *íd.*, pág. 390.)

Se ha producido un cambio del presente-pretérito perfecto comentativos del prólogo al imperfecto-indefinido narrativos de este primer capítulo (*débrayage* enunciativo en términos de Greimas). La ambigüedad anterior entre el /yo/ narrador y el /yo/ personaje, queda aquí mucho más delimitada: el /yo/ es claramente, al comienzo de este párrafo, el protagonista de una historia narrada situada en un pasado —que ocurrió /hoy/, pero ese /hoy/ se ubica tanto en un momento pasado, alejado, que en el último enunciado se hace referencia a él en pretérito indefinido— que se contrapone al presente de /ahora diré/ con que se conmuta nuevamente al plano comentativo (*débrayage* enunciacional), ya con la primera persona del *narrador* que asume la función de contar («decir», «comenzar»). Las formas interlocutivas aparecen representadas con frecuencia en estos textos comentativos típicos. (La diferencia entre yo-narrador y yo-personaje ha sido ya señalada para textos narrativos por diversos autores. Spitzer les llama yo narrante y yo narrado. Véase Genette, 1976, 300.)

Esta manifestación del /yo/ introduce también un interlocutor, /tú/ *(narratario)*, al que corresponden diversas funciones:

> Pues consideremos que este castillo tiene, como he dicho, muchas moradas (...). Es menester que vayáis advertidas a esta comparación. Quizá será Dios servido pueda por ella daros algo a entender de las mercedes que es Dios servido hacer a las almas (...). Porque os será de gran consuelo (...).
> Podráse decir que parecen cosas imposibles, y que es bien no escandalizar a los flacos.
>
> (SANTA TERESA, *íd.*, pág. 891.)

Funciones que lo van caracterizando como actante textual a través de las modalidades que le son atribuidas: un *deber* (considerar, advertir), un *querer* (consuelo), que definen un sujeto parcialmente competente. Transmitirle el *saber* (entender) que completará su competencia se presenta explícitamente como el programa del narrador: dar a entender... (véase capítulo II).

La relación narrador-narratario establece un nivel del texto en que ambos actantes participan de un hacer cognitivo (transmisor/receptor), el nivel de la comunicación.

Pero se observa también que ese /tú/ (/vosotras/, /hermanas/) a quien explícitamente se dirige la argumentación, no es el único destinatario. En los dos últimos enunciados aparece otro destinatario previsto no totalmente superponible con el anterior, no sólo porque sea aludido en tercera persona, sino más bien porque se le atribuye un juicio sobre el destinatario anterior (quien ha de ser los «flacos» que pueden escandalizarse). El destinatario es así escindido en d.º 1, que quiere y debe adquirir un saber, y d.º 2, que plantea objeciones sobre el hacer del narrador y la capacidad del d.º 1 para recibirlo. Ambas, obviamente, tácticas textuales del enunciador para enunciar sus posiciones.

De momento podemos concluir que la forma /yo/, o la primera persona del verbo, en ocasiones representa al enunciador-autor, con la ayuda de otros índices «discursivos», pero rara vez ambos personajes se superponen totalmente. En otras ocasiones /yo/, refiriéndose referencialmente a la misma «persona», el autor real o el personaje de ficción que aparece como narrador y como protagonista, representa otro papel: el de un actor de una escena contada —a través de un procedimiento de conmutación que introduce las coordenadas de la «historia».

Otros textos en el modo comentativo pueden eludir la primera persona, pese a representar claramente la relación interlocutiva —lo que no hacen los textos de «historia»—, presentando una opinión desde la voz de la razón o de la ciencia (lo que puede probarse) no subjetivas.

Parecidamente /tú/ puede representar al enunciatario-destinatario o éste ser construido e incluso aludido a través de otras formas pronominales: /yo/ y /tú/ no necesariamente representan al destinador y destinatario del texto, y estos personajes no necesariamente corresponden a esos índices pronominales. (Presentamos una somera síntesis de los distintos tipos de narrador que ha evidenciado la teoría de la literatura en los apartados 4 y 5.)

Los procedimientos de conmutación señalan el cambio fundamental del nivel de la comunicación al nivel del mundo contado (véase apartado 4.4). En el primero se sitúa el yo narrador (o yo narrante) y en el segundo el yo narrado (o yo personaje). Ambos son sujetos del enunciado, pero el primero puede coincidir con el sujeto de la enunciación (con el «destinador» o «enunciador» de que hablan Vogt y Ducrot, recogido en el apartado 4.1.0.), como ocurre en el enunciado performativo en presente de indicativo, del /yo declaro abierta la sesión/[30] o del /yo digo/, que realiza el acto al tiempo que lo dice, lo describe en el enunciado (Benveniste, 1963), uno sólo de los yo implícitos de /lo siento, perdone, he sido un torpe/: el representado en la primera persona del verbo en presente; aquél, en cambio, contenido en el perfecto remite referencialmente a la misma persona, pero no al sujeto de la enunciación en sentido estricto, quien enuncia actualmente y se dirije al interlocutor (véase 4.1.2.). Goffman, por su parte, señala que los yo textuales pueden remitir a diferentes entidades referenciales: el sujeto de la enunciación; el cuerpo físico; el personaje de una historia contada que el enunciador puede sentir muy diferente de sí mismo en el momento en que habla; una identidad social o rol que se compromete por sus palabras, etc. (1974, 516-517; 1979).

---

[30] No es evidente, por otra parte, quién es el sujeto empírico a quien se puede definir como autor o responsable de este enunciado; no es un cuerpo físico, es un sujeto en tanto que representante de una institución, en una particular identidad social (no en tanto que padre, anciano, jugador...) (véase capítulo IV, 2.2.).

«La identificación del autor de una acción no es un acto despreciable; en ciertas circunstancias constituye incluso una operación muy complicada», dice Ricœur (1977, 50). «La responsabilidad pertenece al sentido interno de un enunciado (o acto), mientras la animación refiere a algo más, al proceso de transmisión» (Goffman, 1974, 518).

4.1.2. Yo-yo: reflexividad.

Ya nos hemos referido (en el apartado 4.1.1.) al desdoblamiento yo-yo en el pensar sobre sí mismo y en el hablar de sí mismo.

Una forma que ilustra particularmente la complejidad de personajes que contiene /yo/ es el llamado «monólogo interior directo». Como se sabe, mediante esa forma se pretende presentar el «discurso interior» de un personaje. Genette (1972, págs. 221 y ss.) señala la ausencia en el monólogo interior de una instancia narrativa, de alguna voz exterior que presente o introduzca la del personaje. Su «regla del juego» consiste en que los supuestos pensamientos inexpresados del personaje irrumpan directamente. Posiblemente porque se suponen inexpresados, no enunciados, aparecen como si nos fuera dado leer directamente en la mente del personaje sin que éste establezca alguna forma de enunciación, de interlocución con otro que no sea consigo mismo[31].

Porque algo que aparece con toda evidencia es la presencia de formas dialógicas, por ejemplo los enunciados refutativos:

> no esa no es manera para él que no tiene modales no ni refinamiento ni nada en su naturaleza dándome una palmada en el trasero así porque no le llamé Hugh ese ignorante que no distingue una poesía de una lechuga eso es lo que saca una por no mantenerles en su sitio.
>
> (J. JOYCE, *Ulises*, Barcelona, Lumen, 1976, vol. II, página 451, traducción de José María Valverde.)

que, como hemos apuntado (y ampliamos en 5.2.0), suponen un enunciador implícito (E_1) de la afirmación presupuesta que es refutada (por E_2), aquí con expresivos /no/ propios del discurso oral dialogado.

En uno de los monólogos de *Tiempo de silencio*, el juego complejo de formas interlocutivas acompaña a las diferentes posiciones del sujeto en el diálogo(-monólogo):

---

[31] Las otras formas de presentar los pensamientos de los personajes están integradas en la narración y suelen aparecer en la forma del Discurso Indirecto o del Estilo Indirecto Libre, en que la voz (o los pensamientos) del personaje son reformulados por el narrador en tercera persona (Reinhart, 1979). El autor interviene tanto en el «análisis interno» en que presenta un resumen de las impresiones del personaje, como en la «impresión sensorial» en que recoge las sensaciones e imágenes de su personaje (Burunat, 1980, 17), aunque ambas pueden aparecer, junto con el monólogo interior, en la técnica del *stream of consciousness* (véase apartado 5.1.).

¿Por qué fui?
No pensar. No hay por qué pensar en lo que ya está hecho. Es inútil intentar recorrer otra vez los errores que uno ha cometido. Todos los hombres cometen errores. Todos los hombres se equivocan. Todos los hombres buscan su perdición por un camino complicado o sencillo. Dibujar la sirena con la mancha de la pared. La pared parece una sirena (...).
Estás bien, estás bien. No te puede pasar nada porque tú no has hecho nada. No te puede pasar nada. Se tienen que dar cuenta de que tú no has hecho nada. Está claro que tú no has hecho nada.
¿Por qué tuviste que beber tanto aquella noche?, ¿por qué tuviste que hacerlo borracho, completamente borracho? Está prohibido conducir borracho y tú... tú. No pienses.
Estás aquí bien. Todo da igual; aquí estás tranquilo, tranquilo, tranquilizándote poco a poco.
(...).
Tú no la mataste. Estaba muerta. No estaba muerta. Tu la mataste. ¿Por qué dices tú? —Yo.
No pensar. No pensar lo que ha ocurrido, ha ocurrido.

(LUIS MARTÍN SANTOS, *Tiempo de silencio*, Barcelona, Seix Barral, 1965, págs. 176-177.)

que pasa de las preguntas en primera persona: diálogo yo-yo, a imperativos enunciados en la forma impersonal del infinito prospectivo, a enunciados genéricos que invocan «verdades generales» autotranquilizadoras, y a la segunda persona que finalmente hace de sí mismo una persona distinta de yo: diálogo yo-tú, para terminar manifestando la reversibilidad de las posiciones de yo y tú [32].

El desdoblamiento reflexivo [33] yo-yo se da en todos los comentarios sobre uno mismo (en que yo es observador y observado, pero también juzgado, compadecido o alentado por el propio yo) y es particularmente evidente en el caso de la disculpa, como observa Goffman, en que el yo que se disculpa pretende ser diferenciado del yo que ha cometido el error [34] (1979b, 125), o en el ejemplo, también de

---

[32] Según G. Steiner, en la lengua thai existe un pronombre especial de segunda persona usado únicamente para dirigirse a sí mismo. Señala Steiner que el receptor del vocativo interior puede ser una de las muchas ficciones del yo: la «conciencia», el «testigo enfático», el «alentador»... o cualquiera del elenco de *personae* cómplices o vigilantes (1978, 199).

[33] La reflexividad se define como la capacidad del lenguaje y del pensamiento —de todo sistema de significación— de volverse sobre sí mismo, de constituir un objeto para sí mismo (Babcok, 1980). Sobre la reflexividad en el lenguaje, como fenómeno textual general, véanse los apartados 3.3. y 4.4.1.

[34] Por el acto de disculpa el enunciador comunica al destinatario que no debe ser considerado por el error que ha cometido, es decir, que el enunciador presente (S_2) no se identifica con el actor responsable de la acción ofensiva (S_1). El enunciador comunica que el sincretismo anterior, o conjunción entre S_1 y S_2, enunciador y ofensor, pasa por este acto a ser disjunción entre los mismos: $S_2 \rightarrow [(S_2 \wedge S_1) \rightarrow (S_2 \vee S_1)] \rightarrow D.^o$.

Goffman (1974, 520-21), del locutor radiofónico que, tras presentar a los miembros del equipo al final del programa, se presenta a sí mismo diciendo:

/y el presentador era su seguro servidor Don Smith/

Con /el presentador era/ alude a un actor del programa, un personaje de la representación (o del relato en imperfecto) un papel social; /su seguro servidor/ le sirve para *conmutar* al momento actual en que habla. La expresión estereotipada establece de hecho una relación de interlocución directa, una apelación a los receptores instaurando, por tanto, un /yo/ presente y actual que la sostiene.

Finalmente, /Don Smith/ remite a una persona, una continuidad en la historia, una biografía, un requisito último de identificación referencial (o «particular de base», Ricœur, 1977, 49):

La triple alusión era, sostiene Goffman, indispensable a este actor para afirmar que era él quien había estado presentando el programa, quien estaba hablando en el momento de presentarse y quien podía ser reconocido en otra ocasión por un nombre. Los diversos personajes del enunciado (de los cuales sólo «su seguro servidor» representa al locutor) se hacen corresponder con los diferentes papeles sociales con que se identifica el actor. Vemos, pues, que la fragmentación del sujeto es tan propia del fenómeno de identificación como del de no identificación o descualificación de la disculpa, por ejemplo.

Los comentarios sobre sí mismo son un caso de conmutación actancial, que usualmente es señalada con cambios en las formas enunciativas (referentes a la modalidad, la persona, el espacio y el tiempo). «La capacidad de hacer comentarios sobre sí mismo implica que el comentador tenga una perspectiva exterior al campo de lo comentado» (Harré y Secord, 1972, 136).

Al comentar o resumir nuestras acciones y al proyectarlas previamente actuamos como agente, observador, proyectador y crítico (Harré y Secord, 1972, 143). Se trata del sincretismo de diversos roles actanciales[35] asumidos por un mismo actor.

---

[35] El rol actancial es la posición que asume determinado actante, o actuante —el que realiza o padece la acción— en un punto de su hacer. Es ésta una caracterización posicional, sintáctica y morfológica —por las cualificaciones modales— a la que se suma una semántica por la tematización del actante —como «jefe», «pecador», «severo»...— para la definición global del actor, en este caso el enunciador (Greimas y Courtés, 1979, 4).

4.2. Tiempo-espacio-persona

Sobre los tiempos verbales hemos señalado, a partir de Benveniste, cómo éstos, en la propia lengua, se organizan en dos series: tiempos comentativos (o deícticos) y tiempos narrativos (no deícticos). En los textos ambas series se articulan no sólo para informar temporalmente los acontecimientos respecto al proceso del enunciado o al de la enunciación, sino también para constituir esos espacios de la enunciación y del enunciado y sus articulaciones. La temporalidad es definida desde el sujeto de la enunciación, bien simulando un tiempo objetivo que se desarrolla como ajeno al sujeto que lo describe, bien inscribiendo la propia subjetividad en el tiempo textual.

En contraste con los textos comentativos que han ilustrado los apartados precedentes, *Bomarzo* es, en líneas generales, un texto narrativo, carente de la «tensión dialógica» de aquéllos. La primera persona que aparece desde las primeras líneas es un personaje de la historia narrada que no está situado en el nivel de la comunicación (le llamaremos narrador-personaje):

> Sandro Benedetto, físico y astrólogo de mi pariente el ilustre Nicolás Orsini, Condottiero a quien, después de su muerte compararon con los héroes de la Ilíada, trazó mi horóscopo el 6 de marzo de 1512, día en que nací a las dos de la mañana, en Roma.
>
> (M. MÚJICA LÁINEZ, Barcelona, Planeta, 1980, página 15.)

Pese al efecto sorprendente que produce un narrador que hace referencia a hechos ocurridos durante los más de cuatro siglos transcurridos desde el nacimiento del personaje hasta el momento contemporáneo en que se publica la novela, los hechos narrados, así como el narrador-personaje —que supuestamente recuerda en nuestro siglo su propia vida transcurrida en el *cinquecento*— se sitúan en el tiempo de la historia contada. La ilusión temporal se produce por la conmutación temporal que atribuye a los enunciados un significado situado en el pasado, reificado e identificado con el referente exterior del discurso, creando así también una ilusión referencial común a los textos de temporalidad histórica (Greimas, 1976, 29).

> Nuestra morada —a diferencia del Palacio Torlonia que perteneció a León X, y del de los caballeros del Santo Sepulcro, propiedad del cardenal della Rovere, que permanecen todavía en la vecindad— se transformó con el andar del tiempo y perdió toda traza de grandeza, hasta que sus últimos restos anónimos desaparecieron

en 1937, al ordenar Benito Mussolini la apertura de la Vía della Conciliazzione.

(Íd., pág. 20.)

Los procesos enunciados están localizados respecto a otros procesos del enunciado, salvo en /que permanecen todavía/ que liga los acontecimientos textuales al momento de la enunciación, y el yo personaje al yo narrador. Ya no es sólo la memoria la que mantiene la continuidad del yo —cuatro siglos longevo—, sino la intersección de las dos series temporales, la irrupción no del tiempo cronológico actual, sino del tiempo presente que mimetiza la actualidad de la enunciación, del narrador comentando la distribución espacial y el proceso temporal. Más claramente aun cuando algún fragmento comentativo irrumpe en la narración:

> Mentiría si dijera que lamento esa desaparición. Mi casa, mi casa maravillosa fue Bomarzo. Los recuerdos que conservo del palacio de Roma se circunscriben todavía a unas salas húmedas que ninguna chimenea, por enorme y crepitante que fuese, se atrevía a calentar.

(Íd., pág. 20.)

El retorno al presente (unido al recurrente /todavía/), tanto de subjuntivo como de indicativo, con el condicional (aunque este modo sea, según las estadísticas de Weinrich, 1978, más frecuente en los textos narrativos que en los comentativos) de verbos reflexivos, de operaciones mentales (recordar) operan un cambio de nivel (conmutación, *débrayage* enunciacional) al modo comentativo. La visión exterior sobre el personaje se transmuta en una identificación del narrador con el personaje[36]. (La identificación se produce también por el deslizamiento y superposición de «discurso» e «historia»: un adjetivo evaluativo junto al pretérito indefinido, un verbo «de sentimiento» para expresar la disposición de un objeto inanimado, etc.)

Por su parte los acontecimientos narrados poseen una organización temporal que, como hemos apuntado, proviene de la instancia enunciativa y que puede adoptar las formas más diversas: sucesión

---

[36] Otra vez vuelvo a verte / Ciudad de mi infancia pavorosamente perdida... / Ciudad triste y alegre, otra vez sueño aquí... / ¿Yo? Pero ¿soy yo el mismo que aquí viví, y que aquí volví?, / y aquí volví a volver y a volver, / ¿y aquí de nuevo vuelvo a volver? / ¿O todos los Yo que aquí estuve o estuvieron somos / una serie de cuentas-entes ensartados en un hilo-memoria, / una serie de sueños de mí por alguien que está fuera de mí?

(F. PESSOA, «Lisbon revisited», Antología de Álvaro de Campos, Madrid, Editora Nacional, 1978, traducción de J. A. Llardent, págs. 214-215.)

lineal, encabalgamientos, elipsis, inversión de los procesos, etc., de las que no nos ocuparemos aquí (señalaremos solamente que se pueden analizar refiriendo los procesos del enunciado a otros procesos del enunciado o al de la enunciación —inscrito en el texto— sin necesidad de introducir nociones como «tiempo de la escritura» o «tiempo de la lectura» no definibles homogéneamente para todos los textos).

Respecto al espacio ya hemos señalado que las referencias temporales son muchas veces también espaciales; añadiremos que la representación del espacio en el texto está muy ligada a la de las personas por la relación que tiene con la cuestión del punto de vista. La descripción de un lugar puede realizarse presentando un «plano» de la misma, y anotando relaciones espaciales no deícticas (a la izquierda de, encima de, etc.) referidas a elementos del lugar, o bien puede ser realizada como un recorrido, temporalizada y tomando como punto de referencia el actor que construye la descripción. Incluso en el primer caso es difícil eludir la perspectiva (lineal), es decir, la descripción desde el punto de referencia de alguien que la construye.

Los locativos deícticos, los verbos perceptivos, las descripciones de objetos visibles desde una cierta posición, de sonidos... configuran al espacio percibido desde algún observador:

> Uno ha creído a veces, en medio de este camino sin orillas, que nada habría después; que no se podría encontrar nada al otro lado, al final de esta llanura rajada de grietas y de arroyos secos. Pero sí, hay algo. Hay un pueblo. Se oye que ladran los perros y se siente en el aire el olor del humo, y se saborea ese olor de la gente como si fuera una esperanza.
> Pero el pueblo está todavía muy allá. Es el viento el que lo acerca.
> (JUAN RULFO, «Nos han dado la tierra», en *Pedro Páramo y El llano en llamas,* Barcelona, Planeta, 1980, pág. 131.)

> Por la noche volvió a llover. Se estuvo oyendo el borbotar del agua durante largo rato (...). Los vidrios de la ventana estaban opacos, y del otro lado las gotas resbalaban en hilos gruesos como de lágrimas.
> (J. RULFO, *Pedro Páramo,* cit., pág. 17.)

El espacio es descrito desde el punto de vista de un personaje que es, a la vez, identificado, gracias al uso de los deícticos, con la instancia enunciativa inscrita así en el texto (/este camino/, /esta llanura/; /del otro lado/ —que se percibe aquí como deíctico, véase apartado 2. (Obsérvese, sin embargo, la ambigüedad del primer fragmento en que el observador-enunciador se sitúa «dentro de» el panorama que describe, pero lo va presentando simultáneamente como un recuerdo por medio de —entre otros recursos— condicionales y presentes atemporales despersonalizados: /se podría/, /se oye/, /se siente/... introducidos por el enunciado que aúna primera y tercera personas: /uno ha creído a veces/.)

> Lucio los vio perfilarse uno a uno a contraluz en el umbral y torcer a la izquierda hacia el camino. Luego quedó otra vez vacío el marco de la puerta; era un rectángulo amarillo y cegador. Se alejaron las voces.
>
> (R. SÁNCHEZ FERLOSIO, *El Jarama*, Barcelona, Destino, 1956, pág. 24.)

La tercera persona, los tiempos narrativos y la ausencia de deícticos hacen aquí que, si bien la descripción se realiza desde la perspectiva del personaje, éste no se identifique con el enunciador. Como en los anteriores ejemplos el sonido es elemento clave para delimitar la posición del observador (la descripción silenciosa puede implicar un punto de observación muy alejado del objeto, como señala Uspensky, 1973, 10).

En otro fragmento de *El Jarama* encontramos un punto de observación más o menos precisable, pero no identificado a ningún personaje, observación «exterior», sin verbos perceptivos ni deícticos. (La escena es descrita desde un punto que se puede situar entre el jugador y el blanco al que tira.)

> Claudio junto a la raya, echaba el pie izquierdo hacia atrás y se inclinaba mucho con el torso adelante. Balanceó varias veces el brazo, con el tejo en los dedos, describiendo en el aire unos arcos que le iban de la rodilla a la frente, con cuidadosa precisión. Luego salió el primer tejo; saltó contra el labio de la rana, hacia el polvo. Y seguidos, los otros nueve fueron chocando y saltando en el hierro o la madera, metiéndose en los triunfos. El séptimo fue rana, y el noveno, molinillo. En el suelo había dos.
>
> (*Id.*, cit., pág. 143.)

Puede haber también descripciones realizadas desde un punto de observación móvil o incluso no precisable (véase Uspensky, 1973. Otras consideraciones sobre el punto de vista se encontrarán en el apartado 4.3.).

4.3. La metáfora de la visión: el observador

4.3.0. Sobre la noción de punto de vista

La noción de «punto de vista» se presenta hoy difícilmente definible, de una parte, por la vaguedad con que ha sido tratada y, fundamentalmente, por la cantidad de fenómenos textuales muy diferentes entre sí a la que ha sido aplicada.

En este capítulo hemos hablado de «punto de vista» en el nivel de la organización de los contenidos (véase apartado 4.0.), es decir, la organización de los acontecimientos narrados presupone un actante *observador* (sujeto «delegado» del enunciador, dirán Greimas y Courtés, 1976, 259) que ordena dichos acontecimientos desde su «perspectiva» o «punto de vista». Así, un rapto, por ejemplo, puede ser relatado desde el punto de vista del raptor o de la víctima (Greimas y Courtés, 1976, 274), o desde el de un espectador no participante (posibilidades con las que juegan los textos en que un mismo acontecimiento es presentado desde el punto de vista de diferentes actores implicados).

Otros autores se refieren con este término a la distribución de la información narrativa (Genette, 1976, 233; Tacca, 1978, 66). Se habla así de visión «exterior» del narrador sobre el personaje cuando aquél no aporta más información que la que un observador exterior pudiera poseer en cada momento de la acción, e «interior» cuando el narrador relata pensamientos, sensaciones, recuerdos, etc., del personaje. Igualmente, dicha noción se proyecta sobre la distribución temporal, el hecho de que el narrador se sitúe en una posición ulterior, simultánea o anterior respecto a la acción que relata (Genette, 1976, 264; Uspensky, 1973). Pero ha sido aplicada también a las descripciones espaciales (Grupo μ, 1976, 287) que efectivamente pueden ser realizadas desde algún punto de vista más o menos precisable —y aquí la metáfora óptica pierde casi su carácter metafórico, pues se trata literalmente de descripciones visuales— o «punto de percepción», pues muchas de estas descripciones integran otros sentidos perceptivos como el oído o el olfato (véase apartado 4.3.).

Una perspectiva prometedora, aunque problemática, parece ser la de aplicar la noción de «punto de vista» a las descripciones de acciones a través del concepto de *aspecto*, profusamente definido como «punto de vista sobre la acción» (Comrie, 1976, 3)[37].

Finalmente, respecto a los comentarios reflexivos (véase aparta-

---

[37] «Los aspectos son diferentes modos de ver la constitución temporal interna de una situación» (1976, 3). Comrie cita una definición muy similar de J. Holt, «Études d'aspect», *Acta Jutlandica*, 15, 2, 1943.

do 4.1.3.) hemos hablado también de que implican adoptar una perspectiva exterior respecto a uno mismo, observarse a sí mismo desde el punto de vista del otro, etc.

Trataremos de organizar estas diversas «perspectivas» y de ir desentrañando lo que tienen en común las diferentes aplicaciones de la expresión «punto de vista».

4.3.1. La voz y la mirada

En primer lugar, hablar de punto de vista significa reconocer un actante *observador* que se define por una posición (la de ese «punto» de observación) y por un hacer. Observador que, como advierte Genette (1976, 233), no debe ser confundido con la «voz», con quien «habla» en el texto (el relato que adopta la perspectiva ora de un personaje ora de otro, puede mantener una uniformidad enunciativa en cuanto a la voz si es una narración en tercera persona, por ejemplo). Ambos, quien habla y quien ve, narrador y observador, representan textualmente al enunciador. El «punto de vista», tanto en el nivel de organización de los contenidos como en el de la ordenación temporal, espacial y otras, emana de la enunciación y es uno de los rasgos que la caracterizan. El observador puede estar en sincretismo con un actante de la comunicación, narrador o narratario, con algún actor textual, o bien quedar implícito (Greimas y Courtés, 1976, 260). Su hacer es, por tanto, de una parte cognitivo: lo identificamos por lo que sabe y hace saber, por lo que interpreta; y de otra perceptivo: por lo que ve, oye, siente, etc. Respecto a su *posición* hay que diferenciar en lo que atañe a la organización de los acontecimientos narrados: *a)* cuando no hay diversificación de puntos de vista el hacer del observador se superpone al del enunciador propiamente dicho; *b)* cuando se da en cambio esa diversificación hablaremos de observadores como sujetos cognitivos delegados del enunciador y previsiblemente identificados alternativamente con los personajes de la narración.

Los términos más usados para referirse a la posición del observador son los de «exterior» *versus* «interior» aplicados fundamentalmente al saber del enunciador sobre los personajes. Así pues, un relato puede presentar los puntos de vista de los varios personajes y sin embargo la focalización no ser interna a éstos, mientras el narrador describa sus acciones e incluso sus pensamientos o sensaciones, desde su propio saber sobre los mismos, haciendo saber, por ejemplo, cómo han llegado a su conocimiento. Es decir, mientras no haya intromisión del narrador en procesos mentales internos y, cuando éstos son presentados, sea presentada también la fuente que ha proporcionado ese conocimiento. (Es el caso de *Crónica de una muerte anunciada:* «El viudo lo miró con ojos llenos de lágrimas. "Lloraba de rabia», me dijo el doctor Dionisio Iguarán», G. García Márquez, Barcelona, Bruguera, 1981, pág. 60; «Ella me confesó que había logrado impresionarla, pero por razones contrarias del amor. "Yo detestaba a los hombres altaneros, y nunca había visto uno con tantas ínfulas", me dijo, evocando aquel día», íd., pág. 49.)

G. Genette, sólo para textos narrativos (concretamente para novelas), distingue cuatro tipos de narrador según que éste sea o no personaje de la historia y según que el punto de vista desde el que narra sea interior o exterior. Reformulamos [38] aquí su cuadro, introduciendo algunas de sus sugerencias (y señalaremos inmediatamente nuestras reservas para tratar de conjurar así la fascinación que producen a veces estas visualizaciones esquemáticas).

		FOCALIZACIÓN	
		Acontecimientos analizados desde el interior.	Acontecimientos analizados desde el exterior.
VOZ	Narrador personaje de la acción.	El protagonista cuenta su historia *(Bomarzo)*.	Un testigo cuenta la historia del protagonista *(Sherlock Holmes)*.
	Narrador no personaje de la acción.	Un narrador cuenta la historia sin ser personaje (sólo conocedor) *(Don Quijote)*.	
	No narrador.	1) Enunciador omnisciente *(Aurora Roja)*. 2) Monólogo interior (véase apartado 4.1.3.).	Enunciación «objetivada» en tercera persona y desde el exterior *(El Jarama)*.

Hemos situado el tipo intermedio de Don Quijote entre la focalización interior y la exterior porque su posición es, en realidad, fluctuante: interior cuando se cuentan los procesos mentales «interiores» a

---

[38] La categoría de Genette «narrador-no personaje» corresponde a lo que aquí hemos llamado enunciador, pues con ese término refiere generalmente la situación en que ningún /yo/ asume la tarea de narrar. Reservamos, en cambio, aquella categoría al narrador no participante en la acción narrada, como en *Don Quijote,* en que el narrador cuenta haber hallado y traducido el manuscrito (aunque exista alguna turbadora interpolación subrayada por Borges).

La tabla de Genette es, a suvez, una traducción de la tipología de C. Brooks y R. Penn Warren, *Understanding Fiction,* Nueva York, 1943. Una clasificación muy similar se encuentra en Tacca, 1978, 72.

Don Quijote, como en la novela clásica del enunciador omnisciente; exterior cuando el narrador manifiesta no poder continuar la historia porque los textos que ha recogido, donde se contaba, se interrumpen en un cierto punto (final del capítulo 8: la narración se interrumpe con Don Quijote y el vizcaíno a punto de atacarse, ambos con la espada en alto. Lo que da lugar a la introducción en el capítulo 9 del supuesto autor Cide Hamete Benengeli, «hitoriador arábigo»). Pero no cabe duda de que existen casos en que el narrador-no personaje conserva el punto de vista exclusivamente exterior.

En primer lugar hay que advertir que rara vez la focalización permanecerá fija a lo largo de un texto y, por tanto, este cuadro da una orientación meramente aproximativa de la tendencia más general para cada tipo. El caso en que la restricción de campo es menor, el del relato clásico llamado de «autor omnisciente» puede verse como no focalizado o con innumerables focalizaciones *ad libitum* (Genette, 1976, 239). En segundo lugar hay que precisar todavía lo que se entiende por focalización interna y externa.

4.3.2. Focalización exterior e interior

En rigor la focalización interna supone el sincretismo del actante observador con el personaje focal, así transmitirá lo que este personaje siente, piensa, sabe o percibe (el caso puro es del monólogo interior), pero en el momento en que el personaje es descrito o designado desde el exterior, o analizado por el narrador, éste se sitúa fuera de él, la focalización deja de ser interna (Genette, 1976, 240). Veamos esta fluctuación del punto de vista interior *a)* al exterior *b)* en un fragmento que mantiene la tercera persona:

> Han abierto la puerta. Una racha de aire apaga la lámpara.
> **a)** Ve la oscuridad y entonces deja de pensar. Siente pequeños susurros. En seguida oye el percutir de su corazón en palpitaciones desiguales. Al través de sus párpados cerrados entreví la llama de la luz.
> **b)** No abre los ojos. El cabello está derramado sobre su cara. La luz enciende gotas de sudor en sus labios. Pregunta (...).
> . Enderezó su cuerpo y lo arrastró hasta donde estaba el padre Rentería (...).
> **a)** Y oyó cuando se alejaban los pasos que siempre le dejaban una sensación de frío, de temblor y miedo.
>
> (J. RULFO, *Pedro Páramo,* cit., pág. 88-89.)

Se mantiene una voz enunciativa extraña al personaje que describe lo que éste percibe o siente (esa voz que dice que el personaje

/ve/, /oye/, /entreví/...), pero el punto de vista del observador es unas veces interior y otras exterior al mismo. (Mientras en el monólogo interior —véase apartado 4.1.2.— el personaje directamente toma la palabra, o más bien sus pensamientos aparecen directamente reflejados sin la mediación de otra voz; ésa es, al menos, su ficción enunciativa. Una curiosa contaminación de la voz y el punto de vista del enunciador y el personaje se da en el estilo indirecto libre —véase 5.1. ..—, aunque en él se reformula el discurso del personaje en tercera persona.)

A través de las expresiones léxicas, fundamentalmente los verbos, que denotan la percepción, la cognición o el sentimiento es posible identificar la posición del observador como exterior o interior al personaje. En la medida en que denotan experiencias interiores no cognoscibles si no es mediante su verbalización por el personaje, revelarán una «intrusión» del enunciador cuando no haya esa exteriorización por parte del personaje. Así manifiestan un punto de vista interior los verbos de sentimiento (apreciar, amar, desear, esperar, detestar, temer...) y de opinión (creer, estimar, considerar, saber, ignorar, imaginar...). Respecto a los verbos perceptivos, Kerbrat-Orecchioni (1980b, 104) distingue los que denotan una aprehensión objetiva, aquí llamada perspectiva exterior, como /mirar/, de los que introducen una subjetividad perceptiva, como /ver/, que efectivamente suponen un observador interior al personaje. Toda descripción del personaje o de sus acciones (como la de mirar), lo hemos apuntado, supone una perspectiva exterior, mientras la presentación del contenido de su percepción o de sus procesos mentales, una interior. Es decir, las expresiones que presentan pensamientos, percepciones, etc., del personaje indican que la posición del observador es interior, pero que se mantiene una voz, la del enunciador, extraña al personaje. Cuando su percepción o sus pensamientos son reflejados directamente —observador y voz enunciativa en sincretismo con el personaje— las unidades léxicas no son relevantes, como ocurre también en la perspectiva exterior (salvo acaso por ausencia: no aparecen estos lexemas espías como verbos de opinión, etc. Son en cambio relevantes fundamentalmente las formas enunciativas: los deícticos localizan el discurso por referencia al personaje, desde su punto de vista, o por referencia al enunciador, etc.; véanse los apartados 5.1. y 4.2.).

Un caso particular es el de la descripción de lo que se presenta como *apariencias* que, además de revelar una evaluación del enunciador[39] refleja siempre una oposición exterior del enunciador en

---

[39] La cuestión de la posición del observador se puede analizar independientemente de la de los juicios evaluativos y de todas las formas en que el enunciador manifiesta algu-

cuanto observador, como se ve en /el tintineo contra el espejo pareció dar a Bond una brusca inspiración/ que, como señala Genette (1976, 241), es intraducible en la primera persona que expresaría la propia experiencia. (En cambio ocurre a la inversa con la forma reflexiva del verbo *parecer:* /el tintineo le pareció estridente/ que como /tuvo la impresión de que.../ y otras formas análogas, manifiesta experiencias subjetivas del personaje; el observador, por tanto, adopta una posición interior.)

En cuanto a la distribución de la información, la posición del enunciador (o narrador) varía no sólo respecto al conocimiento o no de procesos mentales del personaje, sino se combina además con la posición temporal. Así se diferencian, por ejemplo, dos tipos de narraciones retrospectivas: *a)* el narrador «sabe», o mejor «hace saber» estrictamente lo que el personaje conoce en cada momento de la acción, sin adelantar informaciones conocidas sólo posteriormente pero que el narrador —en el tiempo de la narración posterior a la acción narrada— ya podría conocer, por ejemplo, en D. Hammett[40]; de aquellos otros relatos *b)* en que el narrador introduce informaciones que ha adquirido después del momento en que se desarrollaron los acontecimientos[41]. (La posición del narrador puede también ser anterior o simultánea a los hechos que narra.)

---

na evaluación, valoración, etc., respecto a lo que enuncia. Así, a través de los verbos de opinión el enunciador puede manifestar implícitamente una evaluación respecto a la verdad o falsedad de las opiniones del personaje: /saber/, /ignorar/, /dudar/... presuponen una opinión verdadera, mientras que /imaginar/ la supone falsa, y /pensar/, /creer/ /estar seguro/... pueden implicar una verdadera o falsa. Los verbos de sentimiento, en cambio, sólo implican un juicio evaluativo (del tipo bueno/malo) en primera persona y sin embargo ambos grupos de verbos (de opinión y de sentimiento) implican una perspectiva interior al personaje. (Sobre las unidades léxicas «subjetivas», afectivas, evaluativas, etc., véase Kerbrat-Orecchioni, 1980b, 70-120.) Parece necesario diferenciar las formas en que el enunciador se hace presente en el texto implícita o explícitamente, por ejemplo mediante valoraciones y evaluaciones que no pueden ser sino «subjetivas», es decir, no pueden dejar de manifestar a algún sujeto —hechos que estudiamos como fenómenos de «voz»— de la adopción de una perspectiva o punto de vista particular, que identifica al actante observador.

[40] «La cara del pelirrojo estaba vuelta casi por completo con respecto de mi posición. Red tenía los ojos puestos en la puerta de entrada; la observaba con una ansiedad que se convirtió en alegría cuando vio entrar a una muchacha. Era la chica que Ángel Grace había llamado Nancy Regan. Ya he dicho que era bonita. Y el pequeño y desafiante sombrero azul que esa noche le ocultaba por entero el cabello no disminuía su belleza (...).

De vez en cuando, en los momentos en que la orquesta dejaba de tocar me era posible oír unas pocas palabras; pero no significaban mucho para mí, y sólo logré saber que ni la chica ni su rústico acompañante estaban el uno contra el otro» (*El Gran Golpe,* Barcelona, Bruguera, 1977, págs. 213-214. Traducción de Ana Goldar). Visión «con» el personaje llamó Todorov a esta forma, o narrador-personaje (T. Todorov, 1974, 178).

[41] «A esta llamada responde el general Miláns del Bosh (...) y pregunta dónde está el general Armada, a lo que responde el jefe del Estado Mayor del Ejército que se

Introduciremos todavía un par de ejemplos de la forma llamada de «enunciador omnisciente». En ambos el punto de vista es prioritariamente interior al personaje, pero en el primero se da además una valoración (peyorativa) del enunciador sobre el personaje y sobre los procesos enunciados, mientras en el segundo no se aprecia alguna evaluación.

> El gachupín experimentaba un sofoco ampuloso, una sensación enfática de orgullo y reverencia: como collerones le resonaban en el pecho fanfarrias de históricos nombres sonoros, y se mareaba igual que en un desfile de cañones y banderas: su jactancia, ilusa y patriótica, se revertía en los escondidos compases de una música brillante y ramplona: se detuvo en el fondo de la galería. La puerta luminosa, silenciosa, franca sobre el gran estrado desierto, amortiguó extrañamente al barroco gachupín, y sus pensamientos se desbandaron en fuga, potros cerriles rebotando las ancas.
>
> (R. DEL VALLE INCLÁN, *Tirano Banderas*, Madrid, Espasa-Calpe, 1968, pág. 23.)

Obsérvese, en contraste con este fragmento, la contención en las calificaciones y apreciaciones del enunciador, en «Emma Zunz», tan ausentes que éste no se hace sentir más que como «principio organizador» y como punto de vista[42].

> Emma dejó caer el papel. Su primera impresión fue de malestar en el vientre y en las rodillas; luego de ciega culpa, de irrealidad, de frío, de temor; luego, quiso estar en el día siguiente (...) recordó (pero eso jamás lo olvidaba) que su padre, la última noche, le había jurado que el ladrón era Loewental.
>
> (J. L. BORGES, «Emma Zunz», *Nueva Antología personal*, Buenos Aires, Emecé, 1968, pág. 122.)

Como se ve a través de estas rápidas observaciones la instancia enunciativa está determinada por múltiples factores entrecruzados

---

encuentra con él. El general Gabeiras no está aún en condiciones de valorar esta alusión (...). Durante la mañana, se observó la presencia, no insólita en esta dependencia, del teniente coronel Tejero, que más tarde había de conducir la expedición» (Informe de Alberto Oliart, ministro de Defensa, al Congreso de los Diputados, *El País*, 18 de marzo de 1981, págs. 14-15).

[42] La segunda parte del relato introduce un narrador («Referir con alguna realidad los hechos de esa tarde sería difícil y quizá improcedente [...] nos consta que esa tarde fue al puerto. Acaso en el infame Paseo de Julio se vio multiplicada en espejos [...] pero más razonable es conjeturar») que justifica sus fuentes de información o presenta sus conjeturas como tales. Pero, como ha sido señalado, el inicio del relato proporciona la razón del crimen a través del conocimiento secreto que Emma Zunz era la única en poseer y que sólo un enunciador omnisciente puede proporcionar.

—fundamentalmente la voz, el punto de vista y la posición temporal— que, caracterizando el nivel de la comunicación, aportan un elemento fundamental al posible establecimiento de una tipología de discursos. Bajtin añadiría a los tipos de narrador aquí presentados el «narrador portador de un horizonte ideológico verbal», con lo que introduciríamos un factor no considerado hasta ahora en la caracterización de este personaje: la lengua en que se expresa y el universo sociocultural que asume como propio. (Además, el narrador, aunque no sea un personaje de la historia que relata, puede naturalmente poseer un «carácter», estar definido por rasgos psicológicos, por comportamientos, actitudes, opiniones, etc., como personaje textual que es, aunque no al mismo nivel que los personajes de los que habla.)

Cuando se adopta un punto de vista exterior respecto a uno mismo en el comentario autorreflexivo (véase apartado 4.1.2.), el mecanismo es presumiblemente idéntico al que hemos descrito para la visión del enunciador sobre el personaje: se pasa de las percepciones, sensaciones u opiniones directas (punto de vista del personaje o «visión interior») a las evaluaciones o comentarios realizados «desde fuera» por un sujeto ajeno al personaje comentado, que en este caso es uno mismo.

4.3.3. La temporalidad inmanente a la situación: aspectualidad

Aparte de la temporalidad enunciativa, de la que hasta aquí nos hemos ocupado, hay que considerar la organización temporal intrínseca a las acciones o las situaciones, reflejada en el aspecto. Los aspectos (puntual *vs.* durativo, incoativo *vs.* terminativo, perfectivo *vs.* imperfectivo, etc.) definen, por ejemplo, el carácter de ciertas acciones y situaciones: golpear, por ejemplo, como toser son acciones sin duración, puntuales, mientras permanecer es de carácter durativo. Algunas tienen un punto terminal definido, son télicas, como fabricar o morir; otras no lo tienen, atélicas, como pasear, sufrir. Además, las relaciones temporales tienen una lógica interna: una situación durativa —estado o proceso— tiene un comienzo y un fin, a menos que sea omnitemporal, etc. (Lyons, 1980, 331). Así considerado, el aspecto no implica en modo alguno la enunciación, sino que, como afirma Jakobson (1957), caracteriza el proceso enunciado «en sí».

Sin embargo, también ha sido definido el aspecto como «punto de vista sobre la acción» (Comrie, 1976, 3); no sería entonces una característica de la situación «en sí», sino que supondría la visión de algún sujeto sobre ella.

Esta contradicción puede quizá resolverse suponiendo que cada una de las definiciones es aplicable a un tipo distinto de aspecto:

habría aspectos que definen la constitución temporal inmanente a la situación; concretamente los aspectos puntual, durativo, télico y atélico parecen de este tipo.

Mientras, otros estarían ligados básicamente a la enunciación. Por ejemplo, los aspectos perfectivo/imperfectivo e incoativo/terminativo. Uspensky (1973, 18) afirma: «El aspecto imperfectivo permite al autor desarrollar la descripción desde dentro de la acción —esto es, sincrónicamente en lugar de retrospectivamente— y situar al lector en el centro de la escena que está describiendo.» Respecto al punto de vista, que no a la posición temporal del autor, esta concepción coincide básicamente con la de Comrie. Recordemos que el aspecto imperfectivo es aplicado a una situación a través del pretérito imperfecto o el presente, por ejemplo, mientras el perfectivo corresponde al pretérito indefinido. Según Comrie el aspecto perfectivo mira a la situación desde fuera, la situación es presentada como un todo único (1976, 18), mientras el imperfectivo mira a la situación desde dentro, está concernido en la estructura interna de la situación (1976, 14). Otros autores (que reseñamos brevemente en el apartado 3) han señalado la propiedad de estos tiempos verbales de situarnos «dentro» o «fuera» de los acontecimientos (imaginemos para ilustrarlos un texto fantástico que dijera: /la Tierra giró/; pensamos inmediatamente en un observador exterior que ha visto esa escena como un giro completo y único; en cambio, ante el enunciado /la Tierra giraba/ no vemos la escena conclusa, sino «imperfecta», abierta; y más aún en la forma progresiva: /la tierra estaba girando/)[43]. Igualmente parece que el presentar un proceso en su inicio o en su terminación es una opción del sujeto que refiere tal proceso. Ciertamente sólo puede observarse tal cosa de situaciones que tengan principio y fin, por lo que dice Lyons que «un mismo aspecto se interpreta diferentemente según el carácter del verbo» (1980, 333). Pero también es cierto que prácticamente para todas las situaciones posibles, estáticas, dinámicas, puntuales, durativas..., podemos imaginar un contexto de enunciación en el que su carácter sería radicalmente afectado (Comrie propone el ejemplar de *toser,* acción puntual que puede ser transformada en durativa si, por ejemplo, es filmada y proyectada en cámara lenta una única tos. El ejemplo puede parecer distorsionador y extremo, pero sabemos que también

---

[43] El perfectivo puede también ser progresivo, como en: /toda la tarde estuvieron entrando visitas/ en que se presentan las fases de la situación, las varias llegadas, mientras el conjunto aparece como un todo único (Comrie, 1976, 23). Al imperfectivo le cabe, además del progresivo para una continuidad no habitual, la variable del aspecto habitual (iterativo o no iterativo según el carácter de las situaciones, esto es, según que se puedan extender indefinidamente en el tiempo —como en: /el policía solía estar en la esquina/— o no puedan hacerlo: la continuidad de /el profesor solía llegar tarde/ habrá de ser iterativa) (Comrie, 1976, 16-32).

la duración es una noción relativa: una tos tiene alguna extensión en el tiempo comparada con un parpadeo. No es imposible imaginar que /mil pensamientos pasaron por mi cabeza cuando tosía/, aun tratándose de una sola tos, etc.). También se ha observado que «cuando se combinan con la oposición perfectivo/imperfectivo, el rango semántico de los verbos télicos se restringe considerablemente» (Comrie, 1976, 46), por lo que podemos decir que un mismo carácter aspectual y una misma situación se interpretan diferentemente según el aspecto que adopten en el texto concreto en que aparecen. La temporalidad inmanente a situaciones y acciones resulta, pues, conformada por la temporalidad enunciativa.

NOTA

La categoría del *aspecto* parece particularmente relevante para el análisis de la temporalidad en las representaciones plásticas figurativas: una acción o una situación puede ser representada en su inicio: aspecto incoativo (por ejemplo, San Jorge va a matar al dragón), o en su fin: aspecto terminativo (San Jorge ha matado al dragón), o en su duración (San Jorge está matando al dragón) etc.[44]. Diversos indicios permiten también identificar una situación presentada como habitual (sobre el fondo de la continuidad del trabajo de los herreros surge el acontecimiento de la aparición de Vulcano, en *La fragua de Vulcano*. El cine resuelve la situación narrativa /Juan se sentaba por las mañanas junto a la puerta/, por ejemplo, reflejando el aspecto habitual a través del movimiento y el gesto del actor, etc.).

Sin embargo, si en textos escritos los aspectos perfectivo/imperfectivo, por ejemplo, se adecúan mejor el uno a la enunciación narrativa y el otro a la comentativa, los ejemplos propuestos para la imagen figurativa permanecen en el tipo de enunciación narrativa. La situación de «discurso» que implicaría al receptor se representa, por ejemplo, en la imagen publicitaria con la mirada frontal y la interpelación directa al receptor (Peninou, 1976), como ocurre también en el cine, la pintura o los comics: la viñeta que detiene la escena y hace al personaje afrontar al lector (San Jorge avanzando hacia nosotros como si nos hubiéramos interpuesto entre él y el dragón). Otros procedimientos, como la «cámara subjetiva», identifican el punto de vista del enunciador con el de un personaje. Y por supuesto es muy gene-

---

[44] Sugerencia debida, como otras muchas no indicadas, a Paolo Fabbri.

ral el narrador convencional desde el hallazgo de *Las Meninas* —que muestra al pintor en el acto de pintar la escena e interpone unos espectadores (narratario) entre ésta y nosotros (véase al respecto el famoso y bellísimo artículo de Foucault en *Las palabras y las cosas*— hasta la «voz en off», etc. Entre estos elementos son sin duda fundamentales para el análisis de la enunciación, el enfoque como representación del punto de vista enunciativo y la luz y el sonido que resaltan unos elementos, oscurecen otros, matizan («¿modalizan?»), valoran, etc., así como la temporalidad enunciativa plasmada, por ejemplo, en el cine a través del ritmo, los raplasmada, por ejemplo, en el cine a través del ritmo, los *raccords*, *flash-backs*, etc.

4.4. *Metadiscurso*

4.4.0. Niveles discursivo y metadiscursivo

El nivel de la comunicación entre el narrador y su simétrico puede adquirir un desarrollo más o menos amplio en los textos, pero los avatares de la relación entre ambos se sitúan en un nivel textual diverso de aquello de lo que el narrador habla. Se trata de fragmentos de «metanarración» (o más generalmente metadiscurso), es decir, aquellos en que el narrador comenta la narración (Hendricks, 1976, 182). La diferencia entre ambos niveles (diegético y metadiegético o narrativo y metanarrativo) está deslindada por una frontera móvil pero sagrada, en términos de Genette[45], que marca el límite entre el ámbito de la historia narrada y el ámbito en el que se narra, donde se sitúa el narrador. El mismo límite sutil separa en todo texto los personajes de los que se habla —aunque se llamen /yo/ o /tú/— de los personajes que en el texto hablan, y a quienes se habla.

Sin embargo, no todas las narraciones internas a otra narración son de este tipo. El capítulo XII de la primera parte de *Don Quijote* en que el cabrero Pedro cuenta la historia de Marcela y la muerte de Grisóstomo, no es una narración metadiegética, sino interna a la diégesis, cuyos personajes (incluido el cabrero que eventualmente asume el papel de narrador) pertenecen a la historia narrada (como ocurre también en textos no narrativos en que se citan las palabras de un locutor textual). En cambio es extradiegética, o mejor meta-

---

[45] G. Genette (1972, 275) utiliza los términos «diegético» y «metadiegético» inversamente a como aquí los utilizamos. Hemos preferido seguir la pauta de Hendricks y otros autores para asimilar el término «metadiegético» a los de «metalenguaje» (un lenguaje que habla de otro lenguaje), «metadiscurso», «metacomunicación», etc.

diegética, la exposición que en el capítulo IX, primera parte, hace el narrador acerca de su propia tarea como narrador, donde cuenta haber hallado un manuscrito en árabe firmado por Cide Hamete Benengeli, «historiador arágibo», etc. Por cierto que el paso de uno a otro plano está marcado por procedimientos de conmutación:

> El Vizcaíno, que así le vió venir contra él, bien entendió por su denuedo su coraje, y determinó hacer lo mismo que don Quijote (...). Pero está el daño de todo esto que en este punto y término deja pendiente el autor desta historia esta batalla, disculpándose que no halló más escrito destas hazañas de don Quijote de las que deja referidas (...).
>
> *Capítulo IX* (...)
> Dejamos en la primera parte desta historia al valeroso vizcaíno y al famoso Don Quijote con las espaldas altas y desnudas, en guisa de descargar dos furibundos fendientes (...).
> Causóme esto mucha pesadumbre, porque el gusto de haber leído tan poco se volvía en disgusto (...).
> (...) Digo, pues, que por estos y otros muchos respetos es digno nuestro gallardo Quijote de continuas y memorables alabanzas y aún a mí no se me deben negar, por el trabajo y diligencia que puse en buscar el fin desta agradable historia; aunque bien sé que si el cielo, el caso y la fortuna no me ayudaran, el mundo quedara falto y sin el pasatiempo y gusto que bien casi dos horas podrá tener el que con atención la leyere. Pasó pues el hallarla en esta manera:
> Estando yo un día en el Alcana de Toledo, llegó un muchacho a vender unos cartapacios y papeles viejos a un sedero; y como yo soy aficionado a leer (...).
>
> (Madrid, Espasa Calpe, 1956, pág. 53-55.)

Por medio de ellos, del paso de tiempos narrativos a discursivos combinados con los cambios de persona, etc., el texto nos sitúa ora en el nivel de la historia narrada (la batalla entre Don Quijote y el vizcaíno) ora en el del narrador de la historia, el autor supuesto que deja inacabado el episodio, de quien nos habla el *narrador* propiamente dicho (el «autor segundo» se llama a sí mismo), el único situado en el nivel de la comunicación, que habla en presente y en primera persona para referirse a sí mismo en el momento (supuestamente) contemporáneo al de la escritura y en pasado para referir su propia aventura del hallazgo del manuscrito.

Los juegos que rompen o pretenden desmentir la frontera entre ambos niveles producen un efecto inquietante, como señala Borges[46],

---

[46] «¿Por qué nos inquieta que el mapa esté incluido en el mapa, y las mil y una noches en el libro de *Las Mil y Una Noches*? ¿Por qué nos inquieta que Don Quijote

que viene a confirmar la existencia de dicha frontera que separa la «realidad» (textual) de la ficción, el mundo narrado del mundo donde se narra: Genette (1976, 283) cita el pasaje de *Tristram Shandy,* de L. Sterne, en el que el narrador, Tristram, interviene en el mundo narrado (obliga a su padre —personaje interno a la narración— a prolongar su siesta para «darle tiempo» a extenderse en sus digresiones como narrador)[47], como hace también el narrador del film de A. Resnais, *Providence,* que interrumpe a los personajes de su historia, les obliga a desdecirse..., o éstos entran en su vida escapando a su control, etc., juegos que rompen la línea divisoria entre ambos mundos y al tiempo la ponen de manifiesto. Ponen de manifiesto que un elemento esencial en la comprensión de un texto, o de una situación (que podemos leer como un texto) es el «enmarcarla», definirla como tipo de situación, remitirla a un esquema interpretativo que delimita qué estatus asumen los participantes, qué acciones y relaciones entre ellos son previsibles, qué reglas son aplicables para dar significado a los acontecimientos. La frontera «sagrada» que estos textos burlan deslinda ámbitos a los que se aplican *marcos* diferentes.

4.4.1. El enmarcar los textos

Según algunas teorías textuales el «situar» los enunciados con respecto a un *marco* permite establecer la relación de coherencia entre los enunciados de un texto al remitirlos a lo que convencionalmente caracteriza ese marco *(frame):* en el marco «batalla» entendemos

---

sea lector del *Quijote* y Hamlet espectador de *Hamlet*? Creo haber dado con la causa: tales inversiones sugieren que si los caracteres de una ficción pueden ser lectores o espectadores, nosotros, sus lectores o espectadores, podemos ser ficticios» (*Nuevas Inquisiciones,* Madrid, Alianza/Emecé, 1976, pág. 55). Borges implícitamente señala la ruptura que supone el paso de «caracteres de ficción» a «lectores o espectadores», pues estos personajes se sitúan en un ámbito de no ficción.

[47] «He dejado a mi padre tendido en la cama y a mi tío Toby a su lado en la vieja silla ribeteada, y he prometido volver con ellos al cabo de media hora, y ya han transcurrido treinta y cinco minutos. De todas las perplejidades en que cualquier autor mortal se haya visto jamás —ésta es sin duda la más grande: —pues tengo que terminar señor, con el infolio de Hafen Slawkenbergius; —tengo que relatar un diálogo entre mi padre y mi tío Toby (...) y para hacer todo esto dispongo de cinco minutos menos de lo que es ningún tiempo en absoluto» (Madrid, Alfaguara, 1978, traducción de Javier Marías, pág. 205). Ejemplos de este tipo se encuentran en este texto por docenas: «¿No creen ustedes que es una vergüenza dedicar dos capítulos enteros a lo que pasó mientras mi padre y mi tío Toby descendían un par de peldaños? Porque aún no estamos más que en el primer rellano, y todavía quedan quince escalones más hasta llegar abajo (...). Un súbito impulso me atraviesa de parte a parte: —Baje usted el telón, Shandy. —Lo bajo. —Tacha la página con una raya, Tristram. —La tacho, y —¡Pasemos a un nuevo capítulo!» (*íd.,* pág. 247). «Estoy dispuesto a darle una corona al que con sus aperos me ayude a sacar a mi padre y a mi tío Toby de la escalera y acostarlos»— (*íd.,* pág. 250).

cualquier referencia a una espada sin necesidad de que ésta haya sido mencionada anteriormente, así como preveemos lo que va a ocurrir, etc. (van Dijk, 1977, 236). Sin embargo, creemos que no es suficiente para interpretar una situación (textual o no) el enmarcarla de este modo, ya que la situación (batalla) varía radicalmente de tratarse de una lucha real a tratarse de un juego o una representación de la lucha, por ejemplo. Este segundo aspecto concierne el «estatus de la realidad» que otorgamos a la situación y el «enfoque» desde el que la observamos; en este sentido está implicada la posición enunciacional: podemos ser participantes u observadores de una lucha, y según seamos una u otra cosa nuestra «implicación subjetiva» es muy diversa; puede la lucha ser relatada «desde dentro», en primera persona en el modo experiencial, o «desde fuera» adoptando la posición exterior de la enunciación histórica. Podemos también enfocar la narración, la lucha o a nosotros mismos como narradores, etcétera. Cada uno de estos cambios —que supone, en esta perspectiva, cada vez un cambio de marco— atañe a los actores implicados y al espacio y tiempo en que se sitúan, en fin, implica una conmutación enunciacional.

Los fragmentos textuales que hemos llamado metadiegéticos están no solamente fuera de la narración, se refieren precisamente al hecho de narrar. Pueden ser asimilados a los «mensajes metacomunicativos» de G. Bateson (1976, 206), aquellos que definen la comunicación (como al decir «esto es ficción» o «es en serio»). La narración propiamente dicha y la instancia donde ésta se produce (real o ficticiamente) son dos *marcos* diferentes, en el sentido que dan a este término Bateson (1976) y Goffman (1974)[48]. Entre ellos existe una rela-

---

[48] Recordemos que (como se ha señalado en el capítulo I, 3.4.) en inteligencia artificial y en psicología cognitiva a partir de Minsky (1975), así como en las teorías textuales antes aludidas, el *marco* es definido como «el conjunto de operaciones que caracterizan nuestro conocimiento convencional de alguna situación más o menos autónoma (actividad, transcurso de sucesos, estado)» (van Dijk, 1980, 157), es así un elemento que se activa en la interpretación para remitir una situación, una expresión textual (como /batalla/) al conjunto de informaciones, datos, nociones que *típicamente* la caracterizan (como los objetos que allí se encuentran, las acciones apropiadas, etc.) (véase U. Eco, 1979, 81). Es un concepto, por tanto, informacional y semántico, una estructura de datos que se evoca, según Minsky, cuando nos encontramos ante una situación nueva y que permite comprender, prever acontecimientos posibles y actuar una vez identificada la situación estereotipada. En la orientación de Bateson y Goffman, en cambio, en una misma «situación estereotipada» se pueden dar diferentes *frames*, pues este concepto afecta no sólo al contenido de una percepción, sino fundamentalmente al «estatus de realidad» que damos a aquello contenido en la percepción (Goffman, 1974, 3). Además, «las definiciones de la situación se construyen de acuerdo con los principios de organización que gobiernan los eventos, al menos los sociales, y *nuestra implicación subjetiva en ellos*» (Goffman, 1974, 11, subrayado nuestro). Un *frame* social primario como «comida en un restaurante» puede ser *transformado* en otro cuando se parodian las maneras correctas en la mesa, por ejemplo: hay entonces una transcripción o transposición de una banda de comportamiento en un juego o una

ción de inclusión similar a la definida en la lógica de clases: la instancia narrativa no puede ser un elemento de la narración sin producir un efecto paradójico, una especie de vértigo de absurdo (por la confusión entre un elemento y la clase que lo contiene). Pero esa función necesaria para la comprensión que es el enmarcar el texto, identificar su marco, no necesita enunciados metacomunicativos explícitos (ni un desarrollo de la instancia metadiscursiva), pues, como hemos visto, las formas lingüísticas (o la proxémica, la entonación, etcétera, en la comunicación cara a cara) realizan esa tarea de situar (enmarcar) el texto enunciacionalmente, *mostrando* la actitud enunciacional y la relación interlocutiva inscrita en el texto.

Podemos decir que cada texto contiene un marco cuya identificación permite su interpretación. (Un informe burocrático conlleva ciertas «marcas» que lo definen como tal: membrete de organismo oficial, escritura formalizada en el particular estilo burocrático, etcétera.) La forma del propio texto se muestra y así «reflexivamente» lo tipifica, lo adscribe a un tipo o *género,* lo que nos sirve para situarlo y atribuirle significado. Dentro de un marco de este tipo caben a su vez diversas variaciones, nuevos cambios de nivel. Retomemos el ejemplo del programa informativo televisado (propuesto en el capítulo I, 3.4.): una serie de acontecimientos aislados, no relacionados entre sí nos son relatados. Les atribuimos coherencia al adscribirlos a un marco común: todos son hechos de «actualidad», ocurridos recientemente y cuya información se considera «relevante» para los espectadores desde algún punto de vista. Dentro de este marco al menos dos variaciones, dos marcos internos, son posibles: el del «relato de acontecimientos» (/El presidente del Gobierno ha celebrado una rueda de prensa.../, /Ha estallado un explosivo.../) y el que enmarca o presenta dicho relato, metadiscursivamente (/Buenas tardes, la actualidad hoy tiene dos puntos centrales.../, /Y ahora pasamos a la información internacional.../, /Tras este resumen les vamos a presentar un reportaje.../). Cambio de nivel de los más claros de «historia» a «discurso», de la narración al nivel de la comunicación, discurso dirigido al interlocutor, etc., que supone también en este caso un cambio de la narración al metadiscurso.

Con la atención al *marco* hemos querido poner de relieve que el aspecto relacional que implica todo texto afecta directamente a su «contenido» y es un elemento básico en la interpretación.

Creemos haber subrayado en los ejemplos elegidos que ese aspec-

---

broma, la interpretación de lo que ocurre y el comportamiento a observar varían radicalmente, como cuando se describe la comida retrospectivamente o se la representa (la primera situación se suele calificar convencionalmente como real, no así la transformada). El *frame,* por tanto, afecta al sentido en que es percibida una situación y, por tanto, a las acciones que en ella pueden tener lugar, y enfoca los cambios en la implicación de los actores de la situación.

to relacional se encuentra inscrito en el texto, en lo que llamamos la forma enunciativa que adopta, una faceta del significado que no es «dicha», sino «mostrada» por el texto (salvo en los enunciados metacomunicativos en que efectivamente se dice). En este sentido se denomina a un texto *reflexivo,* en cuanto dice algo sobre sí mismo (aunque el «decir» aquí deba ser entendido como «mostrar»).

La atención al aspecto relacional ha derivado generalmente hacia el estudio de los enunciados como actos de habla porque, efectivamente, es en cuanto acto como un enunciado puede afectar a la relación entre los interlocutores, alterándola o manteniéndola (Labov y Fanshel, 1977, 59). En esa perspectiva se ha señalado que todo enunciado hace reflexión sobre sí mismo, da indicaciones concernientes al acto que cumple su enunciación (Récanati, 1979, 121; Ducrot, 1980, 34) (como se indica en el capítulo IV, 2.1.). Pero incluso sin llegar a estas consideraciones, o más allá de ellas, interesa desde una teoría textual analizar en qué se ve el texto afectado por la forma interlocutiva, además de que ello repercutirá en el análisis de las acciones discursivas.

El aspecto enunciativo es pertinente al significado porque a través de él se presentan unos acontecimientos como reales o ficticios, por ejemplo, como «objetivos» o «subjetivos», como pasados y ajenos a los interlocutores o como presentes e implicándoles, etc. (todo lo cual intervendrá en la determinación de lo que los enunciados sean como actos). Y ello se realiza, como hemos visto, a través de las formas que afectan a la ubicación del espacio, el tiempo y los actores textuales, elementos que funcionan como «coordenadas» del texto. A través de ellas éste se sitúa y sitúa aquello de lo que habla (por eso podemos decir que el texto construye un espacio, tiempo y actores propios y no sólo localiza aquello de lo que habla respecto a puntos de referencia extratextuales). Estos elementos se hallan interrelacionados de modo que es posible determinar las variaciones en uno de ellos a través de las de los otros dos (aunque hemos intentado señalar la complejidad de sus articulaciones).

4.5. *Conclusiones*

La cantidad de cuestiones contenidas en este apartado no consienten hacer siquiera un esbozo de resumen; nos limitaremos, pues, a señalar sólo algunos elementos a subrayar.

Hemos pretendido fundamentalmente apuntar los modos en que el texto representa a su autor y a su receptor a partir de los mecanismos y reglas que le ofrece la lengua.

Si alguna vez se ha considerado que el diálogo se producía sólo en situaciones de comunicación cara-a-cara o en textos «dialogados» (obras de teatro, guiones cinematográficos...), creemos haber mostrado cómo todo texto escenifica el diálogo esencial que es una realización lingüística: locutor e interlocutor son personajes imprescindibles del texto, por más que sus marcas hayan sido borradas, y su relación es un nudo de previsiones, expectativas (es decir, suposiciones: saberes; y esperanzas o temores: pasiones. Fabbri y Sbisà, 1981, 184), atribuciones de intenciones, opiniones... estrategias que tejen la interacción entre esos personajes textuales.

Esta dinamicidad de las relaciones interlocutivas es sólo concebible rompiendo la noción de sujeto como ente sólido, único y permanente[49]. Las representaciones del enunciador y el enunciatario son imágenes parciales e incluso incoherentes entre sí: el enunciador puede, en un momento dado, confabularse con el enunciatario incluyéndolo entre quienes comparten un determinado saber, para después atribuirle la ignorancia total y presentarse como el único detentador de la verdad. Y todo ello puede ser sugerido con el juego de unas pocas formas pronominales y unos adverbios (y los ejemplos se podrían multiplicar casi tanto como los textos).

5. LA PALABRA PROPIA Y LA AJENA. IDENTIFICACIÓN Y DISTANCIA

5.0. *Entre el uso y la mención*

Los filósofos del lenguaje han distinguido entre *uso* y *mención* de la lengua según que una expresión signifique su objeto, aquello de lo que habla, o se signifique a sí misma (como en la frase /«Madrid» tiene seis letras/, en que el término «Madrid» es mencionado). Generalmente cuando se habla de mención se piensa, como en este ejemplo, en nombres que se nombran[50], y se le considera un fenómeno

---

[49] Para Bajtin la unidad del hombre y la unidad de sus actos (acciones) tiene un carácter retórico-jurídico, es una imagen construida con las categorías patéticas y jurídicas: «La organización de la imagen del hombre, la selección de los trazos, su unión, los modos de referir los actos y acontecimientos a la imagen del protagonista están determinados enteramente por su defensa, apología, exaltación o, al contrario, por la acusación, desenmascaramiento, etc.» Imagen basada en una idea normativa e inmóvil del hombre que es destruida por la novela picaresca (el pícaro no está ligado a una norma, no es unitario y coherente desde el punto de vista de las unidades retóricas de la personalidad; 1979, 214-215).

[50] Según Lyons (1978, 14-26), las pseudocomillas con que usualmente se señala el término mencionado se deberían aplicar cuando lo que se menciona es el lexema o la expresión (/«Madrid» es un nombre bonito/; /Es muy rebuscado decir «La ciudad del oso y el madroño» por «Madrid»/), pero no cuando se menciona la forma (escrita u oral) de esa expresión o lexema (/Madrid tiene seis letras/) en que usa otra notación porque lo que se menciona es otra cosa. Aquí conservamos la notación tradicional, que llegará a coincidir con la de Lyons porque, salvo en este primer ejemplo, lo que mencionamos son lexemas o expresiones, si bien usaremos las comillas, en lugar de las pseudocomillas, porque, como se verá, nos referimos a formas de mención que tradicionalmente, y en usos no técnicos, se señalan así.

147

diferente de los modos de llamar la atención sobre una expresión: la burla, la distancia, la ironía, etc.

El hecho es que entre el uso de una expresión para significar *a través* de ella otra cosa, y la mención de esa expresión, hay una serie de posibilidades diferentes entre las cuales está el que ambas funciones se den simultáneamente (D. Sperber, 1978), como en /ha venido «el señor Augusto»/, en que, como demuestra Récanati (1979), se indica la expresión «el señor Augusto», como expresión servil por ejemplo, al tiempo que se la utiliza para predicar de ella otra cosa.

En /«el señor Augusto» es una expresión servil/ hay una mención expresa, el enunciador predica algo acerca de esa expresión.

Si se piensa en la diferencia que existe entre decir /ha venido el señor Augusto/ y /ha venido «el señor Augusto»/ se verá que en la primera no hay ningún extrañamiento respecto a la expresión /el señor Augusto/, el enunciador la utiliza para decir algo de la persona a quien refiere. En la segunda, en cambio, señalada con las comillas, o, en el discurso oral con un cambio de tono, o imitando la voz de algún otro que «suele utilizar la expresión», se dice algo de ese Augusto, pero también se dice algo acerca del hecho de llamarle «señor Augusto». Las alusiones pueden ser muy diversas: referirse a la persona así llamada, por ejemplo mediante un apelativo que es común, pero con el que el enunciador no se identifica. Puede haber en ese caso una burla de don Augusto. Se puede en cambio referir a la persona que utiliza la expresión «señor Augusto», que llama así a alguien, para decir de él que es servil. Se puede también decirlo en connivencia con el propio señor Augusto, estableciendo una complicidad enunciador-enunciatario a expensas de otros que usarían sin reparos esa expresión... Pero lo que hay de común a todas estas variantes es la «distancia» del enunciador respecto a esa expresión (precisamente se llama «comillas de distancia» a este procedimiento).

La distancia o el extrañamiento se puede manifestar respecto a expresiones que existen, que son conocidas como usadas por alguien o como tipificadas —usadas por todo el mundo o en algún círculo o jerga particular. Por ello el procedimiento puede ser analizado como no identificación del enunciador con la persona o colectivo que utiliza esa expresión (se presenta así otro enunciador de esas palabras, no idéntico con uno mismo: $E' \neq E$).

Este fenómeno se produce en otras formas de mención, como veremos, y tiene algo en común con la cita que introduce el discurso de otro. Se introduce otro locutor en el propio discurso reproduciendo sus palabras en discurso directo o reformulándolas, sintetizándolas, etcétera. Éstas son citas explícitas, mientras en el ejemplo anterior la otra voz se hacía entrar en el propio discurso implícitamente. Pero el hecho de que se pueda introducir de este modo otro locutor indica que la lengua tiene el poder de evocar por medio de algunas expresiones, e incluso de algunos contenidos mencionados o aludidos, al locutor que las dijo (o las podría haber dicho) sin necesidad de citarlo. (Al introducir los actos de palabra en el texto, advierte Bajtin, «caen sobre ellos los reflejos de las voces de otros y entra en ellos la voz del autor», 1978)[51].

Repasaremos, en primer lugar, las citas expresas:

5.1. *Citas expresas*

5.1.0. Discurso directo y objetividad

Generalmente se considera que la introducción de las palabras de un locutor (L') en la forma del discurso directo (D.D.), en la medida en que sea una transcripción fiel y «de buena fe», permite el máximo de objetividad (Kerbrat-Orecchioni llega al extremo de afirmar que esta forma, y sólo ella, puede alcanzar hasta el 100 por 100 de objetividad, 1980, 148).

Pero la «objetividad» no depende exclusivamente del grado de conformidad del discurso citado respecto al original, sino también de si existe o no intervención, desviación del sentido, etc., por parte de quien cita (L) en las palabras reproducidas, y esa intervención se puede producir incluso en las reproducciones más fidedignas.

Ya el hecho, como advertimos cotidianamente, de sacar las palabras del contexto lingüístico, y extralingüístico, en que se dieron e introducirlas en uno nuevo las hace entrar en una nueva «relación dialógica» (en el sentido de Bajtin) con las palabras colindantes y adquirir por tanto nuevas significaciones. Pero además, al introducir la palabra de otro le conferimos sin duda algo de nuestra propia voz en lo que es prácticamente una gradación infinita de niveles de extrañamiento y apropiación (Bajtin, 1977, 220).

Citar a otro en la forma del D.D. supone cederle la palabra íntegramente, lo que implicaría reproducir el contexto de su enunciación, y por esta necesidad, jamás totalmente satisfecha, L no se difumina totalmente tras L' a quien cita. Consideremos a título de ejemplo, algunos modos en que L se introduce en el discurso de L', citado en la forma del D.D.

Se pueden utilizar las palabras de otro para, a través de ellas, y sin dejar de mostrar que son de otro, expresarse uno mismo. Es el

---

[51] «Algunos momentos de la lengua expresan las intenciones semánticas y expresivas del autor, otros refractan estas intenciones; él no se solidariza con esas palabras hasta el final y las acentúa a su modo: de modo humorístico, irónico, parodico, etc. (...) y hay otras incluso totalmente privadas de las intenciones del autor: el autor no se expresa en ellas (como autor de la palabra), sino las muestra como una especie de cosa discursiva y las considera como totalmente objetivadas» (M. Bajtin, 1979, 107).

caso de la cita de autoridad en textos teóricos, o también del vengador que dice mientras ejecuta su venganza: /el Señor dijo: «el que a hierro mata a hierro muere»/. Hay dos enunciadores simultáneos de esta cita, el locutor citado (L'), y el citador, pues éste manifiesta total identificación con dichas palabras. (Y utilizándolas se autocalifica con la autoridad de L'.)

Otras veces la cita en D.D. sirve para calificar al locutor citado, sin expresar algún juicio o valoración explícitos sobre él o sobre sus palabras. Imaginemos la expresión: /vuestra madre ha dicho: «¡Que vengan los niños inmediatamente!»/; el locutor (L) se sitúa como mero portavoz de las palabras de L' y, sin embargo, el hecho de que utilice el D.D. para transmitirlas puede servir para atribuir una actitud, un estado pasional en este caso, a L': urgencia, enfado, etcétera. L no se atribuye ninguna responsabilidad respecto al enunciado citado ni interviene en él (no existe intervención, como en el discurso indirecto en que la reformulación del enunciador es patente) y, sin embargo, en ejemplos como éste, cuanto más literal y fiel sea la reproducción de la expresión de L', más se da una iluminación por parte de L de esas palabras, y una aportación propia en el sentido de cualificar a L' a través de ellas[52].

El fenómeno se produce con más claridad en otro nivel, cuando la expresión corresponde al código lingüístico de L' pero no al de L. Sabido es que la lengua (dialecto, variedad o jerga) adscribe a su usuario al grupo de sus hablantes; reproduciéndola, el locutor informa acerca de la extracción nacional, sociocultural, etc., de L'.

Finalmente se pueden parodiar las palabras ajenas reproduciéndolas literalmente, con el tono burlón, el gesto que mimetiza, exagerándolo, el del locutor citado, etc., con lo que la intervención de L en las palabras de L' puede llegar al máximo, sin salirse de los márgenes del D.D., descalificando esas palabras y a su locutor de mil modos diversos.

Así los judíos se niegan, según los evangelios, a que Pilatos escriba en la cruz de Jesús /Jesús Nazareno Rey de los Judíos/, y exigen: /este hombre ha dicho «yo soy el rey de los judíos»/ para mostrar que no es rey, sino que lo pretende. Ducrot se pregunta: «¿referiría Pilatos fielmente la enunciación a la que asistió escribiendo, como querían los judíos /Él ha dicho "Yo soy el rey de los judíos"/? ¿Referir una enunciación es citar una frase?» (1980b, 56). (Ducrot observa también que los soldados, mientras le flagelaban, se burlaban de él con sus propias palabras: /salud, rey de los judíos/.)

---

[52] Los enunciados /Pedro me dijo que el tiempo mejoraría/ o /Pedro me dijo: «el tiempo va a mejorar»/, según Ducrot, cuando son dichos para favorecer una conclusión del tipo «Pedro es un optimista inveterado», o «Pedro no sabe nada de meteorología», sirven para que el locutor señale las palabras de Pedro como caracterizando a la persona de Pedro (aserción sobre L' cuyo responsable es L) (1980a, 44).

La utilización «clásica» del D.D. para presentar al locutor citado como único responsable de sus palabras, en contraste con la reformulación y síntesis que muestran la intervención del enunciador, se manifiesta en textos como:

> Rosón valoró positivamente la creación de un *Frente para la paz*, compuesto por seis partidos políticos y afirmó que «ésta es la mejor demostración de que el clima en el País Vasco está cambiando». Dijo que ETA está interesada en el «caos total» y señaló que «se va a quedar cada vez más contra las cuerdas».
>
> (*El País*, 9 de noviembre de 1980, pág. 1.)

La cuestión de la «neutralidad» del portavoz es casi siempre ambigua: los enunciados o expresiones entrecomillados, ¿son simplemente transmitidos por L, o al tiempo que los transmite muestra de algún modo su acuerdo o su desacuerdo? Es imposible dar un criterio seguro para discernir las comillas directas (de cita en D.D.) de las comillas de distancia, por ejemplo, en /«caos total»/ en que el señalar la expresión como exclusiva de L' indica que no es de L, quien así se reserva su actitud pero mostrando que no se apropia de esa expresión.

5.1.1. La absorción del discurso del otro: discurso indirecto

El /que/, introductor de las palabras citadas, y la traslación de tiempos verbales (de los propios del D.D. a los del D.I.) y de personas pronominales caracterizan formalmente el Discurso Indirecto (D.I.). Enunciativamente supone la reformulación por parte del enunciador de aquello que cita: el enunciador (o locutor, L) puede reproducir más o menos fielmente la expresión utilizada por L' (cambiando los verbos y las personas) o bien sintetizar su contenido, o utilizar sus propias palabras para transmitir lo que L' dijo en las suyas (por estas razones el D.I. suele ser considerado menos «objetivo» que el D.D.). Las localizaciones se hacen por referencia a quien cita, no al locutor citado: además de los tiempos verbales, las expresiones referenciales y deícticas son seleccionadas desde el punto de vista de quien cita (Fillmore, 1981, 155).

En ocasiones se puede decir que el D.I. transmite el acto ilocucionario realizado por L' (Ducrot, 1980a). Así L es mero portavoz de la orden /vuestra madre ha dicho que vayáis en seguida/[53]. Pero en

---

[53] Según Fillmore, el D.I. carece de medios para exhibir algunos tipos de enunciados. Se pueden transcribir aserciones, preguntas y órdenes, pero no exclamaciones, maldiciones, etc., como no sea en alguno de estos tipos básicos (1981, 156).

otros lugares hace mucho más que eso. Ni siquiera se limita a la transmisión de contenidos, puede también reproducir expresiones propias de L' (recurso característico del Estilo Indirecto Libre) y de ese modo caracterizarle:

> [Les dije que no, pero don Acisclo no me dio tiempo a defenderme, menos aún de explicarme. Sacó a relucir mi pasado de extremista peligroso.] Que solo un concepto mal entendido de la caridad había llevado a don Celso a admitirme de profesor en la Academia. Que el propósito secreto de la tabla redonda era el de hacer saltar los fundamentos de la Religión y de la Patria. Que únicamente la ceguera de las autoridades había permitido que las cosas llegasen al punto en que estaban, pero que él se sentía dispuesto a lo que fuese para aniquilar aquella subversión, aquel intento de levantar la cabeza la hidra judeo-marxista.
>
> (GONZALO TORRENTE BALLESTER, *La Saga/fuga de J. B.*, Barcelona, Destino, 1972, pág. 66.)

Es cierto que la utilización de expresiones características del personaje produce un deslizamiento hacia el E.I.L. en las últimas líneas, aunque /aquél/ y /aquélla/ remiten al citador, al modo del D.I. (e incluso hay una cierta caracterización burlona del personaje. Véase el apartado 5.3.3.). Pero, ¿se pueden separar ciertos contenidos de las palabras que los expresan? ¿Se podría aquí transmitir el discurso del L' sin hacerlo en su lengua como teóricamente debe hacer el D.I.?

NOTA

> El citar discursos que en su contenido o expresión sean muy lejanos a quien los cita supone, por parte de éste, una opción entre conservar su propia lengua, en la que reformular el discurso ajeno, o reproducirlo en los términos en que se produjo. Por otra parte, parece más inevitable marcar la propia posición respecto al código lingüístico, en el nivel de la expresión, que en el del contenido: las expresiones propias de un grupo (nacional, social, cultural, ideológico...) indican la participación o solidaridad del locutor que las utiliza con el «horizonte ideológico-verbal» (Bajtin) de esa lengua[54], por lo que si el locutor no quiere que le sea atribuida esa participación deberá marcar de algún modo su extrañamiento.

---

[54] Bajtin utiliza el término «lengua» para significar tanto lo que la sociolingüística contemporánea define como lenguas propiamente tales, como lo que sería llamado con más precisión variedades, dialectos, e incluso registros expresivos y jergas.

En la literatura se suele utilizar el cambio de código lingüístico precisamente para presentar a un personaje, definirlo, caracterizarlo por ese código, o introducir otra voz ajena a la del autor, que conserva una lengua homogénea como propia e introduce otras como diversas [55].

Las lenguas (variedades, dialectos, registros expresivos, etcétera) no sólo se relacionan con los contenidos y permiten plantear problemas de fidelidad, traducibilidad, etc., sino que intervienen también en la definición de los participantes en la comunicación. Un cambio de código indicará un cambio de posición, de actitud, de identidad, etc. (Goffman, 1975, 1979).

Apuntamos simplemente estos aspectos cuyo indudable interés queda por el momento fuera de nuestro alcance, y es el objeto de disciplinas específicas (sociolingüística, etnografía del habla, etc.).

La reformulación del discurso de L' puede bien reproducir, alterándolos al modo del D.I., más o menos fielmente, los enunciados pronunciados, o bien consistir en algún tipo de resumen o síntesis del contenido, lo que no impide la eventual mención de expresiones concretas:

> La mayoría estuvo conforme. Algunos propusieron otros nombres, como Rovachol, Angiolillo, Ni Dios ni Amo; pero, en general, todos fueron del parecer que se pasase a otro punto y que quedase el nombre de «Aurora Roja».
>
> (Pío Baroja, *Aurora Roja*, Madrid, Rafael Caro Raggio, sin fecha, pág. 101.)

> Yo le pregunté que por qué no se los ponía y dijo que por ser entrambos de una mano, que era treta para tener guantes. A todo esto noté que no se desarrebozaba, y pregunté —como de nuevo, para saber— la causa de estar siempre envuelto en la capa.
>
> (F. de Quevedo, *Historia de la vida del buscón llamado don Pablos*, Madrid, Aguilar, *Obras Completas*, 1961[5], pág. 323.)

Estas formas parecen demostrar que en definitiva el D.I. es una narrativización del discurso, éste es contado, narrado, como los otros

---

[55] El *Code shifting*, según Goffman (1979), es uno de los modos de cambiar el *marco*, el significado situacional. Señala también que los dialectos, registros expresivos, etc., intervienen en la definición del actor. (Se habla de «dialecto situacional», así como de «rol situacional».)

eventos de la acción, y por ello parece no haber ruptura entre la simple mención del hecho de palabra («estar conforme» que supone que el actante mencionado —/la mayoría/— ha mostrado su acuerdo, del modo y en la extensión que sea), el dar contemporáneamente indicaciones, genéricas, sobre el contenido del acto de palabra (/pregunté (...) la causa de .../), el resumen de dicho contenido, y el D.I. propiamente tal. Si no creemos que se pueda decir que el D.I. transmite el acto de habla de un L' (el hecho de que éste haya realizado una aserción o una pregunta), esta idea va en la línea de una narrativización del discurso de L', de su transformación por parte del enunciador en acciones atribuidas a un agente de las que da cuenta, quizá comentándolas implícitamente al mismo tiempo.

5.1.2.   Contaminación de voces: Estilo Indirecto Libre (E.I.L.)

El interés de esta forma reside en que se trata de un D.I. en el sentido de que el enunciador (o locutor, L) introduce el discurso ajeno en el suyo, lo traslada a su situación enunciativa: la primera persona se transforma en tercera, el presente en que se expresó L' deviene imperfecto, el perfecto en pluscuamperfecto, etc., pero también es en cierto sentido un D.D. en que L deja hablar a L' con sus propias palabras, su lengua, sus expresiones características, los giros, exclamaciones, repeticiones, conexiones argumentativas... e incluso deícticos, propios del D.D. No pretende simplemente reproducir el sentido de lo enunciado por L', como supuestamente hace el D.I., sino también la forma en que lo expresó. Supone cierta consideración de la diversidad lingüística, cultural, experiencial del personaje citado[56] al tiempo que una suerte de reconocimiento de la necesaria contaminación entre la enunciación propia y la ajena (Bajtin lo incluye entre las construcciones «híbridas», gramaticalmente pertenecientes a un solo hablante, pero en las que se confunden dos enunciaciones) (1979, 112).

> [Con palabra atropellada, temblando y suplicante, intentó enternecer a *Teulai*.] Todo era mentira de la gente. Había querido con el alma a su pobre hermano; le quería aún; si había muerto fue por no creerla a ella; a ella, que no había tenido valor para ser esquiva y fría con un hombre tan enamorado.
>
> (V. BLASCO IBÁÑEZ, «Venganza moruna», Madrid, Aguilar, *Obras Completas,* 1942, pág. 141.)

---

[56] P. P. Pasolini habla de «consciencia sociológica» y remonta la aparición de esta forma no ya al *Orlando Furioso* que otros autores señalaban como predecesor de La Fontaine, sino a Dante, que «se valió de materiales lingüísticos propios de una sociedad, de una élite: jergales, que ciertamente él mismo no usaba, ni en su círculo social ni como poeta», un E.I.L. léxico aunque no gramatical (1977, 86).

Se ha dicho que por esta forma el autor «se introduce» en el personaje y habla «a través de» él, y estas metáforas expresan la fluctuación del enunciador entre un punto de vista exterior y la adopción del punto de vista del personaje. Así puede transmitirse en esta forma no sólo el discurso del personaje (L'), sino también sus pensamientos.

En el siguiente fragmento, en el primer enunciado el enunciador (L) sintetiza la evaluación del personaje sobre sí mismo para pasar después a darle a éste la palabra, a transmitir su «discurso interior» en E.I.L.

> [Se echaba en cara haber sido hasta entonces una mujer sin cuidado para sí misma.] A los dieciséis años ya era hora de que pensara en arreglarse. ¡Cuán estúpida había sido al reír de su madre siempre que la llamaba desgarbada!...
>
> (V. Blasco Ibáñez, *La Barraca, Obras Completas,* cit., pág. 514.)

En ocasiones la transcripción del pensamiento del personaje se mezcla con la descripción de sus sensaciones y percepciones aunque, en la medida en que no se trate de fragmentos de «discurso» (interior o exterior), la referencia de lo que el personaje siente es más una descripción (atribuible a L) que una transcripción en E.I.L. (descripción «interior» al personaje. Véase el apartado 4.3.).

> Nota su cuerpo limpio (...). El coche huele a seguridad: caucho y polvo y metal pintado bajo el calor del sol. Una funda para un cuchillo que es él (...). Desde la última vez que recorrió este camino la vista ha cambiado. Ayer por la mañana el cielo estaba cubierto por las cintas de las nubes al amanecer, y él estaba agotado y se dirigía al centro de la red, que era el único lugar donde parecía posible descansar. Ahora el nuevo mediodía ha alejado las nubes, y el cielo que se refleja en el parabrisas es blanco y frío, y le parece no tener nada por delante.
>
> (J. Updike, *Corre, conejo,* Barcelona, Bruguera, 1979, trad. de Enrique Hegewicz, págs. 111-112.)

Los deícticos, a diferencia del D.I., contextualizan el discurso desde el punto de referencia del personaje, respecto al momento en que habla o piensa (Fillmore, 1981, 158), incluso los tiempos verbales pueden, como en este caso, remitir al tiempo del personaje, con lo que sólo la tercera persona y los momentos descriptivos lo diferencian del monólogo interior y mantienen la voz del enunciador como transmisor del discurso del personaje. (Veremos en el apartado 5.3. algún otro caso de contaminación de enunciaciones, cuando por ejemplo es presentado el discurso de L' en su propio registro expresivo y en E.I.L., pero es acentuado sin embargo peyorativamente por el enunciador que lo refiere.) Entre el D.I. y el E.I.L. existen diversas gradaciones más que dos formas claramente diferenciadas.

5.2. *Citas no expresas*

5.2.0. Citas implícitas en las formas lingüísticas

Algunas estructuras del discurso permiten introducir otro enunciador en el propio texto para después refutarle, o bien para respaldar las propias opiniones, etc.

Ciertas construcciones lingüísticas presuponen una forma de cita. Diferentes autores sostienen que un enunciado negativo del tipo no-p encierra la proposición positiva p, y según Ducrot (1980a, 52) los mismos sujetos hablantes hacen alusión a p extrayéndola como contenida en no-p. El ejemplo que propone parece incontestable: decimos /Pedro no es pequeño, al contrario, es enorme/, y lo que presentamos como contrario no es que *no sea* pequeño, sino la proposición positiva contenida, a saber, que «Pedro es pequeño» (el enunciado negativo aparece como la cristalización de un diálogo entre dos locutores: L_1: /Pedro es pequeño/; L_2: /Al contrario, es enorme/).

La misma conclusión se deriva de un titular de periódico: /De Gaulle no ha rechazado la colaboración del conde de París/ seguido del subtítulo: /se trata de un rumor sin fundamento/. El rumor, naturalmente, debía transmitir la proposición «De Gaulle ha rechazado la colaboración...». De donde concluye Ducrot la *polifonía* del enunciado negativo que permite expresarse simultáneamente a dos voces antagonistas: una que sostendría la proposición afirmativa p y otra, la del enunciador que la niega (1980a, 54-55). Podríamos argumentar que aun suponiendo que diciendo no-p el enunciador niegue la proposición contenida p, ello no significa necesariamente y en todos los casos que atribuya dicha proposición a otro enunciador[57], lo que sí ocurre en los enunciados refutativos, dirigidos precisamente a rechazar una opinión ajena.

Si anteriormente Ducrot (1972, 37) había diferenciado la negación que se opone a una afirmación, llamándola metalingüística, de

---

[57] I. Bosque sostiene que sería una falsa generalización aceptar que al emitir un enunciado negativo el hablante supone que el receptor asume, piensa o admite la oración afirmativa sobre la que se construye la negativa. Además añade que, si bien no parece haber problemas para considerar una oración del tipo /Juan no ha llegado/ como la negación de /Juan ha llegado/, sí los hay para hallar la oración afirmativa de la que se derivarían negativas como /Juan no ha llegado todavía/, /No telefoneó siquiera/ o /María no tiene el menor interés por estudiar Lingüística/ (Bosque, 1980, 13).

aquella que describe un estado de cosas (y Vogt, 1981, 26, sigue esta formulación), en el texto más reciente que ahora referimos atribuye la polifonía, o cita subyacente, a todos los enunciados en la forma no-p (sin aclarar si de esta forma representa todos los enunciados negativos o un tipo particular)[58]. Sin embargo, aunque el análisis de Ducrot fuera válido sólo para un tipo de enunciados negativos, ello validaría a su vez su tesis, es decir, que ciertas construcciones lingüísticas, en concreto los enunciados negativos refutativos o polémicos, suponen la introducción de otra voz en el propio discurso, son una forma de cita por la que se atribuye a otro enunciador —distinto del responsable de la negación— una aserción (otro enunciador que podrá eventualmente identificarse con el destinatario).

El mismo análisis ha sido aplicado a las conjunciones adversativas *pero* y *sino* que podemos considerar como también función refutativa, dirigida a rechazar una opinión. Según Vogt (1981, 128) la condición común a *pero* y *sino* es la de representar el discurso del otro en el de aquel que enuncia la adversativa.

NOTA

Con *sino* el discurso del otro es citado como objeto de un rechazo inmediato por parte de quien lo cita (en la medida en que *sino* sigue siempre a un enunciado negativo, el argumento expuesto sobre la negación justifica el análisis de *sino* como forma de cita); con *pero* el discurso ajeno es citado como objeto de un acuerdo instrumental que será también anulado por el argumento que le sigue y que objeta las conclusiones que podrían desprenderse del enunciado primero. (Cuando *pero* va precedido de una oración negativa,

---

[58] Si bien mantiene una diferencia: Los enunciados en la forma no-p representarían un *diálogo virtual* entre el enunciador (E_1) de la negación y el enunciador (E_2) de la aserción contenida, mientras ciertos usos metalingüísticos de la negación, como en /Pedro no ha dejado de fumar, de hecho acaba de comenzar/ se producirían tras un *diálogo real* en que el enunciador (E_2) de la aserción contenida es el alocutario que habría pronunciado efectivamente el enunciado asertivo que el locutor ahora rechaza (1980a, 49). Este uso metalingüístico de la negación niega también las presuposiciones, como hacen asimismo los enunciados en la forma /es falso que.../ y ello los diferenciaría de las negaciones descriptivas que mantienen las presuposiciones (/el rey de Francia no es calvo/ sigue presuponiendo que exista un rey de Francia). Sin embargo, cuando Ducrot sostiene que el enunciado / este muro no es blanco/ es metalingüístico porque «rara vez se usa» para describir un muro, y sí en cambio para oponerse a una afirmación anterior (1972, 37), no proporciona algún elemento formal para distinguir una negación metalingüística de una que no lo es. De hecho, Ducrot habla de «uso descriptivo de la negación» para el caso de /el rey de Francia no es calvo/ (1972, 38) y de «uso metalingüístico» para /este muro no es blanco/, cuando formalmente ambos enunciados parecen equivalentes.

ésta es también atribuida a otro: /el rey no gobierna pero reina/, decía un editorial de *El País,* representando al destinatario como alguien que asume la proposición «el rey no gobierna» —cabe pensar que la refutación del *pero* es más fuerte que la de la simple negación y anula el mecanismo por el que atribuiríamos todavía la proposición afirmativa contenida en la negación a un tercer enunciador. Véase nota 8.)

También identifica Ducrot (1980b, 44) un empleo «concesivo» de *bien sur* (generalmente correspondiente a nuestro *desde luego*) que presenta la proposición que le sigue como expresando la opinión del destinatario, que se acepta pero de la que se extraen distintas consecuencias[59].

Un caso algo distinto dentro de las citas no expresas es el de la presuposición. Según ciertos análisis lo presupuesto sería atribuido a un enunciador anónimo y colectivo. No se introduce, como en los casos anteriores, una opinión diferenciada de la del enunciador y que éste acepta o rechaza, sino que es más bien algo «sabido por todos» que garantiza la opinión del enunciador y de lo que éste se apropia (véase, en el apartado 4.1.0, la diferencia respecto a la alusión).

Hay sin duda otras formas de citar implícitamente a otro enunciador, además de las inscritas en las estructuras lingüísticas a que nos hemos referido (negación, adversativas, concesivas, presuposición...). Kerbrat-Orecchioni señala, por ejemplo, que en el enunciado /el que murió en la cruz no ha existido nunca/ la contradicción entre admitir que existió (por presuposición existencial), y afirmar que no existió el mismo personaje nos obliga a considerar dos fuentes del enunciado: un L' que pretende que haya muerto, y por tanto existido, y un L que afirma su no existencia citando implícitamente la versión de L' (sería parafraseable por: «el que, según algunos, murió en la cruz...»).

Pero lo que nos interesa señalar es que no sólo el enunciador prevé a su destinatario, y esto forma parte de su estrategia, sino que le hace hablar en su discurso, o habla él tomando su palabra. Que la entidad que pueda tener el enunciador está hecha también de otros personajes a través de los cuales habla, otros personajes de los que ofrece una representación en su texto a través de la cual se representa también a sí mismo.

---

[59] Obsérvese la similitud con la definición de *pero*. De hecho es difícil imaginar un empleo de *desde luego* que corresponda a esta definición y que no vaya acompañado de *pero* y de negaciones refutativas: /Desde luego hay que aceptar la legalidad constitucional, pero sin admitir el desmembramiento de la Patria./

5.3. *Las figuras de la distancia enunciativa: ironía, burla, parodia*

Una observación siquiera un poco detallada merece el fenómeno de la «distancia» respecto a las propias palabras que se encuentra de modos diversos en la ironía, las comillas de distancia, la parodia, etcétera. Cabe preguntarse: ¿Hay siempre una apropiación de la palabra ajena como contrapartida del extrañamiento de la propia? ¿Se da en este fenómeno una suerte de cita de otro enunciador?

Respecto a las comillas de distancia, ya hemos apuntado (en 5.0.) que, cuando sirven para mencionar una palabra o una expresión como características de un colectivo, muestras de alguna jerga, o bien como propias de alguna persona particular, la distancia del enunciador es al tiempo atribución de la expresión a otro enunciador, individual o colectivo. Otra voz se hace entrar en la propia mientras se puede proyectar, por parte del enunciador, alguna calificación, más bien descalificación, del locutor implícitamente citado. Pero en otras ocasiones las comillas de distancia marcan la no apropiación del significado usual de término y dirigen la interpretación a otro significado posible:

> Y se ha indicado también que tales juicios, aunque emitidos por el narrador, carecen de carácter personal, carecen de «originalidad», puesto que responden al «sentir de todos», puesto que son *vox populi* (...). Esta «vulgaridad» de sus juicios es una de las razones aducidas para establecer una diferencia entre el narrador y el autor.
>
> (G. Torrente Ballester, *El Quijote como juego*, Madrid, Guadarrama, 1975, pág. 102.)

Las comillas en /«vulgaridad»/, por ejemplo, sugieren el rechazo de la connotación peyorativa que el término suele vehicular (y que conllevaría aquí también en ausencia de las comillas). Marcando así la expresión se indica que no es usada tal y como otros, todos generalmente, la usan.

Si había una cita implícita de otro enunciador, persona o grupo, en el caso de la distancia respecto a expresiones características de esa persona o grupo, la distancia respecto al «uso normal» puede plantearse como atribución de la expresión entrecomillada a un enunciador genérico, el hablante de la lengua. (Hacer el término «enunciador» sinónimo de «uso normal» permite simplemente sugerir la constitución de un otro dentro del propio discurso respecto al que distanciarse.)

Una forma de cita implícita (parafraseable por «según algunos» o «según usted») se advierte, consideran Sperber y Wilson (1978), en la ironía. Efectivamente, en el enunciado /lo ha dicho la UNESCO, que no es demagógica como nosotros/, pronunciado en un coloquio en la televisión por un representante de los consumidores, se percibe la «distancia», no apropiación, por parte del enunciador de su enunciado. El enunciador muestra que no se aplica el calificativo «demagógico», al tiempo que lo atribuye a otro enunciador (L') que lo habría utilizado previamente. Si «ironizar es siempre en cierto modo descualificar, burlarse, poner en ridículo algo o a alguien», aquí el blanco es un enunciador L', *implícitamente citado* (Kerbrat-Orecchioni, 1980a, 119, 123).

Para Kerbrat-Orecchioni el hecho de que en toda ironía exista una distancia[60] del enunciador respecto a lo que dice, no significa que sea siempre interpretable como cita implícita. Habría, para esta autora, ironías verbales citacionales y no citacionales: a propósito de una fuerte discusión, decir /han intercambiado algunas flores/, sería una ironía de este segundo tipo.

El fenómeno de la distancia irónica podría formularse como la pretensión de que el destinatario atribuya al enunciador una no adhesión a su comportamiento lingüístico (Landowsky, 1981). De hecho, la ironía no funciona si el destinatario no se forma esta imagen del enunciador; se trata de que la interpretación del enunciado vehicule una atribución de actitud al sujeto, es decir, se interprete que éste, aparentando una apropiación de la literalidad de la expresión, pretende que se entienda que su opinión no es tal, o es la opuesta.

Nuevamente el hecho de que el enunciador se presente como no identificado con sus palabras puede interpretarse como atribución de las mismas a otro. Mediante el mecanismo de la distancia el enunciador predica algo de un objeto, pero también de sí mismo, al menos deja entender que no es alguien que use esa expresión sin reservas. El ejemplo de Kerbrat-Orecchioni sería parafraseable por un «como suele decirse», posibilidad que muestra que el enunciador se diferencia de los usos o personas corteses y bienpensantes, por lo que nos inclinamos por un entendimiento de la ironía, y de la distancia enunciativa en general, como cita implícita.

Percibir la no-adhesión del enunciador a sus palabras significa en

---

[60] Distancia relativa, advierte justamente Kerbrat-Orecchioni, pues si cito en D.D. puedo tomar el máximo de distancia respecto a los contenidos citados sin que se produzca algún efecto irónico. Es precisa una *apropiación aparente* de la expresión por parte del enunciador (1980a, 122). Pero en todas las definiciones de la ironía se retiene la característica de la distancia enunciativa: tradicionalmente se ha considerado que mediante la ironía «se dice lo contrario de lo que se quiere decir», es decir, que el interlocutor debe interpretar que el locutor no se adhiere al sentido literal de sus palabras, sino que diciéndolas significa un sentido segundo. (Precisamente es esta noción *ad hoc* de «sentido figurado» la que Sperber y Wilson tratan de evacuar interpretando la ironía como cita implícita.)

cierto modo entender a quién caracterizarían dichas palabras: comprendido como burla de un enunciador excesivamente cortés, ello obliga a buscar la interpretación que niegue tal cortesía.

Hay ironías que funcionan más por el mecanismo de inversión del significado, como es el decir de un aparato que emite sonidos ensordecedores: /no se oye apenas/. La evidencia de una situación opuesta a la descrita por el enunciado provoca la interpretación en el sentido opuesto a su significado literal. Pero, ¿qué función cumple el recurrir a la ironía en lugar del enunciado que directamente describe los hechos, por ejemplo? La inversión debe querer cumplir la función de burlarse de algo o de alguien. En este caso imaginamos como contexto del enunciado una situación en que alguien entre los receptores habría pedido que se subiera el volumen del aparato, o hecho algún comentario en ese sentido. Encontramos así de nuevo la alusión a un locutor distinto del enunciador de la ironía, que es implícita y quizá vagamente citado, y de ese modo ridiculizado.

Hay dos mecanismos que permiten percibir la no adhesión del enunciador, e interpretar por tanto el enunciado como irónico: el de la *mención*, la expresión irónica se señala o menciona como impropia, desmesurada, ridícula, etc., en cualquier caso, no adecuada, en su sentido habitual, a la situación (la expresión puede ser señalada por medio de marcas prosódicas, sintácticas, retóricas o por la entonación, el gesto, etc.). Pero también se produce la interpretación irónica de enunciados no marcados en modo alguno cuando el enunciador prevé que el destinatario posee la suficiente información sobre él para saber que no puede querer significar lo que literalmente la expresión dice. Por este motivo, un mismo enunciado puede ser interpretado en su sentido literal por un sector de los receptores, aquellos que no poseen la información necesaria sobre el enunciador como para sospechar que no puede opinar así, y en sentido irónico por el destinatario previsto con cuya complicidad se cuenta. Naturalmente también la secuencia de enunciados siguientes, o el conjunto de elementos cotextuales y contextuales puede aclarar el comportamiento lingüístico atribuible al enunciador y, por tanto, la interpretación de sus enunciados. El siguiente diálogo puede ilustrarlo: A(1): /Menos mal que tenemos un gobierno que va a arreglar las cosas/, (B): /¿Usted cree?/, A(2): /¡Claro! Se ve de lejos/. El primer enunciado es ambiguo si B no conoce la posición política de A; no lo es, en cambio, si B posee ese dato. El enunciado en sí puede recibir tanto una interpretación literal como irónica; sólo esa información sobre su locutor permite al oyente atribuirle la intención irónica (información que puede proporcionar un contexto como el de «reunión de un partido de oposición», aunque el oyente no conociera a su interlocutor). En nuestro caso B duda entre ambas interpretaciones, pero la sucesiva respuesta de A, más marcadamente irónica, aclara el sentido de la primera. Podemos decir que A(2) es un enunciado marcado, señalado por el énfasis desmesurado (difícilmente podría recibir una interpretación literal), mientras A(1) no conlleva «marca» alguna de ironía, es la información contextual la que hace que reparemos en la expresión y la veamos también como no vehiculando la adhesión de A. (En este caso A parece citar implícitamente la versión del propio gobierno)[61].

La *parodia* más que un procedimiento expresivo suele ser considerada un género, algo que afecta a la construcción e interpretación de textos completos (aunque se ha dicho también de la ironía que puede caracterizar a un texto completo). «A nivel de su estructura formal, un texto paródico es la articulación de una síntesis, de una incorporación de un texto parodiado (de fondo) en un texto parodiante (...) La parodia representa a la vez la desviación de una norma *literaria* y la inclusión de esta norma como material interiorizado.» Es una forma *intertextual*, como la alusión, el pastiche, la cita, la imitación y otras, que efectúa una superposición de textos (Hutcheon, 1981, 143).

Pero queremos retener aquí de la parodia únicamente su mecanismo formal, su intertextualidad, que puede no ser alusión a un texto, o a un grupo de textos concreto, sino a un género, a una norma. Y lo relacionaremos también con otras formas de alusión a una norma, no sólo literaria, sino, en general, a un código sea lingüístico, estilístico, un registro expresivo, unas reglas o características formales, etc.[62], cuando suponen una *distancia,* no adhesión del enunciador respecto de esas formas.

La parodia tiene la peculiaridad y el interés respecto a las otras formas de alusión y mímesis, de que la norma es introducida en el propio texto como una componente material al tiempo que el enunciador establece de alguna manera una posición de extrañamiento o crítica al respecto, o la marca peyorativamente. (Nos interesamos menos por las actitudes enunciativas «respetuosas», como en el «homenaje», pues se caracterizan porque en ellas el modelo se integra perfectamente en el material propio —hasta el punto de que sin un conocimiento previo del modelo no sería reconocible la alusión— y no tiene, por tanto, relación con los procedimientos de distancia enunciativa que aquí estudiamos.)

Sin pretender agotar todas las formas de este fenómeno, merece la pena presentar algunos ejemplos ilustrativos. Un caso de E.I.L. en que se capta la «lengua» del personaje en modo paródico:

---
[61] El Grupo μ (1978) interpreta también las ironías icónicas, en los chistes gráficos por ejemplo, como formas de cita implícita.

[62] Queremos así señalar, aunque sea de pasada, la importancia del nivel de la expresión en los fenómenos enunciativos y en los juegos y caracterizaciones de sus personajes.

> El juicio fue un gran triunfo para don Torcuato. Su defensa hizo llorar a las mujeres y temblar a los hombres de indignación. Describió la conspiración tenebrosa en la que aquella mujer, la acusada, era víctima inocente y meramente funcional, porque la maniobra iba en realidad dirigida contra la Memoria Inmarcesible del Inolvidable Vate, símbolo ya de tantas cosas amadas; el hombre que todas las mujeres de Castroforte llevaban en su corazón, el que todos los varones reverenciaban en su alma.
>
> (G. TORRENTE BALLESTER, *La Saga/fuga de J. B.*, citado, pág. 132.)

Aquí el E.I.L. no es solamente contaminación entre el discurso del enunciador y el del personaje; además hay una clara parodización o burla. Al tiempo que transmite el discurso de «don Torcuato», el enunciador lo caracteriza y califica peyorativamente (como ya hacía por medio del D.I., según vimos en el capítulo 5.2.2.). (El discurso del personaje es visto desde el del enunciador, en términos de Bajtin, 1979.)

Pero aún más clara resulta la apropiación de criterios ajenos teñida con la distancia burlona[63] en esta descripción de un personaje cuyos criterios de valoración son presentados a la vez que burlados por el enunciador, sin referir en algún modo su discurso:

> Se presentó, digo, don Acisclo Azpilicueta, y, con la autoridad que le daban sus hábitos, sus años y su adhesión incondicional a todo lo que la postulase.
>
> (G. TORRENTE BALLESTER, *La Saga/fuga de J. B.*, citado, pág. 65.)

Y, siguiendo los criterios de Bajtin habría que incluir otra forma de presentación del punto de vista del personaje desde el del enunciador: la «motivación pseudoobjetiva». En sus connotados formales se trata del discurso del enunciador, pero introduce una motivación que «se encuentra en el horizonte subjetivo del personaje» (1979, 113). Nuevamente en *La Saga/fuga de J. B.*:

> El Poncio se vio cogido entre la espada y la pared, pues había dado el permiso tácito para que la Tabla Redonda se restaurase, después, *eso sí*, de consultar a Madrid.
>
> (*Íd.*, pág. 65, subrayado nuestro.)

---

[63] Para ser precisos quizá habría que hablar aquí de *sátira* más que de parodia, ya que el blanco de la burla no son registros formales o códigos expresivos, sino situaciones o caracteres sociales. Pero nos interesamos aquí por el mecanismo enunciativo y en ese aspecto este ejemplo entra plenamente en el tipo aquí estudiado.

La utilización de una lengua ajena —especialmente si es reconocida como característica de un ámbito o grupo particular— para expresarse uno mismo introduce la bivocalidad o polifonía bajtiniana: dos voces se expresan en la misma palabra. En este fragmento de *El Jarama* de R. Sánchez Ferlosio, el cambio de registro permite por dos veces a un locutor-personaje («Sebas») distanciarse de su propia expresión y comentarla como jocosa (asumir el papel de otro con el que burlarse de sí mismo, aquí el del *barman* y del charlatán de feria):

> Sebas cogía el gorro y luego le metía los papeles y revolvía, diciendo:
> —Tres de vermut, dos de ginebra, unas gotas de menta, un trocito de hielo, agítese y sírvase en el acto. Toma, Luci, bonita.
> —Mira, te pones ahí de espaldas y vas sacando las papeletas una a una, y a cada papeleta que sacas me preguntas: «¿Y ésta para quién?», y yo te diré un nombre, y ése le toca lo que diga en el papel que tú hayas sacado, ¿estamos de acuerdo?
> Luci asentía.
> —Pues venga.
> —¡Dentro de breves momentos procederemos al sorteo! —decía Sebas con voz de charlatán—. ¡Oído a la carta premiada!
>
> (*Cit.*, pág. 73.)

Un registro estereotipado sirve para expresar las propias intenciones al tiempo que para decir algo sobre sí mismo.

Resulta particularmente interesante observar las formas intermedias entre la burla descarada, la parodia abierta por la cual el autor se aleja netamente del objeto ridiculizado, y la expresión directa de las propias opiniones, gustos, sentimientos... Entre ambas está la desconfianza respecto a las pretensiones de neutralidad de la palabra. El caso quizá más común, pero también el más sutil, es aquel en que una palabra ajena es a la vez *mostrada* como extraña y utilizada «dialógicamente» con la propia, o aquel en que una forma, un registro, un estilo son vistos a la vez burlonamente y con «simpatía»: el sujeto no deja de ver su lado ridículo, pero no deja tampoco de sentirse en cierto sentido representado por o identificado con ella. Nos encontramos así fraccionados como sujetos en posiciones o actitudes no del todo concordantes. (Bajtin subraya en el *Quijote* su «sabio equilibrio» entre la parodia de la palabra del personaje y la introducción del propio pensamiento del autor a través de la palabra ajena, 1979, 216-217.)

5.4. Conclusión

En la manifestación de las propias opiniones o sentimientos se tropieza a veces con la lengua misma, se siente que utilizando una determinada expresión caen sobre nuestro discurso las connotaciones que otros usos, otros discursos anteriores han dado a esa expresión: ahí la lengua se corporeíza en cierto modo y el texto deja de ser exclusivamente manifestación de un sujeto para representar una pluralidad de voces que, de modo indefinido, resuenan en él.

Ocurre también que al referir palabras de otro parece imposible separarlas netamente de aquellas de quien las refiere. Eso pretende el Discurso Directo, pero incluso en esta forma hemos señalado la interferencia, casi insalvable, del enunciador en el discurso citado. El Discurso Indirecto, en cambio, traslada la enunciación referida a la del citador, no quiere conservar de aquella ni las peculiaridades expresivas ni las lingüísticas, es la forma de la «absorción» del discurso ajeno. Finalmente la aparición del E.I.L. supone la cristalización de la contaminación; no es posible atribuir claramente la palabra a algún sujeto, separar la voz del enunciador de la del personaje.

La lengua misma, en su misma estructura, integra la incorporación de otras enunciaciones al propio discurso. Según algunos autores, sólo conforme a esta hipótesis se explican ciertos usos de las adversativas, la negación, etc.

Por último, hemos incluido en este cuadro las formas de la «distancia enunciativa» por las que el enunciador, sin citar explícitamente a otro, se «extraña» de su propia palabra, pretende que se interprete que lo que dice no debe serle atribuido y no debe, sobre todo, caracterizarle; antes al contrario, se quiere caracterizado como quien *muestra* lo ridículo o absurdo de decir eso, sin por ello hacerlo explícito[64].

---

[64] Goffman llama «distancia del rol» a la «neta separación que es expresada "eficazmente" entre el individuo y su rol putativo. El término es por tanto un poco elíptico: en realidad el individuo no niega el rol, sino el sí mismo virtual e implícito en el rol para todos los ejecutores que lo aceptan» (1979b, 108).

Bibliografía

Anscombre, J.-C., y Ducrot, O. (1976), «L'argumentation dans la langue, *Langages*, 42.
Babcock, B. A. (1980), «Reflexivity: Definitions and discriminations», *Semiotica*, 30-1/2.
Bajtin, M. (1977), «Il problema del testo», en V. V. Ivanov *et al.*, *Michail Bachtin. Semiotica, Teoria della letteratura e marxismo*, Bari, Dedalo.
— (1978), «The forms of time and the chronotopos in the novel», *PTL, A Journal of Poetics and Theory of Literature*, 3. Edición original, «Formy vremeni i xronotopa romane», en M. M. Baxtin, *Voprosy literatury i estetiki*, Moscú, 1975.
— (1979), *Estetica e romanzo*, Turín, Einaudi. Edición original, *Voprosy literatury i estetiki*, Moscú, 1975.
Barthes, R. (1972), *Le degré zéro de l'écriture*, París, Seuil. Traducción española: *El grado cero de la escritura*, México, Siglo XXI, 1973.
Bateson, G. (1976), *Pasos hacia una ecología de la mente*, Buenos Aires, Carlos Lohlé. Edición original, *Steps to an ecology of mind*, Nueva York, Chandler Publishing Co., 1972.
Benveniste, E. (1946), «Structure des relations de personne dans le verbe», *Bulletin de la Société de Linguistique*, XLIII, fasc. 1, núm. 126, en Benveniste, 1971.
— (1956), «La nature des pronoms», en *For Roman Jakobson*, La Haya, Mouton, en Benveniste, 1971.
— (1958), «De la subjectivité dans le langage», *Journal de Psychologie*, julio-septiembre, en Benveniste, 1971.
— (1959), «Les relations de temps dans le verbe français», *Bulletin de la Société de Linguistique*, LIV, fasc. 1, en Benveniste, 1971.
— (1963), «La philosophie analytique et le langage», *Les Études philosophiques*, 1, en Benveniste, 1971.
— (1970), «L'appareil formel de l'énonciation», *Langages*, 17, en Benveniste, 1977.
— (1971), *Problemas de lingüística general*, México, Siglo XXI. Edición original, *Problèmes de linguistique générale*, París, Gallimard, 1966.
— (1977), *Problemas de lingüística general II*, México, Siglo XXI. Edición original, *Problèmes de linguistique générale II*, París, Gallimard, 1974.
Borel, M.-J. (1975), «Schématisation discursive et énonciation», *Travaux du Centre de Recherches sémiologiques de Neuchâtel*, 23.
Bosque, I. (1980), *Sobre la negación*, Madrid, Cátedra.
Bühler, K. (1979), *Teoría del lenguaje*, Madrid, Alianza. Edición original, *Sprachteorie*, 2.A., Jena, 1934.
Burunat, S. (1980), *El monólogo interior como forma narrativa en la novela española*, Madrid, José Porrúa Turanzas.
Cicourel, A. V. (1980), «Language and Social Interaction: Philosophical and Empirical Issues», *Working Papers* del Centro Internazionale di Semiotica e di Linguistica de Urbino, 96.
Coquet, J. C. (1979), «Prolegomènes à l'analyse modale. Le sujet énonçant», *Documents de Recherche* du G.R.S.L., 3.

COSTE, D. (1980), «Trois conceptions du lecteur et leur contribution à une théorie du texte littéraire», *Poétique,* 43.
DIJK, T. A. VAN (1980),*Texto y contexto,* Madrid, Cátedra. Edición original, *Text and Context,* Londres, Longman Group Limited, 1977.
DUBOS, U. (1980), «Au sujet de la possibilité d'une analyse linguistique de l'énonciation poétique contemporaine», *Semiotica,* 29-1/2.
DUCROT, O. (1972), *Dire et ne pas dire,* París, Hermann.
— (1978a), «Atti linguistici», *Enciclopedia,* Turín, Einaudi.
— (1978b), «Enunciazione», *Enciclopedia,* Turín, Einaudi.
— (1978c), «Presupposés et sous-entendus», en *Stratégies discursives,* Lyon, Presses Universitaires de Lyon.
— (1980a), «Analyse de textes et linguistique de l'énonciation», en Ducrot *et al.,* 1980.
— (1980b), «Analyses pragmatiques», *Communications,* 32.
DUCROT, O., et al. (1980), *Les mots du discours,* París, Minuit.
ECO, U. (1975), *Trattato di semiotica generale,* Milán, Bompiani. Traducción española: *Tratado de semiótica general,* Barcelona, Lumen, 1978.
— (1976), *Signo,* Barcelona, Labor. Edición original, *Il Segno,* Milán, ISEDI, 1973.
— (1979), *Lector in fabula,* Milán, Bompiani. Traducción española: *Lector in fabula,* Barcelona, Lumen, 1981.
FABBRI, P. (1979), «Champ de manœuvres didactiques», *Le Bulletin* de GRSL, 7.
FABBRI, P., y SBISÁ, M. (1981), «Il grimaldello e le chiavi», *V.S. Quaderni di studi semiotici,* 26/27.
FILLMORE, Ch. J. (1966), «Deictic categories in the semantics of "come"», *Foundations of Language,* 2.
— (1975), «Types of lexical information», en D. D. Steinberg, L. A. Jakobovits (eds.), *Semantics,* Londres, Cambridge University Press, 1975.
— (1981), «Pragmatics and the Description of Discourse», en P. Cole (ed.), *Radical Pragmatics,* Nueva York, Academic Press.
GENETTE, G. (1966), «Frontières du récit», *Communications,* 8.
— (1976), *Figure III,* Turín, Einaudi (2.ª ed.). Edición original, *Figures III,* París, Seuil, 1972.
— (1977), «Genres, "types", modes», *Poetique,* 32.
— (1979), *Introduction à l'architexte,* París, Seuil.
GOFFMAN, E. (1974), *Frame Analysis. An Essay on the organization of Experience,* Cambridge, Harvard University Press.
— (1979a), «Footing», *Semiotica,* 25-1/2.
— (1979b), *Expressione e identità,* Milán, Mondadori. Edición original, *Encounters. Two Studies in the Sociology of Interaction,* Indianápolis, Bobbs-Merril, 1961.
GREIMAS, A. J. (1975), «Des accidents dans les ciences dites humaines», *VS. Quaderni di studi semiotici,* 12.
— (1976a), «The Cognitive Dimension of Narrative Discourse», *New Literary History,* VII.
— (1976b), «Du discours scientifique en sciences sociales», en *Sémiotique et sciences sociales,* París, Seuil. Traducción española: *Semiótica y ciencias sociales,* Madrid, Fragua.
— (1979), «La soupe au pistou», *Documents de recherche* du GRSL, 20.

GREIMAS, A. J., y COURTÉS, J. (1979), *Sémiotique. Dictionnaire raisonné de la théorie du langage*, París, Hachette.
Grupo μ (1976), *Retorica generale*, Milán, Bompiani. Edición original, *Rhétorique générale*, París, Larousse, 1970.
— (1978), «Ironique et iconique», *Poétique*, 36.
GUMBRECHT, H. U. (1979), «Persuader ceux qui pensent comme vous», *Poétique*, 39.
HARRÉ, R., y SECORD, P. F. (1979), *La spiegazione del comportamento sociale*, Bolonia, Il Mulino. Edición original, *The explanation of Social Behavior*, Oxford, Basil Balckwell, 1972.
HENDRICKS, W. O. (1976), *Semiología del discurso literario*, Madrid, Cátedra.
HUTCHEON, L. (1981), «Ironie, satire, parodie. Une approche pragmatique de l'ironie», *Poétique*, 46.
JAKOBSON, R. (1957), «Shifters, verbal categories and the rusian verb», *Russian Language Project*, en Jakobson, 1975.
— (1975), *Ensayos de lingüística general*, Barcelona, Seix Barral. Edición original, *Essais de linguistique générale*, París, Minuit, 1963.
KAUFMANN, V. (1981), «De l'interlocution à l'adresse», *Poétique*, 46.
KERBRAT-ORECCHIONI, C. (1980a), «L'ironie comme trope», *Poétique*, 41.
— (1980b), *L'énonciation. De la sujectivité dans le langage*, París, Armand Colin.
— (1981), «Expliciter l'implicite», curso del Centro Internazionale di Semiótica e linguistica, Urbino, 13-17 julio.
LABOV, W., y FANSHEL, D. (1977), *Therapeutic Discourse*, Nueva York, Academic Press.
LANDOWSKY, E. (1981), «Sinceritè, confiance et intersubjectivité», comunicación en el coloquio *Le croire et le savoir/Kno ing and believing*, Albi, 27-31 julio.
LYONS. J. (1978), *Éléments de sémantique*, París, Larousse. Edición original, *Semantics I*, Londres, Cambridge University Press, 1977. Traducción española: *Semántica*, Barcelona, Teide, 1980.
— (1980), *Sémantique linguistique*, París, Larousse. Edición original, *Semantics II*, Londres, Cambridge University Press, 1978. Traducción española: *Semántica*, Barcelona, Teide, 1980.
MINSKY, M. A. (1975), «A Framework for representing knowledge», en Winston, P. H. (ed.), *The psichology of computer vision*, Nueva York, McGraw-Hill.
DEL NINO, M. (1980), «Proverbi», *Enciclopedia*, vol. XI, Turín, Einaudi.
PASOLINI, P. P. (1977), «Intervento sul Discorso Libero Indiretto», en *Empirismo eretico*, Milán, Garzanti.
PEIRCE, Ch. S. (1931), *Colected Papers*, Cambridge, Harvard University Press.
PÉNINOU, G. (1976), *Semiótica de la publicidad*, Barcelona, Gustavo Gili. Edición original, *Intelligence de la publicité*, París, Robert Laffont, 1972.
POUILLON, J. (1946), *Temps et roman*, París, Gallimard.
RÉCANATI, F. (1979a), *La transparence et l'énonciation*, París, Seuil.
— (1979b), «Le développement de la pragmatique», *Langue française*, 42.
RICOEUR, P. (1977), «Le discours de l'action», en Ricœur, P., et. al., *La sé-*

mantique de l'action, París, CNRS. Traducción española: *El discurso de la acción*, Madrid, Cátedra, 1981.
SIMONIN-GRUMBACH, J. (1975), «Pour une typologie des discours», en *Langue, Discours, Société*, París, Seuil.
SPERBER, D. (1975), «Rudiments de rhétorique cognitive», *Poétique*, 23.
SPERBER, D., y WILSON, D. (1978), «Les ironies comme mentions», *Poétique*, 36.
STEINER, G. (1978), «A note on the Distribution of Discourse», *Šemiotica*, 23-3/4.
STEMPEL, W.-D. (1979), «Aspects génériques de la réception», *Poétique*, 39.
TACCA, O. (1978), *Las voces en la novela*, Madrid, Gredos (2.ª ed.).
TODOROV, T. (1979), «Bakhtine et l'altérité», *Poétique*, 40.
USPENSKY, B. A. (1973), «Study of Point of view: Spatial and Temporal Form», *Working Papers* del Centro Internazionale di Semiotica e di Linguistica, 24.
VOGT, C. (1981), «Pour une pragmatique des représentations», *Semantikos*, 4.
WEINRICH, H. (1978), *Tempus. Le funzioni dei tempi nel testo*, Bolonia, Il Mulino. Edición original, *Tempus. Besprochene und erzählte Welt*, Stuttgart, Kohlhammer, 1964. Traducción española: *Estructura y función de los tiempos en el lenguaje*, Madrid, Gredos.
— (1979), «Les temps et les personnes», *Poétique*, 39.
— (1981), *Lenguaje en textos*, Madrid, Gredos. Edición original, *Sprache in texten*, Stuttgart, Ernst Klett, 1976.

Capítulo IV

La acción discursiva

> En último análisis es siempre al acto de palabra en el proceso de intercambio a lo que remite la experiencia humana inscrita en el lenguaje.
>
> E. Benveniste

1. Lenguaje y acción

«Del dicho al hecho hay mucho trecho», dicta uno de los adagios en los que nuestra cultura tradicional ha expresado la convicción de que el orden del discurso y el orden de la acción, el *légein* y el *práttein,* son cosas muy distintas. El lenguaje coloquial llega a registrar expresiones en las que se propone una relación contradictoria entre ambos dominios, de suerte que la atribución del decir a un sujeto (/Fulano habla mucho.../) puede implicar la negación de su hacer (/Fulano no hace nada.../). Acaso esta experiencia de las relaciones entre dominio discursivo y dominio práctico tenga cierto fundamento en la propia naturaleza del lenguaje, pues, como ha señalado Ducrot, numerosos teóricos han caracterizado por su función «sustitutoria» al comportamiento lingüístico, «cuya originalidad consiste, en primer lugar, en el ahorrar una acción» (1977, 117).

Pero aun así, podría concebirse tal comportamiento sustitutorio como una (otra) clase de acción. Ése es el punto de vista que venimos propugnando en estas páginas, en oposición a aquellas concepciones *representacionalistas* que, en palabras de Quine, sustentan el mito de un museo del sentido en el que las palabras funcionan como etiquetas (Quine, 1971, 142).

La perspectiva accional, desde el *Cratilo* de Platón y desde la retórica clásica, ha sido adoptada intermitentemente por los teóricos del lenguaje. En nuestro siglo diversas corrientes filosóficas se han interesado por el uso concreto de las palabras (en seguimiento de Wittgenstein) o por el sentido en cuanto propiedad de la conducta (en la línea de Dewey), asumiendo que en la teoría de la significación lo que cuenta no es tanto qué significan ciertas entidades cuanto su construcción en términos de comportamiento (*íbid.*, 143). El lenguaje es ante todo un modo de interacción entre hablante y oyente; «ello presupone un grupo organizado al que estas criaturas pertenecen y del que han adquirido sus hábitos de habla» (*íbid.*, 142). Pero la comprensión de la naturaleza interaccional del lenguaje ha de ir más allá del reconocimiento de las constricciones particulares que sobre los fenómenos lingüísticos ejercen las estructuras sociales: en los manuales de psicología social, comúnmente «la noción de poseer un lenguaje y las nociones que la acompañan —significado, inteligibilidad y otras— se dan por supuestas. Se tiene la impresión de que primero está el lenguaje (con palabras que tienen un significado y enunciados capaces de ser verdaderos o falsos), y que luego, dado esto, se introduce aquél en las relaciones humanas y se modifica según las particulares relaciones humanas de las que haya llegado a formar parte. Lo que se pasa por alto es que esas mismas categorías de significado, etcétera, dependen *lógicamente* respecto de su sentido, de la interacción social de los hombres (...). Nunca se analiza cómo la existencia misma de los conceptos depende de la vida de grupo» (Winch, 1972, 45).

La interacción social no debe, en fin, entenderse como un hecho puramente externo al lenguaje, de tal modo que la explicación de las relaciones entre discurso y sociedad opere exclusivamente sobre correlaciones entre datos de ambos dominios. El lenguaje inscribe en su propia naturaleza las coordenadas del mundo intersubjetivo; orienta, regula y transforma los modos de correspondencia entre los sujetos, además de servir a la objetivación de las distintas experiencias de la realidad y a la creación y actualización de «mundos» (Berger y Luckmann, 1968, 54-64). El lenguaje produce relaciones intersubjetivas, y es al mismo tiempo su producto. Por eso registra de ellas vestigios estructurales: la dialéctica de los deícticos que sustentan las estructuras de la subjetividad se manifiesta «en el corazón mismo de la lengua». En el capítulo II nos hemos referido ya a la posición de Benveniste sobre el particular. Conforme a ella, la comunicación no es sólo el efecto empírico o superficial de la movilización de estructuras subyacentes; por el contrario, la *estructura del diálogo* es una matriz implantada en el lenguaje en el nivel de sus formas más universales.

Debemos a K. Bühler la distinción entre dos aspectos de la actividad lingüística cuyo interés teórico parece hoy evidente: el *acto lingüístico* (Sprechakt) y la *acción lingüística* (Sprechhandlung). A esta última corresponde la función «instrumental» del lenguaje, que a través de sus operaciones sirve como *medio* para ciertos fines: persuadir, cooperar con otros, inducir comportamientos, etc. En cuanto *acto,* el lenguaje cumple la función de significar, de otorgar sentido.

El fundamento de la distinción reside en que, mientras la función propia del acto es inherente al lenguaje —independiente de propósitos o actividades extradiscursivos—, las funciones de la acción desbordan lo lingüístico y atañen a otros ámbitos comportamentales (Ducrot y Todorov, 1975, 382-383).

Por ejemplo, una determinada instrucción verbal, en cuanto *acción* del lenguaje, puede cumplir la misma función que un silbato para indicar el inicio de la jornada laboral (pertinencia instrumental). Las expresiones siguientes pueden equivaler, desde este punto de vista:

[1] a) /¡Al tajo, idiotas!/
     b) /Les recuerdo que son las ocho y dos minutos./

Pero parece obvio que constituyen actos lingüísticos distintos. Aunque ambos enunciados resulten instrumentalmente equivalentes, difieren desde el punto de vista de su sentido intersubjetivo: posición respectiva de los interlocutores, carácter directo o indirecto del mandato, actitud respecto al discurso, etc.

Es también muy conocida la concepción wittgensteiniana del lenguaje como actividad: tras abandonar el ideal positivista de un lenguaje formalizado que contrarrestase la supuesta ambigüedad de los lenguajes naturales, Wittgenstein aboga en sus últimas obras en favor del «lenguaje ordinario» y en contra de las pretensiones de un formalismo a ultranza (1976 y, sobre todo, 1958). En palabras de Katz, la propuesta del segundo Wittgenstein es «el examen descriptivo de los modos en que los hablantes usan realmente palabras y expresiones, en su empleo ordinario en un lenguaje natural» (Katz, 1971, 58), puesto que «el lenguaje ordinario está perfectamente» (Wittgenstein, 1976, 57).

Wittgenstein utiliza la expresión de «juego del lenguaje» para designar «el conjunto del lenguaje y las acciones que lo acompañan» (1958, 7). Desde esta noción, la comprensión del sentido habrá de rebasar el orden puramente lingüístico para tomar en cuenta el contexto accional y los procedimientos de interpretación a los que se asocia la actividad de hablar. La metáfora del juego, que también utilizó Saussure, viene a suscitar la idea de *actividad* sostenida por varios sujetos conforme a ciertas reglas. El juego de Wittgenstein es una noción en parte semejante al «intercambio» de Mauss: por él se instauran entre los sujetos (en este caso, los interlocutores) «ciertas relaciones originales, arbitrarias y garantizadas exclusivamente por la autoridad de una institución» (Ducrot, 1979, 111)[1].

---

[1] También es instructiva, aplicada al uso lingüístico, la idea de juego desarrollada por Lévi-Strauss: el juego tiene un carácter «disyuntivo», pues parte de una simetría preestablecida y estructural (derivada del principio de que las reglas son com-

Wittgenstein hace hincapié en la idea de «jugar» como actividad ciertamente regulada, pero también *creadora de normas*. El empleo del lenguaje, del que se hace depender la significación, consiste en «un conjunto de actividades multiformes e interrelacionadas, sea recíprocamente, sea con los otros tipos de actividad social» (Sbisà, 1978, 14). Con Wittgenstein se abre la perspectiva teórica de una pragmática alternativa a la lingüística funcional: en lugar de «funciones» del lenguaje (referencial, expresiva, etc.) se hace posible discriminar tipos de actividad discursiva y, con ellos, formas específicas de modificación de las relaciones humanas *en* y *por* el lenguaje.

Pero una vez mencionados algunos prestigiosos antecedentes, conviene justificar sumariamente nuestra preferencia por la noción de *acción discursiva* antes que por la más extendida de *acción lingüística* o *de habla* (según una terminología vinculada a la denominación estándar de la teoría de los *speech-acts*). No faltan razones para encontrar en la obra de Austin los fundamentos de una verdadera teoría de los actos de discurso en oposición a las teorías de actos de lenguaje de muchos de sus seguidores, como Searle (así lo ha visto, por ejemplo, Slakta, 1974), al menos si se toma en cuenta el interés austiniano por el «acto lingüístico total», que trasciende el nivel de la frase.

Subrayamos, pues, dos razones para nuestra preferencia: *a)* Los actos a los que vamos a referirnos no consisten *sólo* (y a veces, *ni siquiera*) en ejecuciones lingüísticas, sino en actos expresivos realizados por medios verbales o no verbales. Obviamente, el solo recurso a gestos, miradas, emisiones vocales no lingüísticas, etc., puede servir para amenazar, advertir, interrogar o cumplir cualesquiera otras acciones del tipo de las que aquí tomaremos en cuenta. Al propugnar, en esta línea de razonamiento, que esos actos no se cumplen en el habla, sino en el discurso, entendemos el discurso como un proceso expresivo que integra registros semióticos heterogéneos. *b)* Como venimos manifestando a lo largo de este trabajo, nuestro horizonte metodológico es el *texto*. En las próximas páginas no siempre alcanzaremos a sustraer la teoría de la acción del marco de la frase-enunciado en que hasta el presente se ha venido, por lo general, proponiendo, pero al menos como posición de principios adoptamos la consigna barthesiana de una aproximación *translingüística*.

Nuestro interés se dirige, en fin, no hacia la actividad lingüística, sino hacia la acción discursiva, que como la «actividad comunicacional» de Habermas, remite al orden dialógico, al orden de la interacción. Y la interacción se refiere a un *contexto comunicativo*

---

partidas por los agentes) para culminar en una asimetría engendrada en la «contingencia de los acontecimientos». Las relaciones se transforman desde la simetría inicial que garantizan las reglas (1964, 58).

en curso, a la intersubjetividad que se va constituyendo «sobre la base amenazada sin cesar del reconocimiento recíproco» (Ricœur *et al.,* 1977, 260-261).

Pero ese es el mismo interés que guía la propuesta de los «juegos lingüísticos» en Wittgenstein: no indagar la significación frástica de los enunciados, sino el sentido de la interacción socioverbal que se produce en distintos contextos comunicativos: diálogos, disputas, narraciones, ceremonias, etc.

2. EL HACER LO QUE SE DICE

2.0. *La performatividad*

Se debe a Austin la formulación inicial de la teoría de la performatividad, de la que arranca la propuesta de los actos de habla. Tradicionalmente se ha considerado que los enunciados representan o describen algún acontecimiento o estado de cosas, y que de esta propiedad deriva su *valor lógico:* un enunciado es verdadero si su descripción corresponde adecuadamente a aquello que describe, y falso en el caso contrario. Austin denomina «constatativos» a ambos tipos de enunciados, pero propugna que determinadas expresiones no son analizables en estos términos, ya que no describen nada —aquí precisaremos: nada exterior al propio acto de enunciarlas— y poseen la función específica de *cumplir una acción.* Austin denomina «performativos» a esta segunda clase de enunciados[2], cuya formulación *«equivale* a cumplir una acción, acción que acaso no se podría efectuar de otro modo» (1978, 49). Sirvan de ejemplos:

[2]   a)   /Os *declaro* marido y mujer./
       b)   /*Prometo* tomar la medicina./
       c)   /Te *felicito* por tu ascenso./

Ahora bien, cabría pensar que si el enunciado constatativo /el reloj está en la cocina/ describe el hecho de que el reloj está en la cocina, la expresión [2c] describe igualmente un hecho: el de mi felicitación por causa de tu ascenso. Aun cuando más tarde podremos aceptar que, en efecto, [2c] posee también ese valor, aquí nos interesa subrayar, siguiendo las iniciales propuestas de Austin, que lo

---

[2] Utilizamos el anglicismo «performativos» debido a su general aceptación en la literatura del género. Otras traducciones del «performative» austiniano han sido «realizativo» y «ejecutivo». El «constative» austiniano puede traducirse también como «constativo», «descriptivo» e incluso «fáctico».

específico de tal enunciado es que la acción de felicitar consiste precisamente en decir las palabras «te felicito» u otras equivalentes; de modo que, antes que describir la felicitación, estas palabras la *constituyen*. En tanto que un enunciado descriptivo difiere del hecho descrito, la acción enunciada por el verbo performativo se confunde con el hecho de enunciarla.

En las expresiones performativas «*decir* algo es *hacer* algo (...). *Porque* decimos algo o *al* decir algo, hacemos algo» (Austin, 1971, 53). En términos similares, Benveniste propone: "*Jurar*" consiste precisamente en la enunciación "*yo juro*" (...). La enunciación "*yo juro*" es el acto mismo que me compromete, no la descripción del acto que yo cumplo» (1974, 186).

2.1. *La autorreferencia en los performativos*

El enunciado performativo incluye generalmente morfemas deícticos de primera persona y de tiempo presente; no es difícil advertir las estrechas relaciones que vinculan la teoría de la actividad performativa con la más genérica teoría de la enunciación. Como se indicaba en el capítulo III.2.0., Jakobson observa que el pronombre «yo» no es reductible a su función indicial, habida cuenta de que, en cuanto *símbolo,* designa en general la figura del *destinador* (enunciador) del discurso (1975, 310-311), un actante de la *enunciación*. «La enunciación —escribe Benveniste— se identifica con el acto mismo. Mas esta condición no es dada en el sentido del verbo; es la "subjetividad" del discurso la que la hace posible. Se verá la diferencia reemplazando *yo juro* por *él jura*. Mientras que *yo juro* es un comprometerme, *él jura* no es más que una descripción, en el mismo plano que *él corre, él fuma*» (1974, 186). Contrastemos ahora /yo juro/ con /yo fumo/. Mientras que la segunda expresión me *describe* como un personaje o sujeto del enunciado al que se atribuye la acción de fumar (como si digo /Gonzalo fuma/), el «yo» de la primera expresión designa, o se presenta en *sincretismo* con el sujeto que asume la emisión del discurso (cfr. capítulo III.4.1.). En este sentido, los «yo» de las respectivas expresiones remiten a instancias de diferente nivel analítico. Designando mediante «Yo$_1$» al enunciador y mediante «Yo$_2$» al personaje del enunciado, representaremos las expresiones anteriores del siguiente modo:

[3] (a) /yo juro/ = «Yo$_1$ / Yo$_2$ } juro.»
(b) /yo fumo/ = «Yo$_1$ digo (Yo$_2$ fumo).»

Aquí se indican los dos niveles de la emisión (enunciación, enunciado) como respectivas instancias a las que remiten los valores constatativo y performativo: el primero de ellos concierne a lo *enunciado*, y su sujeto, cualquiera que sea su forma pronominal, es un personaje enunciado; el segundo concierne al acto mismo de enunciación y la instancia subjetiva que presupone es necesariamente «la primera persona» del enunciador.

Por lo que respecta al supuesto sincretismo de «Yo$_1$» y «Yo$_2$» en el enunciado [3a], es decir, a la carencia de relación transitiva entre ambas instancias, cabe decir que no expresa sino el valor *autorreferencial* (o suirreferencial) que Benveniste atribuye al performativo: «referirse a una realidad que él mismo constituye, por el hecho de ser efectivamente enunciado en condiciones que lo hacen acto (...). El acto se identifica, pues, con el enunciado del acto. El significado es idéntico al referente (...). Un enunciado es performativo por *denominar* el acto ejecutado, por el hecho de que Ego pronuncie una fórmula que contenga el verbo en la primera persona del presente (...). Así un enunciado performativo debe nombrar la ejecución *(performance)* de palabra y su ejecutor» (*ibíd.*, 195). El «yo» que jura es un yo situado aquí y ahora, es decir, en las coordenadas constitutivas de la enunciación, y el acto mismo de jurar comporta necesariamente una referencia a la enunciación. Pero a menudo el performativo presenta también marcas de la segunda persona, igualmente referidas a un personaje y a la situación de enunciación (Ducrot, 1977, 129). Ocurre, como hemos venido proponiendo, que el acto de enunciación instituye simultáneamente al actante enunciador y al enunciatario o destinatario del acto, y que sobre esta definición inicial de los agentes se establecen las distintas relaciones que postulan los verbos performativos: el acto de felicitación se presenta como instituyendo a un sujeto (enunciador) «felicitante» y a un sujeto (enunciatario) «felicitado»; el acto de agradecer postula una obligación del enunciador basada en una (supuesta) relación preexistente de derechos y deberes, etcétera[3].

La autorreferencia constituye, a nuestro parecer, una especificación de una propiedad más general del uso lingüístico: la *reflexividad*. Los performativos significan reflexivamente su valor de actos porque *se presentan* al mismo tiempo que *representan* (Récanati, 1979a, 132). Así, la proposición:

---

[3] Hay que advertir, con Ducrot, que muchos enunciados que comportan morfemas deícticos de la primera y segunda persona no admiten, empero, la interpretación autorreferencial. Así, en /yo te molesto/ no presento como causa de molestia para mi interlocutor mis palabras, sino mi presencia, o mi conducta en general. Pero es que el verbo de este enunciado no cumple el acto que designa y no es, por tanto, un performativo (1977, 129-130).

[4] /Afirmo que Breton fue el sumo pontífice del surrealismo/

no sólo remite representativamente (es decir, *significa*) a las entidades «Breton», «sumo pontífice» y «surrealismo», sino que se presenta simultáneamente como un acto de *aserción* por parte del locutor. El sentido de la enunciación se nos aparece, de este modo, como el logro simultáneo de la significación (semántica) del enunciado y del sentido (pragmático) del acto. En términos de Grice (1971) el logro del *efecto comunicativo* al que tiende una expresión lingüística requiere que el hablante signifique su intención del producir tal efecto, significándose, añadimos, con ello. La expresión [4] cuenta como aserción en la medida en que el hablante expresa al enunciarla su intención de proponer una aserción y, lo que es menos banal, en la medida en que asume un cierto *compromiso* respecto a tal acto (respecto al valor social de la afirmación categórica, a la posible respuesta del alocutario, a los supuestos de la proposición, etc.). No es superfluo el hecho de que al presentar su aserción, el locutor de [4] deja entender su creencia en [4] y presume estar cualificado para asertar [4] o, lo que es lo mismo, que su acto de aserción cuenta también como una suposición de ciertas proposiciones modales (en términos de creer, poder y saber, incluso de deber, si por ejemplo el locutor formula [4] como obligado por una relación didáctica con su alocutario).

Habermas se ha referido a lo que aquí hemos llamado propiedad autorreferencial de un modo algo diverso: las expresiones performativas constituyen *operadores discursivos*, es decir, corresponden a un metalenguaje para la ubicación de las expresiones lingüísticas en situaciones de habla determinadas. Los deícticos compartirían con los performativos esa *propiedad metalingüística* (1970, 139). Ahora bien, más que en «ubicar las expresiones en una situación de habla», la función de deícticos y performativos consiste en *producir* la propia situación de enunciación en cuanto *escenario* de las distintas operaciones espaciotemporales e interpersonales que caracterizan el discurso. Si a los deícticos corresponde la designación de las referencias espaciotemporales y personales internas, atañe a los performativos la configuración del *orden jurídico* de las relaciones entre los personajes discursivos. Tomamos aquí el término «jurídico» en el sentido de Ducrot[4], y entendemos que tal orden se articula, dentro del *simulacro* enunciacional, como un sistema dinámico de derechos y deberes y de relaciones de autoridad, pero también de transacciones de información y de actos de sanción y manipulación.

---

[4] «Una actividad es considerada en términos de acción jurídica cuando se puede describir como criminal o meritoria, como un acto de autoridad o como el reconocimiento de una obligación» (Ducrot, 1979, 87).

2.2. Condiciones del hacer performativo

En la perspectiva austiniana, un enunciado performativo carece de valor lógico (no puede ser reputado de verdadero o falso), y su función específica, o más bien la del *verbo* performativo que es su núcleo, consiste en realizar una acción.

Pero resulta evidente que tal realización no acaece por virtud de la simple «pronunciación» del verbo; no se trata de una acción mágica. De este modo, la expresión [2c] no sirve para cumplir el acto de felicitar a mi interlocutor si él me acaba de relatar de qué forma lo han postergado en su vida profesional. En una evaluación convencional de este uso de la expresión [2c], mi «falsa» felicitación es una «verdadera» ironía, entendiendo que aquí los términos entrecomillados designan un valor de verdad *sui generis,* a saber, no el valor lógico-semántico de las expresiones, sino su valor pragmático. Dicho de otro modo, el grado de verdad de un performativo al que nos referimos en las evaluaciones del tipo: «una falsa felicitación», «una verdadera amenaza», etc., no es sino un grado de adecuación respecto al modelo de *normalidad* del comportamiento que hacemos valer, por lo general implícitamente, en una situación de discurso determinada.

El uso cotidiano del lenguaje suele prescindir del criterio lógico de *verdad* (*vs.* falsedad) en beneficio del criterio pragmático de *sinceridad* (*vs.* mendacidad), como han señalado, entre otros, los filósofos pragmatistas y los analistas del «lenguaje ordinario» (al respecto, cfr. Camps, 1976, 134-141).

NOTA

Interesa subrayar que no entendemos la sinceridad como un dato psicológico introspectible ni, menos aún, como un concepto moral. Sin descontar su posible definición modal, aquí nos interesa la noción de sinceridad en cuanto sentido que emerge de la interacción al ser ésta definida por los propios sujetos actuantes. Coincidimos con la perspectiva etnometodológica en desconfiar de las categorías de «intención», «actitud», «motivación», etc., como categorías explicativas (dado que son *condiciones de inteligibilidad* del comportamiento social) y preferimos interesarnos por los modos en que los actores deciden, unos respecto a otros, si están o no motivados u orientados y de qué modo, es decir, por lo que Verón denomina «retórica de la acción» (1978, 120-125). En algunas clases de actividad interlocutiva la sinceridad cuenta como un supuesto comunicativo vinculado al mantenimiento de la cooperación conversacional. Si en ocasiones la atribución de insinceridad a un interlocutor por parte de otro conduce a la quiebra del consenso comunicativo, en otros casos (gran parte de los casos de implicitación conversacional, sobre la que volveremos) lleva a una reinterpretación de los enunciados conforme a un registro interpretativo en el que resulten cooperativos, es decir, legitimados por una sinceridad *sui generis;* es lo que ocurre al introducir bromas, ironías, hipérboles, etc., en una conversación «seria».

Pero la sinceridad no es aplicable unívocamente a todas las clases de actos de habla, y para algunas de éstas no lo es en modo alguno. Evidentemente la atribución de sinceridad está fuera de lugar en una expresión del tipo [5a]:

[5] (a) /En uso de mi autoridad, *declaro* sinceramente el estado de sitio./
 (b) /*Estoy* sinceramente *determinado a* buscar trabajo./
 (c) /*Doy a usted mi* más sincera *enhorabuena.*/

Y, por otra parte, en [5b] y [5c] se suscriben dos sentidos distintos de sinceridad. En la última de estas expresiones el término /sincera/ cuenta como un elemento con valor *ritual,* componente convencional de una fórmula, mientras que en [5b] /sinceramente] viene a ratificar la fuerza del compromiso actualmente suscrito. En otras palabras, mientras [5c] cuenta sobre todo como expresión de la intención del locutor de actuar *correctamente,* [5b] vale de expresión del compromiso del locutor respecto a las consecuencias del enunciado (respecto, por tanto, a hechos ulteriores) y cuenta como un acto *responsable,* es decir, susceptible de ser *respondido.*

En las felicitaciones, pésames, bienvenidas y demás actos «comportativos» (por usar el término de Austin), la institución cultural de la cortesía exonera al locutor de enfatizar su adhesión al enunciado hasta el punto que exigen los «compromisorios» como promesas, pactos o garantías. Así, una expresión del tipo [5c] puede ser valorada por su destinatario como «mero cumplido», sin que el acto de dar la enhorabuena resulte por ello fallido. No existen, empero, compromisorios (del tipo [5b]) «de cumplido».

Benveniste, al comentar las tesis austinianas, reconoce dos únicas clases de performativos: *declarativos* y *yusivos* (de mandato) en los que el enunciado dimana de un «poder reconocido», por una parte, y por otra los actos que plantean un *compromiso* personal para quien los enuncia. Los verbos «comportativos» no formarían parte de los performativos por tratarse de «meras fórmulas», actos «trivializados por la vida social» (1974, 192-194).

Las razones de Benveniste para la exclusión de esta clase de verbos no nos parecen suficientes: sin duda se trata de formulismos que no comportan necesariamente un compromiso «vivencial» de los usuarios dentro de los ceremoniales sociales, pero su valor performativo se manifiesta en cualquier caso al presentarse como tales formulismos; el propio término «cumplido» designa la propiedad realizativa de *cumplir* una acción.

En el cuadro anexo quedan reflejadas las observaciones anteriores, así como algunas hipótesis sobre la actividad performativa que consideramos relevantes para una concepción socio-semiótica:

a) Los tipos de actos que en el cuadro aparecen —aun cuando, adelantamos, no se trata de una tipología exhaustiva puesto que faltan, por ejemplo, los «expositivos» austinianos— corresponden a actividades sociales básicas inscritas en la práctica lingüística.

b) La actividad performativa aparece respaldada y orientada por instituciones y/o sistemas de reglas o convenciones no lingüísticas comúnmente aceptadas por una determinada comunidad, de los que dimanan ciertos *requisitos* exigibles a los agentes comunicativos, a modo de *competencias* para su actuación.

c) El cumplimiento de actos performativos implica ciertas posiciones de los agentes respecto a sus interlocutores efectivos o virtuales, respecto al discurso y respecto a las propias reglas. Estas posiciones definen categorías de *personajes sociodiscursivos*. Obviamente, tales personajes o posiciones actanciales mantienen relaciones sistemáticas entre sí; por ejemplo, la figura del *portavoz* presupone la del *remitente*, en la que recae la responsabilidad última del acto[5]. Así, el funcionario que enuncia:

[6] /Me veo en la obligación de sancionarlo/

ejecuta un acto de autoridad postulando cierta institución como remitente y adoptando la posición enunciativa de portavoz.

---
[5] Este fenómeno se ha examinado dentro del proceso de enunciación en el capítulo III.5.1.

Tipo performativo	Institución que respalda la acción	Requisito esencial exigido al agente	Posición actancial
Actos de autoridad (declaraciones y mandatos)[6].	Una institución jurídica, un «poder reconocido».	*Legitimidad* dimanada de la institución.	El sujeto se presenta en su acto como *portavoz* o instrumento de la institución.
Compromisos	Reglas cooperativas y otras que sancionan la coherencia del comportamiento, la responsabilidad de los sujetos, etc.	*Sinceridad*, asunción abierta de tales reglas.	El sujeto se presenta como origen o *remitente* del acto que ejecuta, como *persona* social.
Fórmulas	Códigos de etiqueta y de cortesía.	*Corrección* en el uso de las expresiones correspondientes.	El sujeto aparece como un actor comprometido con ciertos deberes sociales. Ejecuta un *rol* relativo a una posición interaccional.

---

[6] Los mandatos a que se refiere el cuadro corresponden a las formas «fuertes» del discurso directivo, como los «directivos sancionados», los «de autoridad» o los «cuasimandatos heterónomos» (específicamente jurídicos) de Ross (1971, 44-63). Los directivos no respaldados por instituciones jurídicas, sino por la propia dinámica intersubjetiva caerían en este cuadro dentro de la clase de los compromisos.

Tanto Austin como Benveniste reconocen que la autenticidad del acto de palabra se debe más a un conjunto complejo de condiciones verbales y extraverbales que a propiedades específicas de ciertos verbos. La condición de validez «relativa a la persona enunciante y a la circunstancia de la enunciación, debe siempre suponerse satisfecha cuando se trata del performativo. Aquí está el criterio, no en la elección de los verbos. Un verbo cualquiera de palabra, aun el más común de todos, el verbo *decir*, es apto para formar un enunciado performativo si la fórmula *digo que...*, emitida en las condiciones apropiadas, crea una situación nueva. Tal es la regla del juego» (Benveniste, 1974, 194).

Para Austin, el cumplimiento cabal del performativo requiere de ciertas condiciones («internas» y «externas», en su terminología) de parte de los actores. Cuando éstas no se dan, el enunciado resulta inadecuado o infeliz *(unhappy)* en cuanto acto. Pero la infelicidad puede producirse de distintas formas (conforme a Austin, 1978, 50-51):

a) El acto resulta *nulo* o inefectivo si no va acompañado de una legitimación institucional o si el objeto al que se aplica no es adecuado: no puedo casar si no soy juez o sacerdote; no puedo tampoco desafiar a mi sombra (al menos en el sentido más habitual del desafío).

b) Aun sin ser nulo, el acto puede resultar *abusivo* por haberse formulado sin sinceridad (en aquellos actos, añadiremos, que demandan una condición de sinceridad): tal ocurre si prometo algo creyéndome incapaz de cumplirlo.

c) Puede que, habiendo resultado efectivo y no abusivo, el acto se vea vulnerado retroactivamente por el comportamiento posterior del actor. Se trata de una *ruptura del compromiso* interaccional que conlleva toda expresión performativa: es el caso de una promesa no cumplida, o el de una bienvenida que se ve contradicha por ulteriores manifestaciones de hostilidad o desagrado por parte del locutor.

Austin hace derivar su tipología de fracasos performativos del incumplimiento de una o varias de las reglas de felicidad expuestas en 1971, 53-59: (1) Ha de haber un procedimiento convencional que incluya la emisión de ciertas palabras (2) por personas y en circunstancias apropiadas. (3) Tal procedimiento ha de llevarse a cabo correctamente, (4) y en todos sus pasos, (5) y puede requerir determinados sentimientos o pensamientos de los participantes. Éstos deben de tener el propósito de actuar adecuadamente, (6) y deben de comportarse efectivamente así.

Es fácil de advertir en las formulaciones de Austin un marcado talante jurídico así como cierta proclividad al psicologismo. Puede objetársele desde hoy el haber remitido fuera del texto —hacia la supuesta «exterioridad» de las instituciones y hacia la «interioridad» de las motivaciones subjetivas— la determinación última de la actividad performativa. En efecto, la teoría austiniana no se ha emancipado en este punto de lo que cabría llamar el *espejismo de la frase:* aun cuando, como señalábamos en el apartado 1 de este capítulo, Austin acierta al proponer que «el acto lingüístico total, en la situación lingüística total, constituye el *único fenómeno real* que, en última instancia, estamos tratando de elucidar» (1971, 196), su teoría lingüística sigue siendo, fundamentalmente, teoría de los enunciados; en ella se considera al performativo como un «acto central» circundado por diversas circunstancias periféricas que lo condicionan. La exigencia del «acto lingüístico total» no llega a traducirse en una teoría que dé cuenta de aquel conjunto de circunstancias como conjunto de *elementos discursivos.*

Aunque, si bien se mira, el repertorio de reglas de felicidad, pese a su juridicismo y a su psicologismo, propone un interesante conjunto de componentes textuales si se traduce a un modelo semiótico de la acción lingüística: la noción de un procedimiento convencional que ha de llevarse a cabo de cierto modo remite a la exigencia general de una sintaxis del texto y al cumplimiento de determinados programas de acción. El discurso es, entonces, susceptible de un análisis global de su organización semántica y sintáctica, pero en Austin se manifiesta claramente la intuición (y recuérdese a este respecto la forma [c] de infelicidad del acto) de que la secuencia de acciones lingüísticas no es exactamente una sucesión lineal, sino un proceso discursivo cuyos elementos remiten anafórica o catafóricamente a otros, y cuyo sujeto enunciador se cualifica o descualifica en las sucesivas confrontaciones. Por lo que respecta a las reglas de felicidad (2) y (5), resulta semióticamente necesaria su traducción en términos de *competencia modal* (véase capítulo II, 5.2.) del sujeto: una organización jerárquica de modalidades «fundada, por ejemplo, sobre un querer-hacer o un deber-hacer, que rigen un poder-hacer o un saber-hacer» (Greimas y Courtés, 1979, 54). En esta perspectiva, la *competencia del sujeto* que posibilita su acción se constituye tanto por la competencia modal cuanto por la *competencia semántica,* «cuya forma más simple es el programa narrativo virtual» (*ibíd.,* 54), a la que remitiría, en nuestra reinterpretación, las reglas austinianas (1), (3) y (4). Pero sobre ello se volverá en el apartado 3.4.

2.3. Tipos de enunciados performativos

En el apartado anterior, y al hilo de las observaciones de Benveniste, hemos identificado tres tipos de actos performativos que nos han permitido hacer referencia a distintas reglas de cumplimiento. En este caso hemos adoptado uno de los posibles criterios («sociosemiótico», lo denominábamos) con que es posible abordar el inestable concepto de performativo, un concepto que ha mostrado, en opinión de Warnock (1978), una persistente tendencia a vacilar y a ramificarse, así como una notable versatilidad para inscribirse en temáticas diversas.

Resulta digno de mención el hecho de que en su obra capital Austin no arriesga una tipología de enunciados performativos, sino de verbos con función performativa. La diferencia parece tanto más importante si se acepta con Benveniste, y con el propio Austin, que el análisis de la performatividad hace más relevante el examen de la situación de enunciación que el de la elección de tal o cual verbo. Pese a todo, y aunque sólo sea por su carácter de referencia obligada, resumiremos la tipología austiniana de los verbos performativos (a partir de Austin, 1917, 198-212):

a) *Judicativos o veredictivos.* Consisten en la emisión de algún juicio tras cierto proceso de apreciación o de razonamiento. Su modelo es el acto de emitir un veredicto: absolver, condenar, aprobar, diagnosticar, etc.

b) *Ejercitativos o decretos.* Son actos de decisión que manifiestan el ejercicio de un poder. Su modelo es un acto de designación: ordenar, designar, legar, proclamar, consagrar, etc.

c) *Compromisorios.* Comprometen al hablante en cierta línea de conducta ulterior. Su modelo es la expresión de una promesa: proponerse, prometer, pactar, jurar, apostar, etc.

d) *Comportativos.* Expresan actitudes frente a comportamientos de los demás. Su modelo es la fórmula cortés de agradecimiento: felicitar, agradecer, perdonar, deplorar, invitar, etcétera.

e) *Expositivos.* Clarifican o describen nuestras razones y argumentos. Ponen de manifiesto la forma de inserción de nuestras palabras en el discurso. Su modelo es una fórmula oratoria del tipo /afirmo/ o /repito que/: enunciar, negar, preguntar, observar, mencionar, etc.

No es difícil hacer corresponder estas clases de verbos con los tipos performativos mencionados anteriormente: *a)* y *b)* sirven, *grosso modo*, para el cumplimiento de *actos de autoridad;* c) para el de *compromisos;* d) para el de *fórmulas*. Por lo que respecta a los expositivos, no cabe duda de que constituyen actos bastante diferenciados de los restantes. Mientras que estos otros expresan de modo inmediato un tipo de relación intersubjetiva, los expositivos aparecen como indicadores metalingüísticos, expresiones de una relación del enunciador con su enunciado. Pero esto no los excluye del conjunto de los performativos en cuanto actos intersubjetivos; como ha señalado Ricœur, con los expositivos no se sale del «campo práctico» en la medida en que «la acción intencional es aquella que puede justificarse con respecto a otro; y en la medida en que el motivo es una "razón de..." que da ocasión al argumento. Exponiendo tal motivo, pido que se considere mi acción *como* esto o aquello, trato de volverla inteligible; en este sentido «dar razón» es una manera de *exponer* un punto de vista, de conducir un argumento, de clarificar razones para otro y para sí mismo» (Ricœur *et al.*, 1977, 70). La ubicación de las propias palabras en un cierto marco interpretativo y en un orden de inteligibilidad cuenta como postulación de un destinatario de nuestro discurso y del tipo de relación interlocutiva que consideramos pertinente. A nuestro juicio, también los expositivos intervienen en la configuración del orden jurídico del discurso del que hablábamos en el apartado 2.1. La modalización del propio enunciado, acaso más evidente en los expositivos que en los demás performativos, no ocurre sin una modalización simultánea del destinatario. Recuérdese, a este respecto, nuestro comentario del ejemplo [4].

Pero otra discusión austiniana tuvo mayores consecuencias para la teoría de los actos de habla: una vez sentado que la expresión performativa equivale al cumplimiento de una acción, es preciso aceptar que los enunciados del tipo /7/, constatativos, poseen también valor performativo:

[7] (a) /Perro peligroso./
     (b) /Han llegado los marcianos./

En efecto, estos enunciados pueden ser parafraseados del siguiente modo:

[7] (a') /*Advierto* que el perro es peligroso./
     (b') /*Afirmo* que han llegado los marcianos./

Austin denomina performativos *explícitos* a los enunciados de esta segunda clase y *primarios* a los de la primera. Lo propio de los explícitos es que su carácter realizativo aparece manifiesto merced al uso de verbos performativos.

Con esta distinción, la lindera inicia entre constatativos y performativos se desvanece. El mismo enunciado que más arriba nos sirvió como ejemplo tipo de constatativo (/el reloj está en la cocina/) puede ser parafraseado con igual criterio que el aplicado en [7b'], para aparecer como un expositivo. La performatividad invade, en fin, todas las expresiones lingüísticas, de modo que lo que en principio parecía una clase particular de expresiones se torna una *función* de cualquiera de ellas. Tras haber revisado su dicotomía de partida, Austin propone que las dos funciones básicas del lenguaje *(describir* y *realizar)* constituyen aspectos solidarios de la actividad de habla: el aspecto locucionario («decir algo») y el ilocucionario («hacer algo diciendo algo»). En esta nueva perspectiva se funda, en rigor, la teoría de los actos lingüísticos.

Merece la pena cerrar este epígrafe aludiendo a una distinción de Warnock (1978, 123-125) con la que trata de salvar la oportunidad de la teoría de los performativos: en algún sentido todo enunciado realiza una acción, aun cuando no lo haga en virtud de procedimientos convencionales. En determinadas circunstancias, tanto el enunciado [8a] (convencional) como el [8b] (no convencional) pueden servir para cumplir un acto de *petición:*

[8] (a) /Te ruego que me alcances las aspirinas./
     (b) /Me vuelve a doler esta maldita cabeza./

Con este inicial reconocimiento nos situamos en la temática propia de los actos lingüísticos, que se ocupa de (cualesquiera) enunciados en cuanto acciones.

Ahora bien, la temática específica de la performatividad se inicia al reconocer una *subclase* particular de enunciados, los performativos propiamente dichos, cuya enunciación «equivale de un modo *especial* a hacer algo». Aún se reconocen dos nuevas subclases dentro de la clase de los performativos:

a) Aquellos enunciados cuya enunciación es «operativa» en virtud de una *convención* diferente de las convenciones lingüísticas. Pueden servir de ejemplo las fórmulas de desafío, apuesta, petición, etc., propias de los juegos de cartas (en los que, observamos de paso, raramente se utilizan los verbos performativos corrientes: /yo desafío/, /yo apuesto/, etc.) o ciertas fórmulas ceremoniales.

b) Los enunciados cuyo verbo, en primera persona singular del presente de indicativo, significa corrientemente (sin el recurso a una convención particular) la acción que se realiza al enunciarlo; en otras palabras, los performativos explícitos.

Si se toma en cuenta la escasa frecuencia de uso de performativos explícitos fuera de contextos rituales (pues, como se expondrá en el apartado 5.4., su uso coloquial parece limitado a la intensificación de actos lingüísticos), se convendrá con nosotros en que Warnock apunta, sin proponerlo expresamente, a restringir la temática de la performatividad a las prácticas expresivas propias de los juegos, ritos y contextos institucionales[7].

2.4. *Conclusiones*

El fenómeno de la performatividad es susceptible de ser abordado desde una teoría general de la acción discursiva o desde una teoría restringida de las prácticas rituales. Para la segunda, los performativos constituyen una clase particular de enunciados cuyo uso se explica en referencia a instituciones y a las convenciones propias de ciertas prácticas sociales como juegos y ceremonias.

Desde la primera perspectiva, la que aquí más nos interesa, se diferencian inicialmente dos niveles del sentido de cualquier expresión: el semántico o descriptivo y el pragmático o realizativo, *grosso modo* correspondientes a la «proposición» y al «uso» *(utterance)* de la filosofía analítica. El nivel pragmático manifiesta dos propiedades básicas: su vinculación a la situación de enunciación y, consecuentemente, su valor autorreferencial. Es también en este nivel donde se configura un *orden jurídico* de relaciones entre los personajes enunciativos, que admite cuando menos una doble inserción teórica:

a) En una teoría sociológica: Como ha señalado Cicourel (1980), la teoría de actos de habla puede mostrar que el uso del lenguaje se vincula a ciertos aspectos de la teoría de la estructura social. Desde Austin, muchas condiciones sociales aparecen implicadas entre las condiciones de satisfacción de los performativos: conocimientos socioculturales, relaciones contractuales y de autoridad, etc. En esta perspectiva puede abordarse, a través del juego de los performativos, «la producción local de estructuras sociales» (pág. 18).

b) En una teoría estrictamente semiótica: El orden jurídico y las relaciones de poder en la enunciación son analizables como configuraciones discursivas de *manipulación,* que re-

---

[7] Acaso es la confusión entre la temática general de los actos de habla y la particular de los performativos lo que ha conducido a Harman (1971) a considerar la teoría de los actos de habla exclusivamente como una teoría de las instituciones, juegos y otras prácticas sociales específicas, en la que los problemas de significación se deberían presentar bien diferenciados del intercambio comunicativo y del «uso del lenguaje en el pensamiento».

miten simultáneamente a una estructura contractual y a una estructura modal (véase capítulo II.7.). Lo que aparece, pues, en juego es la transformación de la competencia modal de los sujetos discursivos (cfr. Greimas y Courtés, 1979, 220-222). Conforme a un programa de investigación semiótica todavía hoy demasiado ambicioso, se habrían de interpretar las posiciones sociales de los sujetos recurriendo a la hipótesis de que «éstas resultan de los diversos procesos de circulación modal entre los interlocutores, de suerte que, en un cierto punto de la interacción y retrospectivamente, cada uno de ellos adquiere la posibilidad de ser descrito en base a la competencia modal que lo ha caracterizado como actante, y al hacer por ella modalizado que lo especifica como actor, como un actor social de un cierto tipo» (Fabbri y Sbisà, 1980, 180).

La categoría de *competencia modal* remite a las cualificaciones de los sujetos presupuestas por su hacer, de modo que los agentes discursivos no aparecen como instancias vacías, sino cualificadas por su hacer anterior y dotadas de ciertas virtualidades de hacer posterior. De algún modo, esta categoría corresponde a una definición textual de la *actitud* (disposición para el hacer) que toma en cuenta la psicología social (cfr. el capítulo II.4.).

3. LOCUCIÓN, ILOCUCIÓN Y PERLOCUCIÓN

3.0. *Significado, fuerza y efecto de las expresiones*

A la luz de la hipótesis «hablar es hacer», el uso del lenguaje consiste en una actividad que incluye: el acto *de* decir algo, el que tiene lugar *al* decir algo, y el que acaece *por* decir algo. Austin los denomina, respectivamente, acto *locucionario, ilocucionario* y *perlocucionario,* aun cuando no constituyen propiamente actos distintos, sino tres subactividades analíticamente discernibles en cada ejecución lingüística o *acto de habla.*

El acto locucionario, que incorpora las propiedades de los enunciados constatativos, incluye varias subactividades; la esencial consiste en usar palabras con un *significado* y una *referencia*.

El ejecutar un locucionario conlleva la realización de un *ilocucionario,* acto al que corresponde la función performativa. *Al* decir algo no sólo significamos y proponemos referencias, sino que ejecutamos *acciones socialmente relevantes,* como afirmar, interrogar, responder, advertir, etc. En cuanto ilocución, el acto de habla posee una *fuerza*.

Pero decir es hacer algo en un tercer sentido: las palabras reportan consecuencias en orden a los sentimientos, pensamientos y acciones de los interlocutores, es decir, producen resultados extralingüísticos. *Por* el hecho de decir algo se puede convencer, desanimar, asustar, sorprender, etc., a alguien. Se promueve, en fin, algún *efecto perlocucionario.*

De este modo, el acto *de* decir la expresión [7a] consiste en utilizar, en circunstancias determinadas, una oración gramaticalmente correcta del castellano con un significado inteligible para los castellanoparlantes (locución). *Al* decir [7a], se advierte (ilocución). *Por* efecto de decirlo, se pueden producir en el receptor alarma, disposición cautelosa, irritación u otras respuestas (perlocución).

3.1. La operación ilocucionaria

En primer lugar, una aclaración banal: conforme a nuestra concepción del discurso, el realizar actos ilocucionarios como, por ejemplo, los de preguntar o regañar (a alguien), no se interpreta en cuanto expresión de incertidumbre o de resentimiento del hablante respecto a cierto asunto. En una primera aproximación, lo que interesa a la teoría de los actos discursivos no es saber qué estado psíquico representan las preguntas, reconvenciones u otros actos, sino cómo en virtud de un proceso de enunciación e interpretación tal acto locucionario resulta definido finalmente en cuanto pregunta, reconvención, etc. Es la definición intersubjetiva del comportamiento lingüístico lo que convierte a éste en una forma de la acción social, no la supuesta propiedad del lenguaje de representar estados psíquicos.

Las recomendaciones de Foucault relativas a su propio concepto de discurso resultan también oportunas en nuestra perspectiva: «Se renunciará, pues, a ver en el discurso un fenómeno de expresión, la traducción verbal de una síntesis efectuada por otra parte; se buscará en él más bien un campo de regularidad para diversas posiciones de subjetividad» (1970, 90).

El acto ilocucionario consiste en una *forma de interacción socialmente regulada;* desde Austin se ha señalado que su cumplimiento cuenta como una transformación de las relaciones entre los sujetos interactuantes, pese a que estudiosos tan destacados como Searle hayan desdibujado notablemente el aspecto dinámico de la teoría.

La ilocución interviene en la modificación de las posiciones y calificaciones de los agentes discursivos. Tal modificación puede analizarse conforme a la hipótesis de la circulación modal que hemos formulado anteriormente (véase el apartado 2.4.), siempre que se rebase la mera descripción de la superficie lingüística a la que suelen constreñirse los especialistas en pragmática filosófica. En efecto, la simple aparición de performativos explícitos o de otros indicadores de fuerza ilocutiva no basta para identificar el tipo de operación que aquí se considera propio del acto ilocucionario. En el apartado 3.2. justificaremos la necesidad de incluir la interpretación, incluso retrospectiva, del alocutario entre las condiciones de cumplimiento. Añadamos también, y esto implica nuevas dificultades analíticas, que el acto ilocucionario no es una ejecución necesariamente frástica: su cumplimiento puede darse en una sola palabra (o en un gesto, mirada, etc.) o en un texto completo.

Tomemos ahora como ejemplo de ilocución el acto de promesa, ampliamente analizado por Searle (1980, III). En nuestro modelo teórico, el tipo de transacción modal que lo caracteriza (la «condición esencial», en términos searleanos) es la concesión por parte del locutor de un *poder* al destinatario: el de atribuir al propio enunciador un *deber* (relativo al acto futuro objeto de la promesa). Las condiciones que Searle denomina «preparatorias» y de «sinceridad» no se refieren sino a competencias modales de los interlocutores previas a aquella ejecución: el enunciador *quiere* hacer, y *cree* que el destinatario *quiere* que el acto se cumpla, etc.

Pero la transacción de valores modales de orden *cognitivo* en la interacción entre los agentes de la promesa presume una estructura contractual que compromete a ambos actantes enunciativos: un *contrato enunciativo* producido por anteriores actuaciones (eventualmente, de negociación), que como *contrato de veridicción* (véase capítulo II-6.) tiene por objeto el decir-verdad del enunciador (la «condición de sinceridad» searleana), cuyo contra-objeto es la confianza o crédito atribuido por el destinatario (cfr. Greimas y Courtés, 1979, 70-71, y Greimas, 1976, IX.2.2.).

El cumplimiento de la promesa puede cerrar un sintagma narrativo (constituyendo, por ejemplo, la *prueba glorificante* de un sujeto-héroe), pero puede también constituir un contrato provisional con vistas a ulteriores actuaciones: los actores aparecen redefinidos por sus nuevas posiciones (definición sintáctica) y por su nueva calificación modal (definición semántica), que condicionarán conjuntamente la interacción posterior [8]. Estas observaciones de orden sintagmáti-

---

[8] El análisis searleano difícilmente puede dar cuenta del plano sintagmático de las transformaciones, limitado como está al cumplimiento puntual de un acto en una frase determinada. Por lo que respecta al carácter empirista de sus reglas de cumplimiento, el propio Searle reconoce que algunas de ellas «parecen ser nada más que manifestaciones particulares (...) de reglas subyacentes muy generales de los actos ilocucionarios» (*ibíd.*, 71). Sobre el aspecto contractual, Searle sólo proporciona consideraciones como que «el hablante y el oyente saben ambos cómo hablar un lenguaje; ambos son conscientes de lo que están haciendo; no tienen impedimentos físicos para la comunicación, tales como sordera, afasia o laringitis» (*ibíd.*, 65). Y, en fin, respecto a los sujetos que toma en cuenta («hablante» y «oyente») no queda claro si se trata de actores empíricos «de carne y hueso» o del enunciador y el destinatario del nivel de la enunciación, es decir, de los que Ducrot denomina «personajes de la comedia ilocutoria».

co son tanto más relevantes si se admite con nosotros que el sujeto del discurso es fundamentalmente la suma final de posiciones actanciales y modales ocupadas a lo largo de la interacción.

Searle da especial importancia al juego de las reglas constitutivas de la ilocución. Otros autores, inspirados en la teoría de la significación de Grice (1971), otorgan mayor relieve al juego de intenciones. Lo esencial de esta teoría es que la intención entrañada en los actos lingüísticos tiene carácter *público*. Grice subraya que en la interpretación de las intenciones de nuestro interlocutor, raramente explícitas, solemos atenernos a criterios de «uso general». Lo propio de las situaciones comunicativas —en las que se produce la «significación no natural»— es que manifiestan intenciones necesariamente *abiertas* (no secretas), de modo que actos ilocucionarios como saludar, advertir o amenazar sólo logran ser tales si el alocutario reconoce las expresiones como intencionalmente producidas para saludar, advertir o amenazar. En los propios términos de Grice, un locutor significa de modo no natural mediante x si intenta usar x «para producir algún efecto en una audiencia mediante la significación del reconocimiento de esta intención» (*ibíd.*, 58). Searle cuestiona, muy razonablemente, si el efecto del que trata el análisis de Grice es de naturaleza ilocucionaria, es decir, si el logro de la acción se obtiene del reconocimiento del tipo de acción que trata de llevar a cabo el locutor, o si es de naturaleza perlocucionaria, a saber, si se logra por la consecución de un efecto derivado de tal acción. La respuesta de Searle es que la descripción griceana es adecuada al ilocucionario con ciertas correcciones (Searle, 1980, 51-58).

Por lo que a nosotros respecta, preferimos minimizar las diferencias entre una explicación por intenciones y una explicación por reglas. A un nivel teórico general, la propia noción de acción significativa entraña las de intención y norma de conducta. Como ha advertido Ricœur, en general por «intención» no se designa otra cosa que el carácter de las acciones precisamente en cuanto acciones (sociales), de forma que recurrir al calificativo de «intencional» no es sino sustituir la explicación causal propia de las ciencias físicas por una explicación en términos de *motivos* (Ricœur et al., 1977, 34). Las intenciones y los signos, observa Tyler, mantienen una relación reflexiva, es decir, que las primeras se expresan necesariamente a través de los segundos y éstos son necesariamente intencionales en un contexto dialógico. Y puesto que los signos son convencionales, no hay expresión de intenciones que no lo sea. Las intenciones y las convenciones se significan reflexivamente (Tyler, 1978, 462). Una condición de felicidad (del tipo de las de Austin o Searle) «es justamente la serie de circunstancias en la que una intención es factible o justificable» (*ibíd.*, 387).

Searle determina el carácter regulado y convencional de los actos ilocucionarios mediante el concepto de *regla constitutiva*. Como se sabe, una regla es constitutiva respecto a cierta actividad cuando su violación priva a esa actividad de su carácter específico; es decir, la existencia de la regla crea la posibilidad misma del comportamiento que regula, como ocurre en los juegos reglamentados. En oposición, las reglas *regulativas* rigen conductas que ya existen independientemente. Pues bien, para Searle las reglas sintácticas y semánticas que fijan el valor ilocucionario de los enunciados son constitutivas respecto al empleo de enunciados (1973, 173 y ss.). Si la expresión «usted perdone» no sirve para cumplir la ilocución de petición de excusa, no puede ser considerada como frase de la lengua castellana. Para Searle, el valorar una enunciación en cuanto determinado acto de habla es una *convención*, es decir, la realización de una regla constitutiva (Schmidt, 1977, 119).

NOTA

> Las cuatro reglas básicas que Searle propone son: 1) *Regla de contenido proposicional:* diferencia el contenido de la expresión del acto; la promesa, por ejemplo, tiene por contenido proposicional un acto futuro del locutor. 2) *Reglas preparatorias:* especifican los supuestos que han de darse por parte de los interlocutores para la realización eficaz del acto; en la promesa se requiere, entre otras, la presunción del locutor de que su interlocutor prefiere que se realice el acto a que no se realice. 3) *Regla de sinceridad:* el acto se cumple sólo si el locutor intenta seriamente cumplirlo; una expresión resulta desafortunada como acto de promesa si el locutor no trata sinceramente de obligarse. 4) *Regla esencial:* constitutiva en sentido estricto, determina a las restantes, pero requiere para su aplicación la previa satisfacción de todas ellas. Indica que una enunciación vale por determinado acto de habla y que el locutor asume las consecuencias sociales de su ilocución; en la promesa, la expresión cuenta como adquisición del locutor de la obligación de hacer algo. Como puede verse, Searle ha retomado la idea austiniana de condiciones de felicidad, reformulando éstas de un modo más sistemático. Para la síntesis aquí propuesta nos hemos servido de Searle, 1980, III; así como de Searle, 1972, 146-154; Schmidt, 1977, 118-120, y Récanati, 1979a, 185-186.

Ahora bien, las reglas constitutivas de un ilocucionario fijan el carácter específico de éste y no sus consecuencias perlocucionarias. Una regla constitutiva de la promesa establece, por ejemplo, que el hablante asume en su enunciación un compromiso, que se presenta *como si* estuviera obligado por la promesa, pero no, obviamente, que haya de cumplirla.

La teoría searleana de las reglas, aun satisfaciendo la exigencia de un modelo *normativo* que trascienda las referencias del habla actual (a fin de cuentas hay en su exposición una fuerte influencia de la gramática generativa), tiende a configurar un modelo *normalizador* del uso lingüístico: las reglas de ejecución apropiada «se presentan así como anteriores e independientes en relación a la conducta, comprendida la realización de actos lingüísticos (...); el interés principal de la teoría será el de individualizar las reglas o normas que guían la conducta y/o el comportamiento lingüístico. Tales reglas o normas deberán a su vez, si la teoría es correcta, permitir juicios sobre la conducta y/o los actos lingüísticos proferidos, en los que se evaluarán estos últimos como ejecuciones apropiadas, normales o bien no apropiadas, desviantes, respecto a un procedimiento dado; y estos juicios deberán de corresponder a los juicios intuitivos de los pertenecientes al grupo social» (Sbisà y Fabbri, 1978, 17). Los autores aquí citados, en pro de una teoría dinámica e interaccional de la ilocución, propugnan frente a Searle el entendimiento de las reglas como procedimientos de que se sirven los actores para llevar a cabo su interpretación de la situación; no procedimientos dados y acatados de una vez por todas, sino sometidos también a eventuales prácticas de negociación: «los indicadores, las "marcas", cuya tarea es volver reconocibles líneas de conducta y actos lingüísticos, como remitiéndose a ciertos esquemas culturales, tienen su función en todo proceso de interpretación y "negociación", en cuanto que toda línea de conducta y/o acto lingüístico debe proponerse de partida como algo "legible": poseer un cierto grado de explicitud a propósito del procedimiento o procedimientos posibles en relación a los cuales hacerse interpretar. Los indicadores, sin embargo, no dicen la última palabra, sino más bien la primera» (*ibíd.*, 21). Las reglas de cumplimiento, en fin, deberán entenderse como instrumentos de interpretación, no viceversa. La sociología etnometodológica ha desarrollado abundantemente una concepción análoga de las normas sociales, en conformidad a lo que T. P. Wilson denomina «paradigma interpretativo» de las ciencias sociales (opuesto al dominante «paradigma normativo») (Dreitzel, 1970, págs. X y ss.). En este mismo sentido se pronuncia Goodman al propugnar un doble ajuste entre las reglas y las prácticas: aquéllas no son *a priori,* sino informadas por los esfuerzos y las prácticas actuales, pero también guían las prolongaciones de las prácticas actuales (1955, 66-69).

3.2. *La cualificación intersubjetiva del efecto ilocutorio*

En la teoría de Austin el acto ilocucionario sólo se realiza si alcanza a obtener cierto efecto, lo que no implica que el acto *consista* sólo en obtenerlo. «En general, el efecto equivale a provocar la comprensión del significado y de la fuerza de la locución. Así, realizar un acto ilocucionario supone asegurar la *aprehensión (uptake)* del mismo» (Austin, 1971, 161-162). La *intención* ilocucionaria del locutor debe ser correspondida, de parte de su interlocutor, con un determinado *efecto* ilocucionario; sin tal correspondencia el acto ilocucionario no se puede considerar plenamente realizado. La *uptake*, o efecto ilocutivo, consiste, en suma, en el reconocimiento por el oyente de la intención ilocutiva del hablante; esta última puede, así, ser definida como la intención de cumplir un determinado acto mediante el reconocimiento por parte del oyente de tal intención.

Conviene aquí diferenciar el efecto ilocucionario, vinculado al reconocimiento de la intención ilocutoria, del efecto perlocucionario, consistente en determinada respuesta desencadenada a partir del cumplimiento de la ilocución. En ciertas condiciones, la expresión /te voy a hacer añicos/ tiene el efecto ilocucionario de amenazar al oyente, si éste la identifica como expresión amenazante (y no, por ejemplo, como bromista). Cumplida la amenaza, el oyente puede sentirse alarmado o no (efecto perlocucionario).

Obsérvese también que la identificación del efecto ilocucionario como *reconocimiento* autoriza la demanda greimasiana, ya mencionada, de situar las realizaciones ilocucionarias en la *dimensión cognitiva* del discurso.

Pero la teoría del reconocimiento continúa limitando la actividad del oyente a una simple verificación del tipo de acto intentado por el hablante. Sbisà y Fabbri consideran que es posible asignar un papel más activo al oyente si su comprensión no se representa como un simple reconocimiento, sino como «una atribución de una intención comunicativa al hablante: proceso cuyo punto de partida es precisamente el oyente» (Sbisà y Fabbri, 1978, 9). Más que verificación, el hablante lleva a cabo «una sucesiva eliminación de hipótesis», mediante la confrontación de los indicadores de fuerza ilocucionaria con el contexto, y finalmente, decide aceptar el acto propuesto como acertado o refutarlo en cuanto inapropiado (o definir la emisión como tal tipo de acto). No se puede, pues, admitir un repertorio de condiciones necesarias y suficientes para el logro de la ilocución con independencia de la aceptación del oyente (*ibíd.*, 9-10).

En esta reformulación se admite el carácter eventualmente *retros-*

pectivo de la ilocución, ya que el oyente puede inferir, a través de su propia evaluación del contexto, supuestos e intenciones no necesariamente coincidentes con los del hablante.

En ocasiones, la no coincidencia en la definición del carácter y de las presuposiciones del acto puede dar lugar a una *negociación* que tienda a establecer «una cualificación intersubjetivamente aceptada de la fuerza ilocutoria» (*ibíd.*, 10-11).

El último diálogo del siguiente fragmento ilustra la definición retrospectiva de un acto por parte del oyente: el personaje femenino atribuye al masculino una (implícita) aserción relativa a su maternidad que resulta difícilmente inferible en virtud de indicadores ilocucionarios convencionales, pero plausible en una situación como la descrita:

>El niño vino tranquilamente desde el fondo del *square* y se plantó delante de la muchacha.
>—Tengo hambre —declaró.
>Eso dio ocasión al hombre de trabar conversación.
>—Claro, es la hora de merendar —dijo.
>La muchacha (...) sacó dos tostadas con mermelada y se las dio al niño. Luego le anudó con destreza una servilleta alrededor del cuello.
>—Es guapo —dijo el hombre.
>La muchacha negó con la cabeza.
>—¡Oh, no es mío! —dijo.
>
>(M. DURAS, *El Square,* Barcelona, Seix Barral 1968, pág. 7, traducción de C. Agesta.)

Recordemos otro ejemplo de ficción: en el filme *Toma el dinero y corre,* de Woody Allen, el desgraciado personaje del atracador trata de amenazar al cajero de un banco haciéndole entrega de una nota manuscrita en la que expresa sus intenciones. El empleado lee la nota y advierte al atracador que en ella se contiene un error caligráfico, desbaratando toda posible definición de la situación como un atraco serio. Otra secuencia célebre del cine cómico propone una situación similar: el Charlot de *Tiempos modernos* agita un trapo rojo con la intención de advertir al camionero que lo acaba de perder; una manifestación obrera se sitúa accidentalmente a su espalda y la policía lleva a cabo una interpretación plausible de la expresión de Charlot a la vista del contexto en que se produce, tomando al personaje por un agitador. En ambos ejemplos, las intenciones ilocucionarias de los emisores se expresan adecuadamente mediante convenciones lingüísticas y no lingüísticas que contienen indicadores «normales». Pero las expresiones no alcanzan a cumplir los respectivos actos de amenaza y advertencia en la medida, en que, por distintos procesos interpretativos, sus receptores les niegan la atribución de la intención ilocucionaria supuestamente significada.

El segundo de nuestros ejemplos fílmicos tiene la virtud de ilustrar un aspecto del problema que no queda suficientemente explicitado en la hipótesis anterior: cuando Charlot trata de advertir, el *destinatario* de su expresión (actante postulado por su discurso) es «un camionero» y no «los policías» *(receptores)*. Obviamente, la divergencia interpretativa entre Charlot y los policías se debe en parte a que la intención ilocutoria del primero apela a un destinatario diferente del que los policías conjeturan (las masas, los espectadores de la manifestación, etc.). Generalizando esta observación se puede, pues, proponer que es propio de la actividad ilocutoria el intentar advertir, amenazar, prometer, ordenar, etc., *a alguien,* y que tales actos sólo tienen efecto si el receptor acepta, junto a otras condiciones, la de identificarse con el destinatario propuesto. «El rol del interlocutor en la interacción no coincide por principio, sino sólo en ciertos casos de hecho, con el "destinatario" proyectado por el acto lingüístico del hablante, a saber, cuando la recepción de parte del interlocutor comprende su asunción sobre sí, en la respuesta, de la imagen de destinatario que ha recabado del texto» (Fabbri y Sbisà, 1980, 182).

Pero aún cabe extender nuestro análisis: también el locutor proyecta en su expresión una imagen de «enunciador» que puede o no ser ratificada por la respuesta del interlocutor. Recordemos el ejemplo [6]: en aquella expresión el enunciador se presentaba modalmente cualificado por un deber, de modo que no le fuera atribuible un querer y que la responsabilidad última del acto recayese sobre una actante remitente (la institución sancionadora). Una respuesta del tipo: /usted me sanciona porque le da la gana/, aun cuando no afecte a la clase performativa de la «sanción», sí supone una redefinición retrospectiva de la situación interactiva, en la medida en que deja en suspenso el tipo de relación postulado por el locutor, mientras que la respuesta /comprendo que usted no tiene más remedio que sancionarme/ da por válido aquel tipo de relación. El cumplimiento de un mismo acto legal (perspectiva «institucional» del performativo a que aludíamos en el apartado 2.4) no implica, pues, el cumplimiento de la misma ilocución.

Resumiendo nuestras últimas consideraciones, diremos que el hacer locutivo postula una cierta imagen del enunciador y del destinatario, y que la actividad interpretativa del alocutario tendente al logro de un efecto ilocucionario versa, además de sobre los otros elementos mencionados (indicadores de fuerza, contexto), sobre ambas imágenes de los personajes enunciativos postuladas por el discurso del locutor[9]. Respecto a qué sean esas imágenes de los personajes ilocucionarios, recordamos una vez más nuestra propuesta de definirlos posicional y modalmente.

Pero no hemos dado una respuesta clara a la interrogante que subyace al problema aquí planteado: ¿es posible que el interlocutor reconozca la intención ilocucionaria del locutor y que, a pesar de ello, no admita el cumplimiento del acto? Parece claro que las respuestas que ignoran o invalidan una amenaza, orden, promesa, etcétera *cuentan como* refutaciones de la (supuesta) intención ilocucionaria del locutor. Esto es lo que cabría inferir de un ejemplo como el de Woody Allen. Ahora bien, el espectador de la película, o el analista que examina la situación «desde fuera» y *a posteriori*, podrían proponer una evaluación del siguiente tipo: «el personaje *trataba de amenazar,* pero no lo consiguió». El *espectador,* es decir, un observador de la situación interactiva no ratificado como destinatario por el discurso de los interlocutores, puede atribuir un *efecto potencial* o *virtual* a la expresión del locutor, pero es sólo en la interacción entre los personajes enunciativos mutuamente ratificados donde se logra el efecto ilocutorio. Claro que el rol actancial de espectador puede ser asumido también por los interlocutores, cualquiera de los cuales podría describir *a posteriori* la situación en los términos siguientes: «traté(ó) de amenazarle(me) pero no lo logré(ó)». Las descripciones relativas a intenciones ilocucionarias no logradas parecen, pues, corresponder a un metalenguaje (científico o no) del espectador, de nivel lógico superior al discurso-objeto en el que opera la actividad ilocucionaria.

Pero otra perspectiva puede coadyuvar a una más comprensiva teoría semiótica de los efectos: la que atiende a los *estados* presupuestos y operados (según la orientación retrospectiva o prospectiva de la observación) por el hacer discursivo. Sabemos, en efecto, que este último versa sobre transformaciones de estados de los sujetos interactuantes, pero sobre esos mismos estados «en cuya transformación consiste el nexo entre el hacer manipulatorio y el hacer manipulado» (Fabbri y Sbisà, 1980, 184) sabemos aún muy poco. De ahí la necesidad de un estudio de «las investiduras pasionales de las configuraciones modales con las que juegan los interactuantes» (*ibíd.,* 184). La semiótica de la *pasión* se propone, entre otras cosas, la definición de la *adhesión* del interlocutor (vinculada al logro del efecto ilocutorio) en cuanto estado pasional, pero también trata de sustraer a los efectos

---

[9] Sobre este particular disentimos de Kuroda (1980), que se muestra muy restrictivo respecto a la comunicación: numerosos actos ilocucionarios, los que carecen de «oyente intentado», no son comunicativos. Diferencia, igualmente, el efecto ilocucionario, en el que interviene el reconocimiento del interlocutor, del «efecto ilocucionario potencial», dependiente del hablante.

perlocucionarios (desagrado, ofensa, miedo, desesperación, prevención, etc.) del psicologismo al que remiten los estudios tradicionales.

Del mismo modo que la perspectiva fundacional de Austin aspiraba a un análisis de los *actos* y *efectos* de la acción discursiva, la semiótica de la acción por la que aquí abogamos ha de dar cuenta solidariamente de las operaciones discursivas y de los estados que aquéllas procuran. La perspectiva pasional trata de introducir también el punto de vista del actor en cuanto sujeto *paciente,* además de agente, ya que los estados pasionales derivados de las acciones (como la «frustración» consecuente a la conjunción del sujeto con un no poder-hacer, o la «desesperanza» resultante de su saber-no poder-hacer, etc.) cuentan como condición para la realización o no realización de actividades ulteriores.

3.3. *El acto locucionario*

Como se ha indicado anteriormente, el acto locucionario es definido por Austin como acto *de* decir algo. Ahora bien, la locución incluye tres subactividades (según Austin, 1971, págs. 136 y ss.):

a) La emisión de sonidos, en relación a la cual la expresión puede ser considera como entidad fonética (acto *fonético*).

b) La emisión de ciertas palabras, pertenecientes a un cierto vocabulario y en conformidad con ciertas reglas gramaticales (acto *fático*). Esta actividad da pertinencia a la expresión en cuanto entidad sintáctica o gramatical, en cuanto *frase*. Obviamente, la realización de *a)* es condición para el cumplimiento de *b)*.

c) El empleo de una frase determinada con cierto *sentido* y cierta *referencia*. A este nivel, específicamente semántico, la expresión puede considerarse como *enunciado* (acto *rético*).

Aun cuando la doctrina austiniana describe exclusivamente los actos locucionarios de carácter verbal, creemos que es plausible una extrapolación a las expresiones no lingüísticas aplicando criterios análogos; por ejemplo, para indagar el equivalente al acto fonético se tomará en cuenta la materia significante de que se trata; para el equivalente al acto fático el tipo de código que articula los signos, etcétera.

Pero resulta inexacta la limitación del ámbito de la significación al acto rético. En efecto, son varios los sentidos de la palabra «sentido», y conviene diferenciar a qué aludimos en cada nivel en que identificamos algún valor semántico:

a) En el acto fonético, conforme a la teoría austiniana, no se produce sentido. Acaso esta afirmación pudiera ser modificada en consideración a los fenómenos de «protosemantismo» de Guiraud (cfr. Greimas, 1973, 93-97), como las variaciones semánticas correlativas a variaciones vocálicas en las onomatopeyas «tic»-«toc»-«tac».

b) La frase posee un significado *determinable,* es decir, no determinado aún por la referencia a una situación y a unos agentes enunciativos precisos. En cuanto frase, /te ordeno que vengas/ significa que el hablante (indeterminado) ordena (en un momento indeterminado, a saber, aquel en que se enuncie la frase) al oyente (indeterminado) ir a un lugar indeterminado (el lugar donde esté el hablante) (Récanati, 1980, 211). Estamos, pues, en el nivel *simbólico* en que los signos remiten *en general* a las instancias del discurso o, si se quiere, en el que proporcionan instrucciones previas a la ubicación de aquellas instancias en un discurso efectivo.

c) Sólo en el acto rético, en el enunciado, el sentido aparece *determinado* con unas referencias precisas a instancias efectivas de la situación comunicativa; /te ordeno que vengas/ se refiere ya a determinados sujetos en determinada situación, en coordenadas espaciotemporales precisas.

En otras palabras, el significado de la frase es el significado de una expresión-tipo. Por él nos preguntamos al indagar «qué quiere decir» una expresión. Contrariamente, el enunciado es la expresión-ocurrencia y su sentido es «lo que efectivamente significa» una expresión determinada [10].

Digamos, en fin, que si «por debajo» del sentido efectivo del enunciado identificamos el significado típico o determinable de la frase, «por encima» hallaremos aún su sentido pragmático, a saber, la fuerza ilocucionaria actualmente cumplida en la enunciación. Sobre ello volveremos en el apartado 5.2.

3.4. *Secuencias de acciones*

Entre otros autores, Labov y Fanshel han mencionado las reglas de secuenciación específicas de la acción discursiva, que no relacionan palabras, frases u otras formas lingüísticas, sino acciones como

---

[10] La dicotomía «frase/enunciado» equivale aquí a la de *sentence/utterance* de la gramática generativa. El primer término designa la unidad formal derivable por aplicación de las reglas de la gramática; el segundo, una entidad empírica, un hecho de ejecución (Garavelli Mortara, 1974, 20).

peticiones, amenazas, felicitaciones, etc. Entre las acciones más relevantes para establecer una coherente segmentación del discurso habría que considerar aquellas que se relacionan netamente con el estatus de los partícipes, con sus derechos y obligaciones, con sus relaciones de intercambio en términos de organización social (Labov y Fanshel, 1977, 25); nosotros hemos venido asimilando esta clase de relaciones al orden *jurídico* del discurso (Ducrot), y hemos propuesto su análisis en términos de transacciones y transformaciones modales.

Van Dijk, por su parte, ha propugnado en diversos lugares la necesidad de identificar una *coherencia pragmática* del discurso relativa al nivel específicamente accional, si bien reconoce las dificultades para diferenciarla de la *coherencia semántica:* «Ciertas funciones o proposiciones semánticas en los textos parecen ocurrir también en el nivel *pragmático:* así tenemos repetición, paráfrasis, corrección, explicación/especificación, contraste/protesta, etc., también como funciones de los actos de habla dentro de una secuencia de actos de habla monológica o dialógica. En ciertos casos, por ejemplo, el de la aclaración, la distinción entre una función semántica "pura" y una "pura" función pragmática parece ser borrosa, y sólo posible en la diferenciación teórica de proposiciones y actos de habla, respectivamente» (van Dijk, 1980b, 64) (véase capítulo I.3.).

Entre las formas más simples de sucesión regulada de actos ilocucionarios cabe recordar las secuencias de microacción denominadas por Schegloff «pares adyacentes»: pregunta/respuesta, reproche/justificación, ofrecimiento/agradecimiento, etc. En su conocido estudio sobre el inicio de conversaciones telefónicas, Schegloff propone la estructura *llamada/respuesta (summons-answer)* como una generalización de los tipos de secuencias que acabamos de mencionar y de otros similares; su carácter estructural —es decir, el hecho de que tales pares constituyen propiamente secuencias y no acciones eventualmente yuxtapuestas— se justifica por el principio de «relevancia condicional»: dado el primer ítem, el segundo es esperable; una vez producido este último, puede considerársele como segundo respecto al primero; dada su no ocurrencia, es «oficialmente ausente». En otros términos, la respuesta es relevante a partir de la ocurrencia de la llamada (Schegloff, 1972, 363-364). Pese a su aparente ingenuismo, el principio de Schegloff remite a un problema importante de la interacción discursiva: los actos ilocucionarios típicamente iniciales de una secuencia regulada demandan algún tipo de inferencia de parte del interlocutor; el reconocimiento de una llamada exige y prefigura una respuesta, de modo que la no respuesta queda marcada como una clase de las respuestas posibles. Simultáneamente, y por parte del locutor, su llamada exige la asunción de un compromiso: si, por ejemplo, ha llevado a cabo un acto abierto de desafío y éste ha sido abiertamente desestimado, no podrá actuar ya como si tal desafío no hubiera tenido lugar.

Ferrara, siguiendo en ello a Fotion, habla también de aquellos actos lingüísticos *(master speech acts)* que constriñen el tipo y las propiedades de los actos subsiguientes del discurso (Ferrara, 1980, 326-327). La constricción propia de este «habla controlada» dimana de la aceptación pactada de reglas como las de Grice (confróntese nuestro apartado 4.3.) por parte de los participantes, obligados, por ejemplo, a proporcionar una información suficiente y relevante en el caso de haber sido reclamada.

Sin duda es posible reducir las distintas formas de vinculación entre actos contiguos a un repertorio básico de relaciones funcionales. Van Dijk (1980b) ha comentado algunas de las más comunes: un acto *aclara* otro, como en /¿Puede usted darme un cigarrillo? Es que se me han terminado/. En este caso, el segundo acto contiene una justificación relativa a los motivos de realización del primero.

NOTA

Este tipo de relación entre actos puede analizarse tomando en cuenta las formas principales de *explicación intencional* que Ricœur (1977, 34-35) extrae de la teoría de Anscombe. Cada una de las posibles explicaciones remite a un criterio de racionalidad de la acción:

a) Explicación por «motivos retrospectivos»; en términos de racionalidad conductal es plausible la siguiente explicación: /Lo he matado *porque había ultrajado a mi abuela.*/

b) Explicación por «motivos interpretantes», es decir, relativos a un cierto punto de vista o a un cierto criterio interpretativo: /Lo he matado. *Me había cegado el rencor.*/

c) Explicación por «motivos prospectivos»: la acción aparece como «una característica del desarrollo de la acción completa en una relación con la situación total» *(ibíd.,* 35). En el siguiente ejemplo, el sentido de la acción en un tiempo t_0 se hace depender de una acción en t_1: /Lo he matado. *Así escarmentarán sus compinches.*/

Un distinto tipo de relación funcional se presenta cuando un acto *explica* el tipo al que pertenece otro acto, como acaece en: /Vendré mañana. Lo prometo/. Contrariamente, el segundo acto puede proponer una corrección o *redefinición* del primero: /Te juro que vendré. Bueno, trataré de hacerlo./ A nuestro entender, en ambos casos el locutor trata de dejar a salvo su fiabilidad, su competencia; otros muchos casos de comentarios o explicaciones cumplen la misma función. Así, en: /Se ha reconciliado con Lucía. Eso se veía venir/, la segunda aserción cuenta como una arrogación de saber por parte del hablante, que además de ratificar la fuerza ilocucionaria de la primera aserción tiende a cualificarse en orden a la ejecución de actos ulteriores, es decir, en orden a objetivos estratégicos más generales.

Es también muy común la realización de un acto que *expresa condiciones* de cumplimiento de otro: /Has sacado buenas notas. Te felicito./ En esta ocasión el contenido proposicional de la primera aserción se refiere a un acto del oyente positivamente evaluado por el hablante, y tal evaluación cuenta como condición preparatoria del acto de felicitación. Es oportuno recordar con Ferrara (1980, 323) que la adecuación *(appropriateness)* de un acto de habla se define no sólo por sus condiciones estándar, sino también en términos de mantenimiento de cierta clase de relación con el acto que aparece como *principal* en la secuencia.

En fin, aún cabrían otras relaciones funcionales como las de *adición, protesta, conclusión,* etc.

En las distintas formas de secuencia que venimos comentando se advierte que los actos se organizan conforme a un principio de *jerarquía*. Ferrara habla al respecto de una función de «auxiliación», y van Dijk diferencia los actos «compuestos» (encadenados a un mismo nivel) de los «complejos» en los que algunos de los actos componentes son auxiliares respecto a otros principales (1980a, 304).

Pero el principio de jerarquía aparece relacionado con el hecho de que, a menudo, la función de los actos de habla particulares inscritos en una secuencia no pueden evaluarse sin remitir a *marcos de acción* y a *metas* más extensas que las implícitas en el acto mismo (Ferrara, 1980, 323). Distintos autores han reiterado la importancia del análisis de los actos de habla en términos de *actuación dirigida a una meta* (cfr. Schmidt, 1977, 141-144), aun cuando algunos discursos se caracterizan sin duda por la inestabilidad de sus objetivos estratégicos y de sus procedimientos tácticos, e incluso por la carencia de una «meta» en el sentido fuerte del término: puede pensarse, a título de ejemplo, en la charla realizada «por el simple gusto de conversar»; en las conversaciones en que el locutor «tantea» a su interlocutor sin un objetivo de manipulación preciso, pero atento a las posibles opciones de actuación posterior que las respuestas de aquél le van proporcionando. Es inevitable aquí el recuerdo de las *precieuses* dieciochescas y el de las tradicionales tertulias de café como ejemplos cualificados de tales prácticas.

No obstante, la frecuente inscripción de los actos de habla en acciones intencionalmente ordenadas a una meta produce una evidente dificultad analítica a la hora de aplicar la teoría a las expresiones actuales en un discurso complejo. Y si aún no se explica bien cómo se vincula una expresión con las antecedentes y consecuentes, menos aún cómo puede vincularse con contextos sociales más amplios (Cicourel, 1980, pág. 8). Hay que resignarse a reconocer que el análisis de *actos lingüísticos totales* reclamado por Austin apenas ha comenzado a desarrollarse.

Dentro de este incipiente desarrollo hay que destacar, en primer lugar, la teoría del *macroacto de habla* de van Dijk: un «acto de habla global realizado por la expresión de un discurso completo y ejecutado por una secuencia de actos posiblemente diferentes» (1980a, 304). En efecto, un discurso completo, incluso muy extenso, puede ser percibido y analizado como un nivel específico de actividad ilocucionaria, como ejecución de una ilocución global. El hecho de que ciertas prácticas (como las actividades ceremoniales) sean percibidas con un sentido último y más general que el de los actos que las componen permite a los intérpretes referirse a ellas mediante una denominación relativa a su valor ilocucionario global: «un bautizo», «una declaración de independencia», etc. Muchas conversaciones y textos admiten ser descritos en términos de un efecto ilocucionario global, a partir del supuesto de que ciertas secuencias de actos de habla «funcionan socialmente como un solo acto de habla» (*ibíd.*, 332). En ciertos casos se trata de una secuencia *compleja* (un acto principal más sus actos auxiliares), en la que el valor ilocutivo del acto principal consiente describir el conjunto de la secuencia: «he recibido una *amenaza* anónima», «me ha *pedido* mil duros», etc.

Cabe asimismo la identificación de *macroactos ilocucionarios cumplidos indirectamente*. El análisis de un discurso electoral de Giscard d'Estaing permite a Nef observar que el conjunto del texto se percibe globalmente y que un receptor podría resumir su sentido como «petición de votar a la derecha» mediante la *derivación* de un directivo global a partir de los diversos actos declarativos, asertivos, etcétera, que el texto contiene (Nef, 1980, 187). Nef propone la categoría de *macroactos indirectos y globalmente derivados* para designar este tipo de discursos. En el texto de Giscard, sólo la última frase *(«vous ferez le bon choix pour la France»)* posee un valor directivo (se trata de un directivo indirecto muy convencionalizado: el denominado predictivo con función de mandato), y la derivación del macroacto se efectúa «de manera recurrente a partir de un último acto de lenguaje (...). El tema del voto es anunciado desde las primeras líneas (...), el propósito (votar a la derecha) se da completamente al final. Entre ambos hay un discurso cuya argumentación vincula el tema al propósito. Retroactivamente toda esta argumentación tendrá, pues, valor directivo» (*ibíd.*, 188).

Pero cabe otra posibilidad de derivación global, que Nef describe como «progresiva, a medida que se desarrolla el discurso (el encadenamiento de actos de lenguaje)». En el siguiente ejemplo hallamos una secuencia *compuesta* (de actos del mismo nivel) en la que la mera acumulación de asertivos con un contenido fuertemente marcado por la valoración negativa permite derivar globalmente un efecto ilocucionario de *exhortación* antes que de aserción.

> La situación, a los 101 días y pico de la desgracia, es de gravedad extrema. Aumenta el paro, baja el nivel de vida, se agudiza la inseguridad ciudadana, avanza la subversión marxista, aumenta el número de los tontos útiles, se resquebraja el sentido nacional y patriótico, escalan el poder los más ineptos, crecen los impuestos municipales el tres por ciento en un solo ejercicio, se preparan leyes para terminar con el patrimonio familiar, se persigue sin cuartel al ahorro, se fomenta la inmoralidad pública (que dejó de ser delito en fecha reciente), se socavan los cimientos cristianos de la sociedad, se hace befa del Papa y de la Iglesia, se orquestan campañas contra los Ejércitos y las Fuerzas de Seguridad del Estado, y sólo se contemplan los derechos humanos de los delincuentes.
>
> (J. BLANCO, fragmento de «Los 101 días y pico», respecto a los 100 primeros días del gobierno Calvo-Sotelo; del diario *El Alcázar,* 6 de junio de 1981, pág. 9.)

Al atribuir al texto una valor exhortativo se postula que cuenta globalmente como una tentativa de inducir al oyente a hacer algo (y cae, por tanto, dentro de la clase de los directivos) antes que como un compromiso del hablante con la verdad de sus enunciados (clase expositiva). En todo caso, si el lector infiere tal valor pragmático es en virtud no sólo de las propiedades sintáctico-semánticas del texto (repetición, intensificación progresiva de rasgos *disfóricos,* etc.), sino también de la información contextual relacionada con las características que se atribuyen al periódico, con la ocasión temporal, etc. Claro que estas propiedades son inherentes a todo discurso propagandístico, y en este sentido habría que considerar a los macroactos directivos indirectos como un procedimiento estratégico usual de tal tipo de discursos.

Pero el análisis de *actos lingüísticos totales* puede hallar instrumentos valiosos en la *teoría de la narración,* que pretende constituirse precisamente en una teoría semiótica de la acción, de su representación textual y de los modos de concatenación de actos en el texto. La hipótesis central que subyace al designio teórico greimasiano es que las estructuras narrativas rigen las estructuras discursivas, de tal modo que el *programa narrativo* «está en la base de la acción, que viene analizada como su ejecución; y en la base del discurso, en cuanto se "transforma" en una realización textual que incluye aquellos juegos de enunciación y aquellos juegos de modalidad que permiten al discurso mismo constituirse como acción lingüística de un sujeto» (Fabbri y Sbisà, 1980, 178). A nuestro modo de ver, la teoría de la narración ofrece la posibilidad de superar los desfases entre semántica y pragmática de la acción discursiva, así como de abordar la *jerarquía* de los actos y las *metas* de la acción discursiva de un modo sistemático. Pero, obviamente, esta aplicación de la teoría narrativa no puede ser por ahora sino sugerida.

NOTA

El concepto de *programa narrativo* (PN) remite, como se ha expuesto en el capítulo II.3., a un cambio de estado efectuado por un sujeto 1 que afecta a un sujeto 2, operando una conjunción o disyunción de este último con ciertos valores (Greimas y Courtés, 1979, 297). El PN da cuenta de la organización sintáctica de un acto, y en su aplicación a los actos de habla esta unidad es apta para representar el *cambio de estatuto modal* de los sujetos que hemos considerado como definitorio de la ilocución.

Es posible diferenciar PNs simples y complejos: estos últimos requieren y presuponen el cumplimiento de PNs *de uso* (auxiliares o instrumentales) realizados por el propio sujeto o por un sujeto delegado (*ibíd.*, 297-298).

La teoría narrativa permite abordar el proceso accional sea desde el punto de vista de la confrontación interaccional (cuando los dos sujetos del PN corresponden a actores textuales diferenciados e implicados en actividades de manipulación o persuasión), sea desde el punto de vista de la actuación *(performance)* de un solo actor, que asume «en sincretismo» al sujeto de estado y al sujeto de hacer; consecuentemente, el PN de actuación presupone un PN de competencia (el sujeto del hacer-ser, por ejemplo, ha de haber sido modalizado por un querer-hacer o un deber-hacer) (*ibíd.*, 298).

Los distintos PNs se articulan, en fin, en *recorridos narrativos:* los actantes sintácticos de los PNs integrados en un recorrido se definen ya posicionalmente como *roles actanciales* (según las modalidades adquiridas en un cierto punto: sujetos del querer, del poder, según el secreto, etc.) (*ibíd.*, 243). Al nivel del recorrido narrativo es ya posible reconocer estrategias peculiares de actuación, según el tipo de concatenaciones y de jerarquización entre los PNs integrantes.

La teoría de la narratividad puede también dar cuenta de las *metas* de la actuación con el concepto de *esquema narrativo,* modelo de referencia última de los recorridos narrativos, de sus desviaciones y configuraciones estratégicas. El esquema narrativo representa para Greimas un modelo de articulación de los universales de la narración, y ofrece la organización sintagmática de las *pruebas: cualificante* (función de cualificación del sujeto), *principal* (realización), y *glorificante* (sanción o reconocimiento del sujeto) (*ibíd.,* 244-247).

3.5. Conclusiones

Hemos diferenciado tres subactividades implicadas en el uso lingüístico: la locucionaria, productora del *significado* de las expresiones; la ilocucionaria, en la que emerge su valor pragmático o *fuerza,* y la perlocucionaria, actividad *instrumental* consistente en la obtención de efectos exteriores al propio discurso. Hemos subrayado la importancia de las transformaciones intersubjetivas operadas por la ilocución; en esta línea interpretativa, adjudicamos menos interés a las intenciones y al juego de reglas implicadas por la actividad ilocucionaria que a las actividades de *ratificación* y *cualificación* mutua, de negociación y de pacto requeridas para la obtención de un efecto ilocutorio. Al dar mayor importancia a la intervención del «polo receptor» que en la teoría clásica, prevemos la definición retrospectiva de los actos y postulamos que el locutor anticipa estratégicamente las respuestas al acto que propone; correlativamente, sólo la *sanción* implícita en la respuesta del interlocutor autoriza a considerar que el acto se ha cumplido o no. Puesto que el juego de intenciones comunicativas es reconocido y legitimado en el interior de la propia situación interactiva, ha de corresponder a un actante observador la actividad de discriminar posibles intenciones ilocucionarias no cumplidas.

Hemos propugnado una *semiótica de la pasión* como marco teórico para el análisis de los efectos-afectos promovidos por las operaciones perlocucionarias y por la adhesión del interlocutor inherente al logro del efecto ilocutorio. Tal territorio teórico ofrecerá la posibilidad de abordar las estructuras interaccionales con la perspectiva del sujeto en cuanto *paciente,* perspectiva complementaria de la del sujeto actuante.

La dificultad de identificar el logro de ilocuciones en el nivel de los enunciados aislados es comúnmente admitida. Se tiende, así, a un examen de la actividad discursiva en secuencias de actos, con atención a los principios estratégicos que las regulan y, en ocasiones, a los contextos sociales donde resultan relevantes. Una semiótica de la acción discursiva podrá tomar en cuenta la teoría de la narratividad —con la categoría central de *programa narrativo*— en orden a la descripción y explicación de tales secuencias.

4. El hacer de lo no dicho

4.0. *La presuposición*

«Una parte muy grande de lo que queremos manifestar y comunicar queda inexpreso en dos dimensiones, una por encima y otra por debajo del lenguaje. Por encima, todo lo inefable. Por debajo, todo lo que "por sabido se calla". Ahora bien, este silencio actúa constantemente sobre el lenguaje y es causa de muchas de sus formas.» Con esta cita de Ortega (1964, 140) pretendemos introducir a la comprensión del discurso como una actividad que concierne tanto a lo dicho (lo dado o *puesto*) cuanto a lo no dicho (lo implícito o *presupuesto*), y en la que ambos componentes están «reflexivamente determinados» (Tyler, 1978, 460).

Stalnaker (1978, 240-241) interpreta las *presuposiciones* como aquellas proposiciones cuya verdad se da por descontada en las prácticas conversacionales, de modo que sin ser expresadas verbalmente pueden intervenir como premisas de un argumento entimemático, como instrucciones implícitas de interpretación, etc. Para Stalnaker las presuposiciones constituyen primordialmente un hecho pragmático, ya que la relación fundamental que ponen en juego no es entre proposiciones (como acaece en la teoría lógica clásica, que mencionaremos), sino entre éstas y los sujetos que las usan. Son los hablantes quienes hacen y tienen presuposiciones que deben ser válidas para frases y textos, y no las proposiciones o frases quienes tienen y hacen presuposiciones. Como la referencia, la presuposición es «un concepto en el *nivel de la comunicación*, no en el nivel de la gramática» (Schmidt, 1977, 96).

Una primera distinción debe, pues, hacerse entre la *implicación lógica,* que se impone al locutor, y la *presuposición,* que es seleccionada por él, y en cuanto tal expresa una voluntad comunicativa (Ducrot, 1980a, 1086). Cuando se afirma que /todos los animales son hermosos/ queda lógicamente implicado *por lo que se dice* que hay animales hermosos (aquí la inferencia lógica opera según la relación entre el cuantificador universal y el cuantificador existencial). *Lo que se hace al decirlo,* empero, presupone que se tienen razones para pensar que todos los animales son hermosos, pero también, por ejemplo, que el hablante cree en lo que dice, que juzga pertinente informar a su interlocutor sobre tal tema en tal circunstancia, etc.

La diferencia se establece, en fin, entre lo que aparece lógicamente implicado por lo que se dice y lo pragmáticamente implicado *por el hecho de decirlo* (Récanati, 1979a, 193).

4.1. *Operaciones presupositivas*

Aun cuando son muy numerosas las clasificaciones de presupuestos (cfr. Schmidt, 1977, 91-107), optamos por resumir aquí el inventario de Ducrot (1980a, 1094-1095), muy oportuno para nuestros objetivos:

a) *Presupuestos generales:* carecen de relación con la estructura de la frase. Caben aquí supuestos como que los locutores se entienden entre sí, que existe un «mundo» al cual deben referirse sus enunciados, etc.

b) *Presupuestos ilocutivos:* «el cumplimiento de un acto ilocutorio particular puede presuponer que la situación de discurso haga posible y razonable cumplirlo». Así, al preguntar presupongo que mi interlocutor está en condiciones de responder.

c) *Presupuestos de lengua:* están ligados a la existencia de ciertos morfemas[11].

Los supuestos de la última de estas clases corresponden *grosso modo* al tipo de presuposiciones analizados por los lógicos, desde Frege y Russell, en cuanto condiciones de verdad o de referencia de las proposiciones. Sumariamente, este análisis advierte que un enunciado E_1 presupone E_2 si tanto la verdad como la falsedad de E_1 implican la verdad de E_2. O también: «p» es una presuposición de «q» si «p» es consecuencia lógica de «q» y si «p» es consecuencia de la negación de «q» (van Dijk, 1973, 195). De tal modo, tanto /él sabe

---

[11] En la última de estas clases Ducrot incluye las subclases siguientes:

c_1) *existenciales:* cuando la frase contiene un grupo nominal precedido de artículo determinado, se presupone que existen los objetos que poseen la propiedad descrita en el grupo nominal. De tal modo, en el clásico ejemplo: /El rey de Francia es calvo/, queda supuesta la existencia de un rey de Francia.

c_2) *verbales:* cuando por su verbo principal la frase describe la sucesión de dos estados, queda supuesta la realización del primero de ellos. Así, /Pedro ha dejado de militar/ presume la anterior militancia de Pedro.

c_3) *de construcción:* en construcciones del tipo /es... quien hace x/ (por ejemplo: /es Juan quien llora/) se presume que alguien hace x.

c_4) *adverbiales:* con adverbios como /todavía/, /también/, /de nuevo/, etc. Así, /todavía desprecio a los especialistas/ presupone que el hablante despreciaba anteriormente a los especialistas (y en ciertos contextos, observemos de paso, que el hablante tiene razones actuales para no despreciarlos).

que ella es analfabeta/ cuanto /él no sabe que ella es analfabeta/ presuponen que /ella es analfabeta/.

Por lo que respecta a los presupuestos ilocutivos, hay que señalar que muchos autores identifican el fenómeno genérico de la presuposición con las condiciones de cumplimiento de actos discursivos. Para Fillmore las presuposiciones de una sentencia equivalen a las condiciones que ésta ha de satisfacer antes de poder ser usada en una de sus funciones de proponer cuestiones, dar órdenes, hacer aserciones, etcétera. De tal modo, /abra usted la puerta/ sólo puede usarse como orden si el destinatario está en posición de conocer qué puerta ha sido mencionada y sólo si tal puerta, en el tiempo del acto ilocutivo, está cerrada (Fillmore, 1971, 380). En esta línea de interpretación las reglas constitutivas de Searle a las que hemos hecho referencia en el apartado 3.1 corresponden a presuposiciones convencionales de los actos o, como las denomina Récanati, a *implicaciones pragmáticas:* si la creencia del locutor de que su interlocutor prefiere la realización a la no realización de una promesa es una regla preparatoria del acto de prometer, es indudable que el cumplimiento de una promesa implica pragmáticamente (o presupone) aquella creencia. Y tal presuposición posee un carácter público (en cuanto convencional) tal que «el locutor sabe que el oyente puede extraer ciertas conclusiones (del acto de discurso), y sabe que el oyente sabe que él lo sabe» (Récanati, 1979a, 185).

La clase de los presupuestos a los que Ducrot denomina «generales» puede abarcar fenómenos demasiado diversos: cierta competencia lingüística y pragmática de los actores, creencias y supuestos «ideológicos» compartidos, acuerdo respecto a la naturaleza de la situación comunicativa, etc. En primer lugar, no cabe duda de que una amplia clase de presupuestos actúan como «una especie de telón de fondo, como un contexto, como un cuadro intelectual que debe servir de soporte al diálogo» (Ducrot, 1973, 253-254) y también como «un medio para el locutor de instituir entre él y su oyente un universo sólo en el interior del cual se podrá proseguir el diálogo» *(ibíd.,* página 256). En cuanto universo de referencias compartido por los interlocutores, un conjunto de presupuestos de esta naturaleza constituye lo que los lógicos han denominado un «mundo posible». Suele postularse la necesidad de un sistema sociocultural de referencia en virtud del cual es posible a los interlocutores el establecimiento de correferencia entre elementos del discurso y el llevar a cabo determinadas selecciones léxicas (por ejemplo, entre «dictadura fascista» y «régimen anterior») en las que pueden ponerse en juego la propia posibilidad de la *transacción* comunicativa. Incluso para los efectos más banales del intercambio informativo, el acuerdo de los interlocutores respecto a elementos implícitos del discurso resulta ineludible. Es obvio que la comprensión del enunciado /ya he leído el folleto/

requiere del destinatario la aceptación del presupuesto existencial
«existe un cierto folleto» y el conocimiento de que tal folleto es uno
determinado al que alude el locutor. Por continuar con formulaciones banales, el *quantum* de información compartido por los interlocutores (o mejor dicho, el *quantum* de información que presumen
compartir) determina la cantidad de información que precisan explicitar en sus transacciones comunicativas. El locutor actúa de tal
modo que su discurso posea un cierto nivel de inteligibilidad, identificando lo implícito con lo «ya sabido» y lo explícito con lo cognoscible por parte del alocutario. Los dos conocidos «principios de presunción» de Strawson conciernen a esta dimensión informativa del
discurso: conforme al «principio de presunción de ignorancia» se da
por supuesto que el alocutario ignora la información que se le va a
dar; según el «principio de presunción de conocimiento» se supone
que la ignorancia del alocutario no es tan grande como para ignorar
de qué se habla (Strawson, 1971).

NOTA

Una reformulación de ambos principios mediante el recurso a la categoría *tópico/comento* permite proponer
que en el nivel informativo del discurso lo que se presume
es el conocimiento del tema (tópico) y la ignorancia respecto a la declaración en curso (comento). Algunos autores,
como Dahl, basan en el concepto de presuposición la relación misma entre tópico y comento: el tópico se identifica
con la parte del enunciado presupuesta, en tanto que el
comento viene a consistir en la expansión del enunciado a
partir de los elementos topicalizados. La estructura subyacente de un enunciado viene a ser la sede de topicalizaciones concatenadas de elementos que en cada punto anterior de la cadena han constituido el comento (Garavelli
Mortara, 1974, 65). De tal forma, el enunciado /he insultado a un amigo de la infancia/ podría segmentarse así:

Tópico: Yo /
Comento: he realizado la acción de insultar /
T.: esta acción de insultar /
C.: tenía por destinatario a un amigo /
T.: tal amigo /
C.: lo fue en la infancia /.

Una concepción de este tipo permite observar el carácter
constrictivo del proceso de presuposición en el discurso: los

elementos que van siendo topicalizados abren (y limitan) la posibilidad de los enunciados posteriores y de sus referencias; hay en cada enunciado «una alusión a los diálogos de los que este enunciado quiere ser el punto de partida, a las virtualidades de discurso abiertas por él» (Ducrot, 1973, 257). Pese a todo, la identificación entre presuposición y tópico resulta precipitada. Aun reconociendo la afinidad entre ambos conceptos, Ducrot asegura que permanecen distintos y que no se implican recíprocamente. La mayor parte de los presupuestos no existenciales son extraños al tema de la frase, pero también lo son numerosos presupuestos existenciales. Así, en la respuesta /he venido con mi hermano/ a la pregunta /¿con quién has venido?/ se presupone la existencia de un hermano, pero éste no es el tema del discurso (Ducrot, 1979, 72).

Los principios de Strawson nos consienten postular un *contrato informativo* en el que bien unilateralmente (por la propuesta inicial de un actor y el ulterior compromiso del otro) bien de modo bilateral (por el concurso recíproco y eventualmente negociado de ambos actores) se establece un cierto orden de inteligibilidad al que acomodar las intervenciones de las partes. Tal contrato ha de ser considerado como un componente fundamental del *contrato enunciativo*.

Ahora bien, el consenso pragmático no se limita a la aceptación de un contrato informativo; los actores han de reconocerse y ratificarse mutuamente a lo largo del proceso comunicativo en curso. Puede hablarse, con Mihaila (1980, 116), de un estatuto de *complicidad conversacional* que remite a distintos principios de interacción discursiva. El consenso establecido en torno a los elementos implícitos del discurso y en torno a la clase de *operaciones de implicitación* que mutuamente se consienten los interlocutores divide a los actores en *insiders* (interlocutivamente ratificados) y *outsiders* (interlocutivamente deslegitimados) respecto a la situación de que se trate. Y desde luego, tales cualificaciones no son aprióricas sino producidas y evaluables en la situación misma (*ibíd.;* 116). A nuestro entender, los «principios de presunción» strawsonianos se aplican con este efecto: cuando un locutor selecciona cierto nivel de inteligibilidad en su discurso está postulando un destinatario al que modaliza según el *saber* (orden informativo); ahora bien, tal modalización no es independiente de la legitimación o desligitimación del alocutario que implica el considerarle más o menos competente respecto al saber: un destinatario que sabe (o no sabe) *x puede* (o no puede) responder *y,* etc.

Cabe incluir entre los presupuestos generales un tipo de inferencias que la etnometodología ha tratado con el nombre de «interpretación documental»: según la propuesta de Garfinkel, los actores toman las acciones del otro como expresión o documento de una pauta de comportamiento subyacente. (Dreitzel, 1970, pág. XIV), de modo análogo a lo que ocurre en la percepción: según la teoría de la *gestalt* percibimos una configuración visual total a partir de estímulos defectivos. Pues bien, una extrapolación al discurso nos permite proponer que los actores discursivos presuponen a partir de los enunciados parciales de su interlocutor el modelo o tipo de interacción que éste hace valer. No cabe duda de que esta clase de inferencias se lleva a cabo a partir de la consideración de ciertas formas lingüísticas (como ocurre en los presupuestos de lengua) y de ciertos actos ilocucionarios (como en los presupuestos ilocutivos), pero una explicación satisfactoria de este hacer presupositivo habrá de tomar en cuenta, esencialmente, la noción de *competencia textual* del intérprete: los oyentes poseen la capacidad de articular en textos idealmente concebidos (en *géneros* discursivos: relato, arenga, charla, etc.) los enunciados particulares que los hablantes proponen. Y estos últimos, correlativamente, producen sus enunciados como elementos de un tipo textual presupuesto.

4.2. *Funciones de los presupuestos*

Es preciso reconocer que el concepto de presuposición continúa siendo una noción-comodín apta para las más variadas inserciones teóricas. Los análisis lógicos y lingüísticos de las proposiciones presupuestas se hacen en conjunto merecedores de la invectiva de Eco: un enunciado como /el actual rey de Francia es calvo/ «ha provocado auténticos juegos olímpicos de semántica filosófica, sin que nadie haya conseguido todavía batir el *record* definitivo de sutileza resolutoria» (Eco, 1977, 290-291).

Lo cierto es que nos hallamos lejos de poder asignar a la presuposición un lugar satisfactorio dentro de la teoría de la acción discursiva, y que las preguntas tradicionales sobre la naturaleza de los presupuestos (¿forman parte del contenido de los enunciados o son condiciones de la enunciación?, ¿constituyen un hecho discursivo específico o son más bien efectos de sentido vinculados al funcionamiento general de las unidades léxico-semánticas?, etc.) no han hallado aún respuestas definitivas.

En el apartado anterior hemos mencionado el punto de vista defendido por Strawson, Fillmore y otros muchos autores, según el cual las presuposiciones constituyen condiciones de uso de los enunciados. Schmidt afirma que las presuposiciones comprenden todo tipo de condiciones implícitas que los emisores cumplen cuando quieren realizar un acto comunicativo ilocutivamente eficaz (1977, 105).

Ducrot discute ampliamente estas interpretaciones: en ellas no se alcanza una definición rigurosa ni de lo que es una «condición» de uso ni de la noción de «cumplimiento» del acto, del que el presupuesto sería condición (1979, 35-73). Es forzoso reconocer que el logro del efecto ilocucionario con frecuencia permanece ajeno a muchas de las supuestas condiciones de uso del enunciado. Tomemos como ejemplo la condición de verdad: en conformidad con la concepción del efecto ilocucionario que hemos venido desarrollando, debemos admitir que /abra usted la puerta/ puede muy bien cumplir el acto de ordenar, pese a que en el momento de la enunciación la puerta designada esté abierta; el oyente podría describir retrospectivamente una situación de ese tipo en términos como los siguientes: «me ordenó abrir una puerta que ya estaba abierta», reconociendo simultáneamente el malogro de la condición de verdad y el logro de la orden. Las condiciones de aplicabilidad de los actos no parecen coincidir necesariamente con las de existencia.

Algunas de estas confusiones pueden soslayarse si se diferencian las condiciones que afectan al valor constatativo de los enunciados (condiciones de empleo lógico) de las que conciernen a la «normalidad» o «propiedad» de las enunciaciones (condiciones de uso pragmático). Stroll restringe la denominación de *presuposiciones* a las condiciones del primer tipo, y llama *implicaciones contextuales* a las del segundo (Schmidt, 1977, 99). Pero persisten las dificultades que señalábamos en el apartado 3.2. respecto del logro del efecto ilocucionario: de admitirse nuestra explicación interaccional, no es posible definir en general las presuposiciones (lingüísticas o pragmáticas) como condiciones suficientes ni siquiera necesarias del cumplimiento de actos, ya que el logro ilocutivo requiere de la actividad interpretativa del oyente y de sus eventuales negociaciones con el locutor. Pero, por otra parte, las presuposiciones sirven como procedimientos interpretativos que permiten a los actores, en correlación con otros elementos contextuales, proponer hipótesis respecto al carácter de las acciones discursivas; al menos en la misma medida en que los actos ya cumplidos orientan y regulan el hacer presupositivo ulterior. Una vez más topamos, pues, con la exigencia de definir secuencialmente y en el proceso de confrontación interaccional los actos de discurso. Tanto los presupuestos como los actos anteriormente cumplidos pueden ser vistos, en suma, como *programas narrativos de uso* en el interior de un recorrido narrativo.

También discute Ducrot las teorías que, en completo antagonismo con las tesis de Strawson, hacen de la presuposición un elemento del contenido del enunciado y no una condición de la enunciación. Entre ellas, la de Wierzbicka integra los presupuestos en el enunciado, pero distinguiéndolos del contenido propiamente afirmado; /Juan se ha despertado/ contendría, así, los significados: «pienso que sabes que antes Juan dormía» (presupuesto) y «deseo que sepas que en este momento Juan no duerme» (puesto). No sólo puede objetarse a esta tesis el olvido de que es posible presuponer ciertos conocimientos cuya ignorancia por parte del oyente se sabe, sino también, y especialmente, que las modalidades de la enunciación son insatisfactoriamente reducidas a modalidades del enunciado (Ducrot, 1979, 76-78). En el ejemplo anterior, «pienso que» y «deseo que» expresan actitudes del *sujeto* hablante respecto a su enunciado más bien que una parte del *objeto* de la afirmación.

La propuesta alternativa de Ducrot consiste en describir la presuposición «como un acto de palabra particular, no diverso a este respecto de la afirmación, de la interrogación o de la orden. Si el afirmar no equivale a decir que se quiere hacer saber, sino a hacer saber (...), el presuponer no equivale a decir que el oyente sabe, o que se piensa que sabe o debería saber, sino a colocar el diálogo en la hipótesis de que ya sabe, a desempeñar el papel de alguien de quien el oyente sabe que...» (1979, 78).

En nuestros términos el presuponer sitúa el diálogo en la hipótesis de que el enunciatario y el enunciador mismo están modalizados, cuenta como atribución de una cierta competencia modal. Y esta operación es efectivamente definitoria del acto ilocucionario.

Ducrot considera tres funciones básicas de los presupuestos en la actividad de habla (*ibíd.*, 102): *a*) su conservación en el juego de preguntas y respuestas; acéptese que cualquier respuesta *admisible* a la pregunta /¿quién te ha comprado el oro?/ da por cierto el presupuesto de aquélla: «alguien te ha comprado el oro»; *b*) «su redundancia en el discurso (cuya coherencia asegura)»; *c*) su «exterioridad» respecto a la concatenación de los enunciados, a los que proporciona un encuadramiento. Estas observaciones permiten al autor ratificar la capacidad que poseen las presuposiciones de transformar la situación «jurídica» de los interlocutores, y su consiguiente naturaleza ilocutoria. Sin duda tal definición encuentra numerosas objeciones, que Ducrot no soslaya, pero aquí interesa menos dar por justa o injusta la definición ilocutoria de las presuposiciones que atender a algunas de las propiedades que Ducrot les atribuye: *a*) aun manteniendo relaciones necesarias con la sintaxis del enunciado, la presuposición se genera en la enunciación (*ibíd.*, 320); *b*) las presuposiciones aseguran la coherencia y sirven de marco del discurso[12]. En efecto, la actividad de presuposición contribuye a la configuración del marco

---

[12] Aunque con un horizonte de intereses más vasto que el nuestro (los «fundamentos praxiológicos y cognoscitivos de la actividad lingüística»), Sánchez de Zavala recoge esta última propuesta ducrotiana y la aplica a tres clases de supuestos: relativos a la situación; referentes al surgimiento previsible de situaciones, y concernientes a las preferencias y metas vinculadas con los acontecimientos previsibles (1978, 46-51 y 64-67).

cognitivo-accional en que ha de desarrollarse la comunicación, pero tal actividad no asegura sólo la redundancia (una cierta isotopía) semántica del discurso, sino también la posibilidad de *modificación* de aquel marco. La introducción de ciertos supuestos en un momento dado del discurso puede, por utilizar los términos de Ducrot, colocar el diálogo en hipótesis nuevas.

4.3. *Inferencias discursivas*

La concepción tradicional de la presuposición diferencia las *implicaciones semánticas y pragmáticas convencionales,* dependientes de reglas convencionalmente aplicadas a la actividad ilocutoria (como son las reglas constitutivas de Searle), de las *implicaciones no convencionales,* o *implicitaciones conversacionales*[13], que el oyente lleva a cabo en virtud de ciertas evaluaciones «razonadas» del contexto y de la actividad del locutor. Grice pone el proceso de implicitación conversacional en relación con el funcionamiento de sus conocidas *reglas de conversación,* clase de reglas pragmáticas presuntamente derivadas de un principio de razón de las transacciones cooperativas en general (Grice, 1979).

NOTA

Grice propone un *principio de cooperación* conversacional reductible, según opinan Wilson y Sperber, al siguiente *axioma del oyente:* «El locutor ha hecho lo mejor posible para producir el enunciado más pertinente posible» (Wilson y Sperber, 1979, 89). Pero Grice toma también en cuenta reglas más específicas de efectos concordantes con el principio de cooperación, a las que clasifica según las siguientes categorías: a) *cantidad:* la contribución del hablante no ha de contener ni más ni menos información que la requerida: b) *cualidad:* la contribución ha de ser veraz; c) *relación:* la contribución ha de ser relevante, se ha de hablar «a propósito», y d) *modalidad:* la intervención tiene que ser clara, breve y metódica (Grice, 1979, 60-62). Sin duda caben numerosas objeciones a la concepción griceana, desde su posible etnocentrismo hasta la indefinición del carácter de las reglas: Flahault señala que no queda claro si fundan la posibilidad de la palabra (y son, por ende, constitutivas) o si solamente la regulan (1979, 73).

---

[13] Sánchez de Zavala (1976) traduce como «implicatura» la *implicature* griceana.

La implicación conversacional es un procedimiento por el que el oyente realiza una inferencia sobre la base de una transgresión de alguna regla conversatoria por parte del locutor, en un contexto tal que no ha lugar suponer, pese a todo, la intención del locutor de burlar *en general* el principio de cooperación (Grice, 1979, 64-65). Tómese el siguiente diálogo como ejemplo:

[9] /—¿Qué opinas del último libro de Vizcaíno Casas?
—Extraordinario: no he encontrado una sola errata./

Conforme a la teoría de Grice, la respuesta vulnera una regla «de relación» (puesto que la pregunta se refiere convencionalmente al contenido del libro y no hace pertinentes las referencias a su confección material), pero lejos de considerarla no cooperativa, el oyente puede inferir de ella la intención de no transgredir la regla de veracidad y la de proponer una opinión negativa *implícitamente*.

La operación de implicitación conversacional es descrita, en fin, en los siguientes términos: «Ha dicho P, no ha lugar suponer que no observa las reglas, o al menos el principio de cooperación. Pero para ello es necesario que piense Q; sabe (y sabe que yo sé que él sabe) que yo comprendo que es necesario suponer que él piensa Q; él no ha hecho nada para impedirme pensar Q; él quiere, pues, que yo piense o al menos me deja pensar Q; luego él ha implicitado Q» (*ibíd.*, 65). Se advierte que lo que Grice describe es un procedimiento estratégico de atribución de intenciones ilocucionarias al hablante, en el que éste resulta cualificado[14] y en el que el significado literal de su enunciado cuenta como una *instrucción* para trasladar la comunicación a otro nivel.

En ocasiones (como la introducción de bromas en cierto punto de una conversación «seria») la implicitación permite alterar el contexto interpretativo, poniendo entre paréntesis las reglas que se hacían valer hasta ese momento; podría decirse que en tales casos la implicitación conversacional postula un *marco* cognitivo y accional (véanse capítulos I.3.4. y III.4.4.1.) es decir, un sistema virtual de acciones en el que el comportamiento del sujeto no resulte infractor.

Aquí llamaremos *sobreentendido* al supuesto que se produce en la implicitación conversacional. Como ha indicado Ducrot, la noción de sobreentendido designa «los efectos de sentido que aparecen en la interpretación cuando se reflexiona sobre las motivaciones de una enunciación, al preguntarse por qué el locutor ha dicho lo que ha

---

[14] Al presumir la actitud cooperativa del locutor, el alocutario restablece la conjunción de aquél con un objeto modal «positivo» (un querer-hacer-saber). Una vez más se constata que la adquisición de información pasa por un proceso de cualificación, de modalización de los actores, y que no constituye, por tanto, un proceso independiente de la transformación de las *relaciones* intersubjetivas.

dicho, y cuando se consideran estas motivaciones del hablar como parte integrante de aquello que ha sido dicho» (1979, 321). De esta caracterización pueden inferirse algunas de sus propiedades más notables:

 a) El sobreentendido se produce a través de «un procedimiento discursivo, una suerte de razonamiento» (*ibíd.*, 144). Eco pone las actividades de sobreentendimiento en relación con el mecanismo de *extracodificación* (hiper e hipocodificación), inferencia que opera sobre contextos no codificados y que manifiesta el ejercicio de una *competencia discursiva* (Eco, 1977, 234-246). Ducrot subraya que el razonamiento interpretativo de la suposición no parte del simple enunciado, sino que se apoya «sobre el evento constituido por la enunciación», es decir, sobre la selección del enunciado en momentos y circunstancias determinadas (Ducrot, 1979, 144).
 b) Esa misma dependencia del acontecimiento enunciacional, sin respaldo en la semántica del enunciado, presenta el sobreentendido como inestable y difícilmente explicable mediante el recurso a reglas lingüísticas (de ahí su tradicional oposición a los presupuestos «convencionales»).

En efecto, al decir:

[10] /Esta mañana el jefe no estaba borracho/

se puede sobreentender que habitualmente el jefe está borracho por la mañana, pero no es admisible que tal sobreentendido resulte de la aplicación de una regla del tipo: «Al utilizar un enunciado con la forma *En el momento t, el objeto A posee la propiedad P,* se da siempre a entender que el objeto A posee la propiedad P sólo en ese momento» (*ibíd.,* 144).

Ahora bien, sí que es posible hacer intervenir en la interpretación de [10] un principio conversatorio propuesto por Gordon y Lakoff (y relacionado con los principios de presunción de Strawson): en una situación «seria» no se dice lo que supuestamente da por descontado el interlocutor (1976, 383-384). Este principio convierte en impertinente y no cooperativo un enunciado del tipo [10] de no ser que se suponga la voluntad del locutor de hacer un sobreentendido, como corresponde al procedimiento de implicitación conversacional. En suma, el sobreentendido de [10] también pone en juego algún tipo de regla y también reposa en una cierta *convención.*

¿Cuál es entonces la diferencia específica entre el *sobreentendido* —por implicitación conversacional— y el presupuesto *convencional*? En los apartados 3.1. y 3.2. hemos defendido la necesidad de modificar ciertas ideas sobre las reglas y su modo de funcionamiento. Las propuestas que allí hacíamos pueden ahora reformularse diciendo que el efecto ilocutorio no se consuma sólo en virtud de la aplicación de reglas semánticas, sino también por efecto de implicitaciones efectuadas por el alocutario tomando en cuenta tanto las reglas semánticas como reglas pragmáticas del tipo de las propuestas por Grice, Gordon y Lakoff, etc. En cualquier caso, ambas clases de reglas son para el oyente procedimientos interpretativos *a partir de los cuales* puede proponer hipótesis sobre el sentido de los enunciados. El propio Ducrot se ve obligado a renunciar a una oposición tajante entre presuposición y sobreentendido, al admitir que el presupuesto es un ilocutorio *originado en la enunciación* (1979, 320-322). Sin duda se mantiene la diferencia entre los supuestos «de lengua» vinculados a la existencia de ciertas formas lingüísticas y los supuestos «no lingüísticos» del tipo [10], pero es forzoso reconocer la relativa convencionalidad del sobreentendido: el efecto ilocutorio de «petición» que suele atribuirse a los enunciados interrogativos del tipo: /¿puedes pasarme la sal?/ se infiere por implicitación conversacional, pero parece fuera de duda que tal inferencia procede de un modo altamente convencionalizado. Obviamente, las prácticas discursivas de una comunidad tienden a convencionalizar y a normalizar determinados procedimientos interpretativos, el dominio de los cuales pasa a formar parte de la competencia discursiva o pragmática de los sujetos.

Debe, no obstante, señalarse una función del sobreentendido que ya ha sido mencionada en estas páginas y que concierne al funcionamiento estratégico del discurso: habida cuenta de que la interpretación de un sobreentendido no opera mediante la inferencia directa a partir de indicadores semánticos convencionales, el locutor puede impugnar aquélla y eludir su responsabilidad respecto a las conclusiones inferidas por el alocutario. La conocida respuesta: /eso lo ha dicho usted, no yo/ con que algunas personalidades políticas apostillan las (normalmente malévolas y plausibles) interpretaciones de sus entrevistadores ilustra esta táctica de «repliegue» enunciacional. El recurso permanente al sobreentendido en los discursos que suelen reputarse de «insidiosos» aparece, pues, como un procedimiento de elusión del compromiso locutivo y de preservación de una constante reversibilidad semántica de los enunciados.

4.4. *Conclusiones*

Además de *lo dicho* o expresamente *dado*, la actividad discursiva pone en juego las numerosas formas de lo *no dicho* a las que se alude con la denominación genérica de «presuposiciones». Suele excluirse de ellas a los supuestos que no expresan una intención comunicativa particular, a saber, las *implicaciones lógicas*. Algunas *presuposiciones* (y es a éstas a las que corresponde estrictamente tal denominación, según Schmidt, 1977, 106) poseen carácter lingüístico, es decir, están vinculadas a ciertos lexemas o construcciones, y en cuanto tales remiten a la *competencia lingüística* de los hablantes. Ciertamente no es siempre fácil diferenciar las implicaciones lógicas de las presuposiciones, y de entre estas últimas quizá sería preciso excluir ciertos fenómenos de presunción vinculados a propiedades semánticas de algunas voces léxicas que no cuentan como implicaciones del acto de enunciación: es bien conocida la observación de Fillmore (1971, 382) sobre el lexema /soltero/, cuya marca semántica /no casado/ es la única que pertenece al sentido propio en tanto que /humano/, /masculino/ y /adulto/ constituyen lo presupuesto (el test de la negación muestra, en efecto, que al decir /Lucio no es soltero/ no negamos que Lucio es un varón adulto, sino sólo que no está casado). En casos como éste la presuposición parece «impuesta al locutor» con la misma fuerza de las implicaciones lógicas[15]: Eco y Violi niegan decididamente a este fenómeno semántico el carácter de presuposición: se trata, sin más, de una manifestación particular de la organización jerárquica de los semas dentro del semema, organización que es un hecho semántico general (Eco y Violi, 1981, 8-9).

Hemos propugnado un principio general de interpretación de la presuposición como hecho pragmático y originado en la actividad de la enunciación, aun cuando mantenga relaciones necesarias con la estructura del enunciado, en razón de que la actividad interpretativa del oyente en las prácticas discursivas concretas no versa sobre significados propuestos por el locutor (en una especie de referéndum semántico), sino sobre la correlación entre implicaciones lingüísticas convencionales de los enunciados y *presuposiciones pragmáticas* relativas a la situación de discurso, a la adecuación y normalidad de las expresiones, etc. En suma, entendemos que la *competencia discursiva* o *textual* de los hablantes interviene junto a su competencia lingüística cuando producen e interpretan presuposiciones. Como han señalado Eco y Violi, «el nivel semántico y el pragmático constituyen dos articulaciones interactuantes en *todos* los tipos de presuposiciones, aunque con roles diversificados» (*ibíd.*, 99).

Obviando otras clases de supuestos a que nos hemos referido, hemos caracterizado los *sobreentendidos* como aquellas presunciones que el locutor permite alcanzar a su interlocutor mediante el recurso a operaciones inferenciales de reconstrucción de la intención ilocutoria.

---

[15] Se trataría, en efecto, de un caso de *entailment* o «entrañamiento», de acuerdo a la traducción propuesta por Sánchez de Zavala (1976, 372).

Si nuestras anteriores observaciones sobre el papel del receptor en la interpretación del discurso y sobre la insuficiencia del paradigma «normativo» son ciertas, la reconocida dificultad de distinguir entre presuposición pragmática y sobreentendido (o entre implicación pragmática convencional e implicación conversacional) no es un simple problema casuístico, sino un problema metodológico fundamental; la frecuente desatención a las reglas lingüísticas y pragmáticas por parte de los hablantes, la posibilidad de atribución retrospectiva de intenciones y presuposiciones, junto al común origen enunciacional de presuposición y sobreentendimiento, corroboran que ambos son más bien casos-límite de la actividad supositiva de los interlocutores. En las prácticas conversacionales, al menos, la identificación de presupuestos convencionales aparece comúnmente orientada por criterios de implicitación conversacional y, paralelamente, los sobreentendimientos toman en cuenta (aun para transgredirlas, pero también así se puede confirmar que *orientan* la interpretación y la acción) las reglas lingüísticas y pragmáticas.

El propio Grice considera, asimismo, la posible convencionalización de la implicitación conversacional y su virtual conexión con ciertos hechos del lenguaje: la que él denomina *implicitación conversacional generalizada* aparece «automáticamente vinculada», es decir, independientemente de circunstancias particulares, a formas lingüísticas determinadas (Grice, 1979, 70); así, la expresión /Lucio ha quedado esta tarde con una mujer/ implicita que tal mujer no es cónyuge, hermana ni madre de Lucio.

La problemática de las presuposiciones no concierne sólo (como entre los lógicos) al valor de verdad y a la referencia de los enunciados, ni sólo (como entre ciertos teóricos de la comunicación) al intercambio de información (de «saber») entre los interlocutores. El consenso interlocutivo en relación a lo presupuesto y a lo presumible interviene en el reconocimiento mutuo de los sujetos como remitentes y destinatarios legítimos, y en todas sus mutuas atribuciones de competencia modal. Así pues, las operaciones presupositivas son también operaciones de mutua cualificación.

5. Actos ilocucionarios indirectos

5.0. *Sentido literal y sentido indirecto*

Frente al problema de los actos ilocucionarios indirectos resultan especialmente evidentes las limitaciones de aquellas teorías que prescinden de la situación de enunciación y del proceso interactivo. En efecto, el valor pragmático de las expresiones de esta clase no es, por definición, derivable de sus propiedades sintáctico-semánticas, ni emerge de la expresión convencional de intenciones ilocucionarias. Una expresión como

[11]   /Voy a llegar tarde/

posee la *forma lingüística* de la aserción, pero sabemos que en circunstancias concretas de uso puede tener la fuerza de una recriminación; por ejemplo, si se dirige a un acompañante moroso.

Según Récanati, un acto ilocucionario se cumple indirectamente cuando el enunciado parece tener cierta fuerza, pero de hecho tiene otra distinta (1979b, 96). Esta distinción entre fuerza aparente y real no resulta muy convincente ni siquiera a efectos meramente descriptivos: no se entiende cómo la expresión [11] puede cumplir efectivamente una recriminación sin *parecer* una recriminación, a no ser que pensemos en la situación del analista lingüístico, enfrentado con frases (descontextualizadas), y no en la situación efectiva de enunciación de la que se extrae el ejemplo.

Ocurre más bien que, en expresiones como la que comentamos, la fuerza ilocucionaria *indicada* por el modo verbal, por la sintaxis de la frase, por el significado léxico de sus términos y por otros elementos lingüísticos y paralingüísticos, difiere de la efectivamente *cumplida* en la situación concreta de enunciación (que es, en fin, la situación en la que se produce la interpretación de los propios sujetos actuantes).

Hay que observar también que el cumplimiento de actos indirectos pone en juego numerosos elementos paralingüísticos y extralingüísticos, cuya pertinencia obliga a considerarlos como elementos *intratextuales*. Adviértase la importancia de la entonación, la expresión facial, los gestos, la distancia, la postura de los interlocutores, etcétera, a efectos del logro indirecto de fuerzas ilocucionarias en el discurso oral. O el interés de la tipografía y de otras convenciones gráficas en el discurso escrito: si un titular de prensa que contiene la aserción: /Los generales se reúnen/ aparece, por ejemplo, destacado con grandes tipos, puede adquirir el valor pragmático de una advertencia o de una amenaza.

Para Searle, un acto indirecto acaece cuando no coinciden el «significado de la enunciación del hablante» y el «significado de la frase». En muchos casos «el hablante pronuncia una frase, quiere decir aquello que dice, pero quiere decir también alguna otra cosa» (1978, 252). Searle coincide con todos los estudiosos del problema al diferenciar dos sentidos del acto indirecto: el *literal* y el propiamente *indirecto*. Con la distinción entre significado de la enunciación del hablante *(speaker's utterance meaning)* y significado de la frase *(sentence meaning)*, categorías usuales en el análisis filosófico, Searle viene a designar, respectivamente, el sentido pragmático de las expresiones, es decir, su valor en una situación concreta de enunciación, y el sentido semántico o significación «típica» de palabras y sentencias haciendo abstracción de su uso (cfr. nota 10 del apartado 3.3.). En conformidad con estos conceptos, los usos metafóricos e irónicos del lenguaje caracterizan, al igual que los actos indirectos, por la no coincidencia entre el sentido del hablante y el sentido sentencial. La característica específica de los actos indirectos reside en que el significado del hablante incluye el de la sentencia y «se extiende más allá de él» (Searle, 1979, 115).

Pero es difícil admitir la necesidad de esta característica. A nuestro entender, el sentido del hablante no incluye necesariamente el sentido sentencial. Searle señala que una frase como /¿puede pasarme la sal?/ no se interpreta normalmente sólo en cuanto *pregunta*, sino también como *petición*, de modo que la expresión posee una doble fuerza ilocucionaria (Searle, 1978, 253). Si nos atenemos al ejemplo searleano, hemos de reconocer una contradicción con lo que en otro lugar apunta el mismo autor respecto a la estructura del acto de preguntar. En efecto, en Searle (1980, 74) la *condición esencial* de la pregunta se halla en que la expresión cuente como un intento de obtener información del oyente («pregunta real»), o bien como intento de saber si el oyente sabe algo («pregunta de examen»). Y esta condición no parece cumplirse necesariamente en ejemplos del tipo del anterior. Ciertamente, al destinatario de /¿puedes pasarme la sal?/ le resulta posible responder cooperativamente admitiendo la pregunta como pregunta, además de como petición (por ejemplo, mediante la respuesta: /sí, tome usted/), pero también es cooperativa una respuesta exclusivamente referida a la petición (por ejemplo, el pasar la sal sin comentario alguno), que presupone el haber tomado la interrogación formalmente, *pro forma*, y no como un acto serio de interrogar. En suma, el acto correspondiente al ejemplo anterior no implica necesariamente la realización de dos fuerzas ilocutivas, y al ser sólo sustantiva la petición, cabe decir que ésta posee prioridad lógica sobre la pregunta en aquellos usos en los que ambas fuerzas coexisten. Parece obvio que /¿puede pasarme la sal?/ *significa* una pregunta, pero no cuenta en todos los casos como *cumplimiento* de una pregunta. Sobre esta diferencia se volverá.

5.1. *El acto abiertamente encubierto*

La teoría clásica de la acción lingüística considera como condición necesaria del cumplimiento de una ilocución que la intención ilocucionaria correspondiente posea un carácter *abierto*. Strawson entiende que uno de los aspectos que componen el complejo ilocutorio es su esencial «confesabilidad», su carácter público (1978, 95).

Y sin embargo, parece como si en los actos indirectos la intención estuviese encubierta o, por mejor decir, simultáneamente manifiesta y enmascarada. No cabe duda de que la aserción [11] cuenta eventualmente como recriminación, y sin embargo es obvio que el hablante *ha rehusado* el realizar una recriminación directa.

Récanati se ha referido al carácter *abiertamente encubierto* de las intenciones ilocucionarias en los actos indirectos: en la ejecución de éstos el problema consiste en cómo enmascarar la intención ilocutiva de modo que no se pueda no reconocer que ha sido enmascarada (Récanati, 1979b, 98). Pero la presentación de la intención del locutor permite tres tipos de efecto de discurso a los que el mismo autor denomina, respectivamente, «dejar entender», «dar a entender» (o «insinuar») y «sobreentender»; sólo este último corresponde a un auténtico acto ilocucionario, cuyo cumplimiento implica en cualquier caso la consecución de los otros dos efectos: para sobreentender algo, hay que darlo a entender; para dar algo a entender, hay que dejarlo entender (*ibíd.*, 102).

El dejar entender no pone en juego una intención comunicativa particular del hablante; lo implicado es público. El enunciado que se deja entender está implicado por el enunciado actual teniendo en cuenta los principios conversatorios convencionales (*ibíd.*, 101). A nuestro parecer, este efecto discursivo corresponde a las presuposiciones semánticas y pragmáticas convencionales que hemos comentado en el apartado 4. Así, el enunciado

[12] /Manuel hablaba con Simón en la penumbra/

deja entender pública y convencionalmente que Simón es un ser humano; deja entender también que el enunciador de [12] cree en y tiene evidencia de lo afirmado[16].

Ahora bien, el locutor puede utilizar la expresión [12] con el objeto de dar a entender o *insinuar* que Manuel y Simón mantienen relaciones sexuales. Obsérvese que la insinuación pertenece a esa clase de actos que, en expresión de Austin, «carecen de fórmula ilocucionaria» (1971, 163). En efecto, no existen las expresiones performativas /te insinúo que.../, /te sorprendo al decir que.../ o /te hu-

---

[16] Nuestro ejemplo muestra: *a)* una presuposición léxico-semántica similar a la comentada por Schmidt, 1977, 105-106: suposición del emisor sobre el conocimiento que el interlocutor posee respecto a la relación de los rasgos semánticos del lexema y respecto a las asociaciones que a él pueden unirse en ciertos contextos. Así, /A piensa B/ presupone que a A corresponde el rasgo semántico «humano» (desde luego nos queda la duda de definir tal hecho como presuposición, como implicación o como mero significado); *b)* una presuposición pragmática relativa a las condiciones de cumplimiento de la aserción: la evidencia del locutor sobre la verdad de la proposición y su creencia en ella son, respectivamente, condición preparatoria y de sinceridad del acto de aseverar (Searle, 1980, 74).

millo diciendo que.../. En actos *perlocucionarios* como insinuar, sorprender o humillar, la intención (perlocutiva) del hablante ha de permanecer secreta para el cumplimiento de las secuelas en cuestión. O, si se quiere, no forma parte de la intención «el asegurarse el efecto *por medio* del reconocimiento de la intención de producir el efecto» (Strawson, 1978, 94), como ocurriría en un acto ilocucionario. En suma, la intención de insinuar es esencialmente inconfesable, y lo fundamental en el acto de insinuación es «que el auditorio llegue a *sospechar*, pero nada más que a sospechar, la intención, por ejemplo, de inducir o de propagar una cierta creencia» (*ibíd.*, 96).

Los actos perlocutivos de insinuación y otros de la misma clase manifiestan características muy interesantes para el análisis del proceso interactivo: en todos ellos el efecto inconfesable que los caracteriza se produce al margen del proceso *oficial* de intercambio, de modo que sin una ruptura del contrato conversacional y sin la transgresión abierta de las reglas cooperativas los interlocutores establecen una relación «paralela» a (y no necesariamente amenazadora de) su relación estrictamente comunicativa. No se trata ciertamente de una comunicación (en cuanto proceso abierto y público de intercambio de información), pero en este tipo de relación aparece también una estructura bipolar (quasi-dialógica) que establece posiciones complementarias como las de *insinuación* del hablante *versus sospecha* del oyente. La sospecha tampoco puede manifestarse abiertamente: si la audiencia manifiesta suspicacia en relación con una supuesta insinuación del hablante (por ejemplo, mediante el comentario: /¿tratas de insinuar que Manuel y Simón son amantes?/), puede bien sea forzar una redefinición retrospectiva del acto del locutor, que pasa a interpretarse como *sobreentendimiento* en virtud de un acuerdo retroactivo (por ejemplo, cuando el locutor responde: / sí, eso es lo que quería decir/), bien sea exigir una interpretación *literal* por parte del locutor (que respondería, por ejemplo, /sólo trataba de decir lo que he dicho/), que también cancela oficialmente la insinuación. En ambos casos se constata un proceso de negociación respecto al valor pragmático del enunciado.

Finalmente, el sobreentendimiento corresponde a un verdadero acto ilocucionario, es decir, a un acto abierto o «necesariamente no secreto» que se realiza, como proponíamos en el apartado 4.3, por implicitación conversacional. Conforme a tal procedimiento, el locutor sobreentiende que «p» si da a entender que «p», si el locutor y el oyente lo saben, saben que el otro lo sabe y saben que el otro sabe que lo saben (Récanati, 1979b, 102). Los actos indirectos se producen e interpretan precisamente por medio de este procedimiento: su sentido literal *sobreentiende* el sentido indirecto. Mientras que la insinuación, que no es un acto ilocutivo, ocurre gracias a la evitación del reconocimiento de una intención latente tras el sentido literal de la expresión, el acto indirecto hace de la expresión efectivamente enunciada un indicador superficial del sentido latente.

NOTA

No contamos aún con criterios semióticos rigurosos para la distinción de los efectos de *dejar entender, insinuar* y *sobreentender*. Ya nos hemos referido a la nebulosidad de los límites entre el presupuesto, involucrado por el dejar entender, y el implícito conversacional, involucrado en el sobreentendido. Además, sería preciso inscribir estos problemas en una teoría de la *alusión*, relativa al conjunto de las actividades de discurso que entrañan actos de abstención u *omisión* (respecto a tal tipo de acciones, cfr. von Wright, 1963, y Schutz, 1974, que utiliza la noción de *acción latente*), es decir, evitaciones deliberadas de actos que cuentan como una clase de actos.

Por lo que atañe a la insinuación, cabría decir (como Greimas y Courtés afirman respecto a la «suspensión») que «la dificultad reside en el reconocimiento de las marcas del secreto, es decir, de la alusión que insinúa que el *no parecer* oculta, sin embargo, un *ser:* es evidente que sin esas marcas el secreto no existiría» (Greimas y Courtés, 1979, 373).

Nos hemos referido a un doble proceso de actividad inherente a la insinuación: la comunicación oficial y la extraoficial. Esta duplicidad resulta de la escisión del locutor en dos actantes veridictivos (cfr. capítulo II.4.): el que presenta información *(actante según la verdad)* y el que la oculta *(actante según el secreto).*

Tanto la insinuación como el dejar entender y el sobreentender parecen susceptibles de ser analizados según los recorridos veridictivos de los sujetos, es decir, según las sucesivas conjunciones con las modalidades del cuadrado de veridicción que van adoptando.

Searle ha señalado que numerosos actos indirectos se realizan preguntando o afirmando acerca del cumplimiento de las condiciones de felicidad de las que depende la ejecución del acto directo correspondiente. Recuérdese que las condiciones necesarias para el uso ilocucionario de los enunciados equivalen a implicaciones pragmáticas convencionales de tales enunciados, según numerosos autores (cfr. apartado 4.1.). De este modo, siendo una condición de sinceridad de los directivos el deseo del locutor de que el oyente realice la acción designada en la sentencia, un directivo puede proponerse indirectamente afirmando que la condición de sinceridad del hablante se verifica (Searle, 1978, 267): /*quiero* que lo hagas por tu pobre nuera/ o /*preferiría* que cambiase usted de tema/ son ejemplos de este tipo de directivos indirectos. O también: si es una condición preparatoria del directivo que el oyente esté en condiciones de realizar la acción designada, el hablante puede recurrir para ejecutar el acto indirectamente a la afirmación o a la interrogación sobre la capacidad del oyente de realizar tal acción: /¿puede decirme la hora?/, /puede usted salir/.

Ahora bien, las implicaciones convencionales subyacentes a estos usos no son sino *implicitaciones conversacionales fuertemente convencionalizadas* (cfr. apartado 4.4.). Las observaciones de Searle respecto a casos muy convencionales de ejecución de actos indirectos no permiten generalizar sus conclusiones (a saber, el uso frecuente de la afirmación o de la interrogación sobre las condiciones de felicidad como medio de consecución de actos indirectos) a *todos* los posibles empleos indirectos. Por el contrario, vale la pena destacar la amplia libertad de que disponen los hablantes para llevar a cabo dichos actos mediante la utilización (que en el caso de la implicación es una *transgresión regulada*) de las reglas pragmáticas comunes e incluso de reglas *ad hoc* emergentes en la situación misma.

Caben numerosos contraejemplos que permitan relativizar la propuesta searleana:

[13]   *a)*   /Te reprocho el haberme quemado la lavadora/
       b)   /Me ha costado medio sueldo la reparación de la lavadora/
       c)   /Realmente ha sido muy oportuna la avería de la lavadora./

Estos tres enunciados pueden servir para llevar a cabo un acto de reproche: *a)* constituye un acto directo con performativo explícito y con valor intensificativo (cfr. apartado 5.4.); *b)* se cumple, conforme a Searle, afirmando un implícito pragmático convencional del reproche, que exige como condición preparatoria el carácter perjudicial para el hablante de un hecho pasado del oyente, al que se refiere la proposición; *c)* constituye una *ironía* y como tal invierte el sentido de la condición preparatoria antedicha: el carácter beneficioso del hecho pasado que se imputa al hablante es una condición normal del acto de *agradecimiento* y no, obviamente, de su contrario el reproche.

5.2. Niveles de la acción en los actos indirectos

En la perspectiva de la estrategia interaccional, conviene destacar el problema de los *niveles* de realización de actos indirectos. Nos referiremos aquí a dos cuestiones: la relación entre locución e ilocución, y la posible multiplicidad de fuerzas ilocucionarias de un acto.
Respecto a la primera cuestión, Récanati ha subrayado la fundamental diferencia entre acto ilocucionario efectivamente *cumplido* y acto ilocucionario *significado* por una expresión; en cuanto parte del sentido del enunciado, este último forma parte del acto *locucionario* y no de la ilocución. La distinción entre locucionario e ilocucionario «permite tratar el caso en el que el acto ilocucionario cumplido no es el acto ilocucionario "significado", ni una especificación del acto ilocucionario significado, es decir, el caso en el que el acto ilocucionario cumplido lo es "indirectamente". El acto locucionario, si se quiere, es el acto ilocucionario significado en tanto que tal, y lo que Austin llama acto ilocucionario es el acto ilocucionario cumplido en tanto que tal» (Récanati, 1980, 210). En otros términos, mientras la fuerza ilocucionaria corresponde al valor pragmático de una expresión, al *sentido de la enunciación,* el acto locucionario (o más exactamente, el acto *rético* incluido en él) equivale al *sentido del enunciado.* Esta dicotomía, más clara que la searleana («significado del hablante» *versus* «significado de la sentencia») permite entender que las indicaciones de uso pragmático contenidas en el enunciado (la estructura profunda de la frase, el valor léxico de los términos, etc.) no determinan directamente la fuerza ilocutoria, sino el acto locucionario. Es evidente que en ciertos contextos expresiones como [14] no poseen la *función* interrogativa, la fuerza pragmática de una interrogación, aun cuando presenten su *forma*.

[14]   /¿Puede usted atar al perro?/

El acto locucionario correspondiente a esta expresión puede describirse mediante la perífrasis: «interrogación al oyente sobre la posibilidad de que lleve a cabo la acción de atar a un perro determinado». La interrogación se significa, no se realiza. Respecto al ilocutivo del mismo ejemplo, su descripción puede ser: «petición al oyente de que ate a un determinado perro».
Según la propuesta de Récanati, la categoría searleana «contenido proposicional *versus* fuerza ilocutoria» se desdobla para ser aplicada a los dos niveles del acto. Se hablará, así, de un contenido y una fuerza potenciales (nosotros preferimos el término *virtuales*) en el nivel locucionario del enunciado, y de un contenido y una fuerza

actuales en la ilocución (*ibíd.*, 211). La aplicación de estas categorías al ejemplo precedente da lugar al siguiente análisis:

Acto ilocutorio significado (locución) { *Contenido proposicional virtual:* «Posibilidad del oyente de atar al perro.»
Fuerza ilocutoria virtual: «Interrogación.»

Acto ilocutorio cumplido (ilocución) { *Contenido actual:* «Atar al perro el oyente.»
Fuerza actual: «Petición.»

Obsérvese que la aplicación de este análisis a un uso indirecto con valor irónico del tipo [13c] pone de manifiesto una estructura de contradicción entre los respectivos niveles de la locución y la ilocución: en el contenido proposicional se oponen rasgos semánticos contradictorios (semas de la misma categoría sémica, en la terminología greimasiana), como «oportunidad» (contenido virtual en [13c] *versus* «inoportunidad» (contenido actual); de igual modo se oponen la fuerza ilocucionaria virtual («felicitación») a la fuerza actual («reproche»), que poseen un valor pragmático contradictorio.

Por lo que respecta a la posible multiplicidad de fuerzas ilocutivas cumplidas en una expresión, no se trata, desde luego, de una curiosidad lingüística, sino de un fenómeno extraordinariamente común. Obsérvese, a modo de ejemplo, que la mera formulación negativa de ciertos directivos indirectos concernientes a la posibilidad del destinatario de realizar una acción (/¿*no* puedes callar un momento?/) añade a la fuerza de *petición* propia del modo afirmativo (/¿puedes callar un momento?/) una fuerza adicional de *reproche*.

Clark ha reconocido en las expresiones de múltiple fuerza ilocutiva una propiedad de *prioridad lógica* tal que el logro de un cierto sentido pragmático cuenta como condición para el logro de otro.

Cuando un hablante dice:

[15] /¿Has olvidado sacar las entradas?/

puede estar proponiendo simultáneamente a su interlocutor los siguientes sentidos: 1) pregunta literal; 2) aserción del olvido del interlocutor; 3) aserción del deseo del hablante de que el interlocutor realice la acción mencionada; 4) petición de que el interlocutor la lleve a cabo; 5) reproche por no haberla realizado.

Comentando un ejemplo análogo, Clark destaca la manifestación de una jerarquía de sentidos (ilocutorios) tal que el cumplimiento de 1) es lógicamente prioritario sobre el de 2), el de 2) sobre el de 3), y el de 3) sobre el de 4); el cumplimiento de 5) está directamente condicionado al de 2) (Clark, 1979, 432).

Retomando los términos propuestos en el apartado 3.4., cabe decir que el programa narrativo complejo manifestado en [15] es susceptible de un análisis en el que algunos programas narrativos integrantes aparecen funcionalmente caracterizados como *programas de uso*. En los términos de Greimas, cada programa de uso es «presupuesto» por el programa principal.

Ya nos hemos referido, aunque con distinto fin, a un ejemplo de Ducrot muy oportuno para el presente análisis (cfr. capítulo III.4.1.1.): cuando un ministro del interior declara que /el orden se mantendrá a cualquier precio/ (declaración) propone simultáneamente dos actos indirectos: uno de promesa, proposicionalmente marcado como «positivo», y uno de amenaza, «negativo». La consecución del primer acto, que implica la credibilidad respecto al compromiso, requiere el previo cumplimiento de la amenaza, lógicamente prioritaria. Por otra parte, esta enunciación postula dos clases de virtuales destinatarios, los respectivamente invocados por la amenaza y por la promesa de tranquilidad, los «malos» y los «buenos ciudadanos» (Ducrot, 1980b, 39).

NOTA

El ejemplo ilustra una estructura comunicativa en parte similar al *doble vínculo* de Bateson (1976): en ambos casos el mensaje contiene instrucciones contradictorias pero implicativamente relacionadas. La diferencia fundamental reside en que el mensaje paradójico estudiado por Bateson se dirige a *un solo actante destinatario* (de modo que el sujeto sometido al doble vínculo no puede actuar conforme a ninguna de las instrucciones sin contravenir a la otra), mientras que el comentado por Ducrot requiere la presunción de dos destinatarios diferenciados. Suponemos que la estructura del ejemplo ducrotiano resultará fácilmente reconocible a quienes estén familiarizados con los procedimientos tácticos del discurso político. En nuestra historia reciente aparece un ejemplo notable de dicha estructura: en el mensaje televisivo del Rey durante la noche del 23 de febrero se implicitaban dos destinatarios («golpistas» y «ciudadanos») a los que se dirigían mensajes opuestos («disuasión» y «aliento», respectivamente), de tal modo que la eficacia de cada uno de ellos aparecía condicionada por la eficacia del otro; el discurso del Rey tendría efectos tranquilizadores para los ciudadanos en la medida en que resultase convincentemente disuasorio para los golpistas, y viceversa. Este tipo de estructura corresponde a una forma más compleja de lo que Tyler ha denominado «destino indirecto» *(indirect adress)* (1978, 440-441): si se diferencian las funciones «hablar» (hablar a) y «remitir» (hablar para) y los correspondientes sujetos «receptor y «destinatario», la estructura comunicativa de destino directo tendrá la forma:

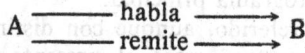

En este caso, el sujeto B es simultáneamente receptor y destinatario del mensaje de A.

En un caso simple de destino indirecto, A habla a B (receptor) pero remite a C (destinatario):

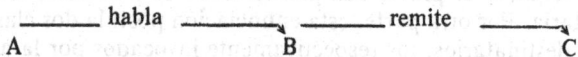

Un ejemplo de este modo de comunicación es suministrado por aquellas situaciones en las que el hablante se dirige a su interlocutor sólo para ser escuchado por un tercer sujeto.

El caso complejo de destino indirecto que venimos comentando muestra la forma:

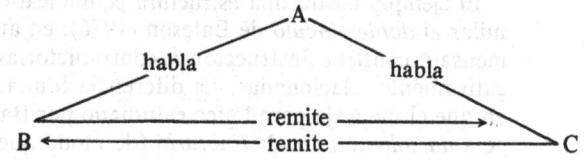

En esta estructura, se manifiestan dos destinos indirectos cruzados, de modo que los sujetos B y C son receptores o destinatarios según cuál de los dos actos superpuestos se considere.

Ahora bien, conviene no confundir en ningún caso la pluralidad de destinatarios del discurso con una eventual pluralidad de *receptores empíricos*. El destinatario es una figura del discurso cuya unidad no viene dada por la unidad empírica del sujeto. Es evidente que el sujeto empírico puede participar en distintos programas de acción respecto a los que desempeñe roles actanciales diversificados: así, la madre remitente del doble vínculo puede al mismo tiempo aceptar y rechazar al hijo; puede atraerlo con sus palabras mientras lo rehúsa con sus gestos o con su mirada.

El acto indirecto de ilocución múltiple propone al receptor el reconocimiento-asunción de diversos roles. El examen del ejemplo [15] muestra que el oyente se ve invitado a asumir varias obligaciones simultáneamente (la de responder, la de reconocer un deseo del hablante, la de admitir una falta, etc.) y que el hablante, en estricta correspondencia, se atribuye a sí mismo diversas prerrogativas respecto a su interlocutor.

5.3. *Cómo responder*

Como es propio del comportamiento estratégico, en la actividad discursiva la anticipación de las respuestas del interlocutor condiciona las decisiones locutivas del hablante. Como expondremos en el apartado 5.4. los actos indirectos pueden tender a evitar respuestas perturbadoras. Entre estas últimas cabe incluir la clase de respuestas que denominamos «impugnación», a saber, un tipo de acto discursivo en el que se cuestiona o niega alguna condición de cumplimiento (es decir, algún presupuesto pragmático) de un acto precedente del interlocutor. La impugnación acarrea bien sea una descalificación del interlocutor respecto a cierta competencia modal que ostentaba en ese punto del discurso (el sujeto ya no quiere, debe, sabe o puede hacer/decir) bien sea su completa deslegitimación como agente, con la correlativa ruptura del contrato conversacional.

Gordon y Lakoff, al enumerar sus postulados conversatorios, consideran una «condición de razonabilidad» que permite a los actos del discurso escapar a la impugnación del interlocutor. Por ejemplo, en el caso de la petición el acto es razonable si el hablante tiene alguna razón para:

1. *Querer* que se haga lo que pide.
2. *Suponer* que el interlocutor *puede* hacerlo y *está dispuesto* a hacerlo.
3. *Suponer* que el interlocutor *no lo haría en cualquier caso* (Gordon y Lakoff, 1976, 381).

La no aceptación de la razonabilidad de la petición por parte del alocutario podría expresarse mediante respuestas impugnadoras de este tipo:

1. /¿Por qué quieres que lo haga?/ /En realidad no quieres que lo haga./

2. /¿Por qué supones que $\begin{Bmatrix} \text{puedo} \\ \text{estoy dispuesto a} \end{Bmatrix}$ hacerlo?/

/No $\left\{\begin{array}{l}\text{puedo}\\\text{estoy dispuesto a}\end{array}\right\}$ hacerlo./

3. /¿Por qué supones que no lo haría en cualquier caso?/ /No hay razón para suponer que no lo haría en cualquier caso./

En consecuencia, la propuesta de una petición en términos indirectos, como ocurre en las que a continuación se recogen, puede expresar abiertamente alguna condición de razonabilidad del acto, anticipando y contrarrestando así posibles impugnaciones:

1. /Quiero que hagas.../
2. /¿Puedes hacer...?/ /Supongo que estás dispuesto a hacer.../
3. /Supongo que si (no) te lo pido (no) harás.../

En el apartado 5.0. se comentaba que a una pregunta del tipo /¿puedes pasarme la sal?/ es posible responder cooperativamente, bien sea tomando en cuenta sólo la fuerza de petición indirectamente realizada, bien sea admitiendo también el valor ilocucionario de la pregunta. Como ha señalado Clark (1979), en la enunciación de un acto indirecto puede intentarse que junto al sentido indirecto se tome el sentido literal *seriamente,* o bien que este último sólo se considere *pro forma.* Desde el punto de vista de las expectativas del hablante, en el primer caso se espera que el interlocutor dé respuesta a ambos sentidos, mientras que en el segundo sólo se espera respuesta para el indirecto. Clark, que contrasta su hipótesis por medio de una investigación experimental, afirma que los oyentes llevan a cabo su elección entre ambas modalidades de respuesta a partir de los siguientes criterios:

a) La convencionalidad de los medios utilizados por el hablante. Cuanto más convencional es la formulación del hablante, tanto más se impone una interpretación *pro forma* del sentido literal. Parece, en efecto, más común el ignorar el valor interrogativo de la expresión /¿puedes pasarme la sal?/ que el de /¿podrías obsequiarme con la exquisita ofrenda del salero?/.
b) La transparencia del sentido indirecto propuesto y la no plausibilidad del sentido literal: la interpretación es tanto más formal cuanto más transparente el sentido indirecto y cuanto menos plausible el literal.
c) Los planes y metas imputados al hablante. Así, tras la pregunta: /¿puedes echarme una mano?/ resulta cooperativa una respuesta humorística que tome en cuenta la interrogación (por ejemplo: /no sé si podré, pero voy a intentarlo/)

sólo en determinadas circunstancias. Sin duda resultaría inadecuada si se imputase al hablante una urgente y vital necesidad de ser socorrido (Clark, 1979, 430, 469-470).

Puede advertirse que los criterios *a)* y *b)* remiten a operaciones del emisor, que éste puede ejecutar estratégicamente, en tanto que *c)* concierne a una operación del receptor.

Los actos discursivos contienen o implican determinadas expectativas respecto a la clase de respuesta del oyente. Clark habla de las «respuestas esperadas» *(expected responses)* como una clase de respuestas cooperativas que forman parte de un comportamiento interactivamente «normal» (/¿Dónde está el servicio? —Al fondo, a la derecha/). Pero caben también «respuestas cooperativas no esperadas» (/¿Qué servicio?/) o meramente «no cooperativas» (/No me dé la paliza/) *(ibíd.,* 434).

En las respuestas esperadas a actos directos o indirectos, el enunciado de respuesta puede a menudo segmentarse en varios «movimientos» [17], que corresponden a sub-respuestas verbales o no verbales correlativas a los diversos sentidos atribuidos al enunciado del primer locutor. Así, en la secuencia: /¿Puede indicarme la salida? —*Sí, es por allá/* las cursivas indican el movimiento en el que se da reconocimiento a la ilocución interrogativa (sentido literal), mientras que el resto de la respuesta es un movimiento correlativo a la petición del primer locutor.

Junto a los movimientos anteriores, cabe identificar otros igualmente cooperativos, como los «preliminares» y «añadidos», que Clark describe siguiendo a Goffman. Pueden atribuirse a los preliminares tres funciones básicas *(ibíd.,* 435), que aquí designaremos con una nomenclatura propia. Sirva de ejemplo la siguiente secuencia, en la que el movimiento preliminar se indica mediante cursivas: /¿Puede decirme la hora? —*Veamos...* son las cuatro./ Por medio de tal movimiento se expresa:

a) Que se ha captado la intervención del locutor: función *notificativa* (por adoptar un término clásico de Prieto).
b) Que se acepta la pertinencia del acto, al no tomarlo por estúpido, intrusivo, etc.: función *legitimadora.*
c) Que se va a responder al contenido mismo del acto sin demora: función *de enlace.*

---

[17] El término «movimiento» traduce aquí la noción de *move,* procedente de Goffman: «toda banda *(strip)* completa de habla o de sus sustitutos que posee una orientación distintiva en algún juego o en cualquier circunstancia en que se encuentren [los partícipes]» (Goffman, 1975, 10). La unidad, obviamente, puede coincidir o no con un enunciado o con un turno de conversación.

Por lo que respecta a los movimientos añadidos (a lo esperado), hay que destacar su función de proporcionar una información adicional y de legitimar la propia respuesta: sirva de ejemplo: /Sí, son las cuatro, *acabo de poner el reloj en hora.*/ El principio de prioridad lógica (cfr. apartado 5.2.) gobierna el orden secuencial de los movimientos añadidos que, por consiguiente, no son necesariamente posteriores a los restantes.

En cuanto a la selección de los movimientos de respuesta, Clark postula una «regla del movimiento mínimo» conforme a la cual la respuesta ha de contener al menos el movimiento que responde al sentido primordial del acto indirecto (Clark, 1979, 436). Así, y en referencia al ejemplo que venimos utilizando, la respuesta ha de contener al menos el movimiento relativo a la petición de información sobre la hora, de tal modo que la respuesta: /Sí, puedo/ resulta no cooperativa.

5.4. *Modificaciones funcionales de los actos*

Davison ha comentado el uso de actos indirectos en referencia a dos relaciones: la que mantienen los interlocutores entre sí y la que se produce entre la proposición y las actitudes de los interlocutores respecto a ella (1975, 145). Considerando la relación interlocutiva se advierte que las declaraciones y preguntas indirectas suelen usarse en situaciones de conflicto entre las intenciones del hablante y la respuesta del oyente anticipada por aquél: el hablante se propone prevenir críticas u otras resistencias de su interlocutor (*ibíd.*, 146); entre estos efectos indeseados incluiríamos las «impugnaciones» a que nos hemos referido en el apartado precedente. Por lo que respecta a la segunda relación, Davison pretende que las declaraciones y preguntas indirectas involucran proposiciones «de alguna relevancia personal inmediata para el oyente, una importancia que el hablante debe compartir o de la que debe al menos estar enterado» (*ibíd.*, 146).

En una perspectiva similar a la de Davison, si bien fuertemente influenciada por los trabajos de Goffman, Roulet habla de que el locutor utiliza procedimientos que le permiten «cambiar la significación atribuible a un acto, transformar lo que se podría considerar como ofensivo en lo que se puede tomar por aceptable» (Roulet, 1980, 217). Ciertos actos de habla «amenazan con hacer perder la cara a uno de los interlocutores»[18], sea la *cara negativa* (relativa a la función de reivindicación territorial del yo), sea la *cara positiva* (relativa a la función de reconocimiento y estima por parte de los

---

[18] La noción de «cara» procede de Goffman (1970) y designa el valor positivo que una persona reclama para sí durante los contactos sociales.

otros). Puesto que los interlocutores precisan poner a salvo tanto su propia cara como la del otro (cuya pérdida amenazaría la propia), se sirven de *procedimientos correctivos* cuando producen actos intrínsecamente amenazantes «contra la cara negativa (petición, ofrecimiento) o positiva (confesión, excusa) del locutor» (*ibíd.*, 217). Parece obvio que mediante una aserción del tipo: /el coche debe de haberte costado un riñón/ puede eludirse una interrogación directa sobre el coste del automóvil, eventualmente intrusiva (contraria a la cara negativa del interlocutor) y acaso desencadenante de una respuesta evasiva o animadversa.

Roulet pasa a examinar más específicamente la función de los modales /deber/ y /poder/ en relación con la consecución de desafío o de distancia para con el interlocutor. Obsérvese que mientras la forma afirmativa de mandato indirecto: /debo pedirle que abandone la sala/ suaviza la petición, la forma interrogativa: /¿debo pedirle...?/ consuma un reto: en el primer caso, el locutor se presenta como portavoz de la petición (cfr. el apartado 2.2.) en nombre de un actante remitente; en el desafío, en cambio, el locutor asume la responsabilidad del acto, arriesgando su cara frente a posibles impugnaciones ulteriores, como: /usted sabrá si debe o no/.

Las observaciones de Roulet permiten advertir una estrecha relación entre el recurso a actos indirectos y ciertas formas de escisión enunciativa como las examinadas en el capítulo III.4.1. Actos críticos para la cualificación intersubjetiva, como los de confesión o petición de excusas, que en su contenido semántico remiten a acciones anteriores del hablante negativamente marcadas, requieren de parte de la instancia locutiva un desdoblamiento reflexivo entre el *yo* responsable del acto anterior y el *yo* que actualmente efectúa la confesión o la disculpa, distanciándose del primero.

Por lo que respecta a peticiones y mandatos, es observable el recurso a realizaciones indirectas que conllevan un cierto grado de *despersonalización,* de retirada de la instancia enunciativa respecto a la responsabilidad última del acto. Las siguientes expresiones, en el contexto de un viaje aéreo (instrucciones de una azafata), se ordenan de mayor a menor personalización: el locutor va estableciendo una creciente distancia para con el interlocutor, una creciente implicitación de la relación interlocutiva; correlativamente, las formas menos personalizadas presentan al locutor como portavoz, asignando a un actante remitente («el piloto», «las normas») la responsabilidad de la petición. En el ejemplo, análogo a uno de Fraser (1980, 347), se observa que, junto al recurso a formas características de *débrayage* (confróntese capítulo III.4.0.), la despersonalización exige la supresión de los performativos explícitos y el uso de expresiones indirectas de petición:

[16] a) /Les ruego que se pongan el cinturón./
     b) /Se ruega que se pongan el cinturón./
     c) /El piloto ruega que se pongan el cinturón./
     d) /Las normas internacionales exigen que se pongan el cinturón./
     e) /Las normas internacionales exigen que los pasajeros se pongan el cinturón./
     f) /Los pasajeros están obligados por las normas internacionales a ponerse el cinturón./

Las teorías que venimos comentando relacionan el uso de actos indirectos (y, añadimos, de las concomitantes operaciones de distanciamiento enunciativo) con la evitación estratégica de intrusiones u otras perturbaciones del intercambio comunicativo.

Cabe precisar, desde los límites de esta misma perspectiva, que los actos indirectos no se asocian necesariamente a «malas noticias, opiniones desfavorables y preguntas intrusivas» (Davison, 1975, 153), sino a toda clase de actuaciones que puedan ser definidas como no cooperativas; por ejemplo, la simple incorporación de un tópico *nuevo* en el discurso, independientemente de sus propiedades semánticas, es capaz de transgredir el consenso temático entre los interlocutores: Tyler ha mostrado que el mero intento de introducir un tópico disyuntivo en una conversación puede ser interpretado como expresión de intentar «controlar el discurso» y de actuar, por ende, de modo no cooperativo (1978, 447). De ahí el recurso usual a formas indirectas de aserción (/¿sabéis que...?/, /¿podéis creer que...?/) por parte del locutor que introduce un nuevo tema en la conversación.

Otra línea de análisis, también atenta a los procedimientos correctivos de las perturbaciones interaccionales, se ha interesado explícitamente por los comportamientos lingüísticos de *cortesía* y *mitigación,* y por las modificaciones de la fuerza ilocucionaria que los caracterizan.

Los estudios de R. Lakoff han dado particular relevancia al estatuto de derechos y obligaciones que preside el intercambio de actos ilocucionarios, con atención especial a las reglas que configuran tal estatuto y sus alteraciones. Para esta autora, el efecto discursivo de mitigación resulta de una modificación de la fuerza ilocucionaria de las expresiones en virtud de la cual el hablante permite al oyente sustraerse de sus obligaciones conversacionales. En las expresiones mitigadas se expresa una cierta *desresponsabilización* del locutor respecto a las posibles respuestas de su interlocutor, e incluso respecto al carácter del acto que está realizando. El destinatario queda, pues, en libertad para consumar el acto de habla sin la consecuencia usual de que el acto resulte viciado (Lakoff, 1980, 33). Los procedimientos de mitigación que la autora identifica son: las formas evasivas *(hedges)* léxicas y sentenciales y las sustituciones de un tipo de acto por otro. Ya hemos comentado en relación con este último recurso que el proceso de implicitación conversacional propio de los actos indirectos conlleva una cierta «libertad» del oyente para extraer inferencias, así como una evitación de compromisos interaccionales por parte del hablante (véase apartado 4.3.).

El recurso mitigador a actos indirectos o sustitutivos funciona según el siguiente principio: un tipo de acto puede ser sustituido por otro que involucre obligaciones menos onerosas y menor riesgo de pérdida de cara para el destinatario; así, un imperativo puede ser mitigado por un declarativo y éste por una pregunta, pero la sustitución nunca puede efectuarse en el sentido inverso con fines de mitigación (*ibíd.*, 37-38). Los actos siguientes aparecen, pues, ordenados según un grado creciente de mitigación:

[17] a) /Saca al perro de paseo./
      b) /Hay que sacar al perro de paseo./
      c) /¿Vas a sacar a pasear al perro?/

Mientras en las formas mitigadas la autoridad del hablante parece debilitada, las formas *intensificadas* de los actos afirman los derechos del hablante y restringen las posibles respuestas del oyente (*ibídem*, 42-44). Puesto que estos efectos son netamente contrarios a los objetivos de la *cortesía*[19], la intensificación de las expresiones se incrementa en relación inversamente proporcional a su grado de cortesía. Hay también intensivos léxicos y sentenciales (el performativo explícito es la forma característica de los segundos), pero no sustitución intensificadora del tipo de acto: al menos en nuestra cultura, la sustitución sólo actúa para incremento de la mitigación y de la cortesía (*ibíd.*, 44).

Aun cuando en apariencia el uso de intensificadores de la fuerza ilocucionaria parece dimanar de una posición de poder del hablante sobre el oyente, hay que reconocer con Lakoff que no se suele alardear, fanfarronear, etc., si no hay razones para creer que nuestras pretensiones pueden ser contestadas. Y así ocurre que las sentencias con performativo explícito intensificado se emplean precisamente cuando de algún modo la autoridad del hablante ha sido cuestionada (*ibíd.*, 44-45). Recuérdese el uso de expresiones como: /le ordeno que.../, /afirmo que.../ en contextos en los que la capacidad del hablante de dar órdenes o de hacer aserciones creíbles, respectiva-

---

[19] Según la misma autora las tres reglas básicas de cortesía son: 1) no imponerse (de la que formarían parte como subreglas las de conversación griceanas); 2) ofrecer alternativas; 3) poner al destinatario en situación cómoda, ser amigable (R. Lakoff, 1978, 229, 237).

mente, está seriamente comprometida. El siguiente fragmento de Pavese ilustra magníficamente un proceso de pérdida de autoridad que exige de parte del emisor un progresivo recurso a la intensificación de sus actos:

> Una clase se le desmanda a un profesor por pasos imperceptibles, que el profesor tolera por señorío, sabiendo que lo que debe inspirar silencio es su presencia y no sus llamadas al orden. Pero poco a poco el alboroto se generaliza y el profesor debe intervenir y llamarle la atención a alguien. La clase comprende que el profesor no es invulnerable, que alguien ha hablado, y que cualquiera puede ser ese alguien. Se suceden otras reconvenciones que *habitúan* a la reconvención (...). El profesor responde entonces con más violencia y, por tanto —da igual—, los rumores se hacen más malignos (...). Su simple presencia no basta ya para obligar a callar, se necesita la reconvención y la reconvención ha dejado al descubierto su precariedad.

> (C. PAVESE, *El oficio de vivir. El oficio de poeta*, Barcelona, Bruguera-Alfaguara, 1979, págs. 187-188, traducción de E. Benítez.)

En razón de los anteriores argumentos, Lakoff llega a una sugestiva conclusión: los performativos mitigados (indirectos) e intensificados (explícitos) expresan una fuerza conversacional análoga: en ambos usos las pretensiones del hablante se proponen más débilmente que con el simple performativo directo (*ibíd.*, 46).

En comentario a Lakoff, Fabbri y Sbisà explican que la mitigación y la intensificación de los actos conciernen al juego modal del discurso: hablante y oyente transaccionan en ciertos niveles de poder según las formas lógicamente articuladas de poder hacer-poder no hacer-no poder hacer-no poder no hacer (1980, 180).

En efecto, a la vista del cuadrado semiótico siguiente (y de las explicaciones del capítulo II):

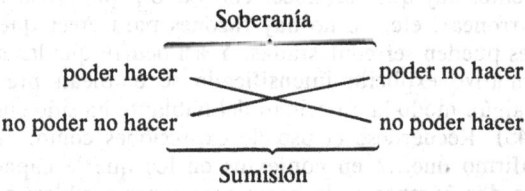

una orden en preformativo directo simple (no determinada por mitigación ni por intensificación) cuenta como expresión de conjunción del sujeto con el estado modal de poder hacer (*poder ordenar*). El directivo indirecto mitigado expresa su poder no hacer *(poder no ordenar)*, en tanto que la orden intensificada expresa un no poder no hacer *(deber ordenar)*. En todos los casos nos referimos, obviamente, a efectos ilocucionarios cumplidos (interactivamente ratificados), puesto que cualquier pretensión de ordenar impugnada por el alocutario conllevaría el estado de impotencia *(no poder ordenar)* del locutor.

Aun a riesgo de que la fascinación por la combinatoria pueda viciar nuestro análisis, entendemos que las tácticas de transformación ilocutiva concernientes a la modalidad del poder se verifican en virtud de los recorridos de los sujetos que van adoptando conjunción (o disyunción) con los estados extremos de poder y no poder hacer y con los intermedios de poder y no poder no hacer.

El estatuto modal de los agentes discursivos no se ve afectado exclusivamente por el juego de diversos tipos de actividad ilocucionaria, sino también, y más sutilmente, por las operaciones de modificación mitigadora o intensificadora de la fuerza ilocutiva.

Ahora bien, queda por demostrar que el empleo de actos indirectos sirva exclusivamente a efectos de mitigación y cortesía, y aún más, que estas últimas funciones sean por completo solidarias. Para Fraser, los actos indirectos pueden contar como expresiones corteses sin admitir reputación de mitigados, puesto que la mitigación implica cortesía, pero no viceversa (1980, 334); así, la expresión /siéntese, por favor/ puede resultar relativamente cortés y relativamente no mitigada. Ocurre que en la teoría de Fraser las nociones de cortesía y mitigación no equivalen: pese a su proximidad, se aplican de modo distinto y con efectos discursivos diferenciados; la mitigación es una modificación del acto de habla tendente a reducir efectos de las expresiones que se suponen no bienvenidos por el oyente, a suavizar la aspereza o la posible hostilidad de la fuerza de una acción. La modificación mitigadora no se practica, pues, con actos presumiblemente bienvenidos (*ibíd.,* 341-342). La cortesía, empero, está en función del *contrato conversacional* (serie de derechos y deberes de una situación de interacción conversacional, que son inherentes a ésta o han sido estipulados por los actores). En suma, una expresión es cortés si «el hablante, en opinión del oyente, no ha violado los derechos u obligaciones que existen efectivamente en ese momento» (*ibíd.,* 343-344). En suma, la cortesía tiene una aplicación netamente contextual, depende «del grado en que el hablante ha actuado adecuadamente en tal contexto» (*ibíd.,* 343). A nuestro entender, la concepción de R. Lakoff no establece una distinción clara entre función mitigadora y cortesía, y relaciona esta última con la cesión de derechos interaccionales al oyente, más que con el mutuo control de los interlocutores respecto a tales derechos en un contexto dado. De ahí la definición universal de la cortesía lingüística (propuesta en 1976, 409): «que el hablante actúe como si su posición social fuese inferior a la de su interlocutor».

Para Fraser no toda instancia de ejecución indirecta de actos cuenta como mitigación. Una felicitación como la siguiente: /estoy muy satisfecho de tus resultados/ se realiza indirectamente, pese a no involucrar posibles efectos indeseados (Fraser,1980, 346). Pero adoptando la perspectiva de Lakoff no habría dificultad en considerar que esa felicitación sí está mitigada. En efecto, lo que puede convertir a un acto en eventualmente oneroso para el destinatario no es sólo la consecución de efectos perlocucionarios indeseados (como serían los efectos de «desagrado») cuanto la realización de un efecto ilocutorio caracterizado por una notoria *preeminencia jurídica* del locutor. Y así, el acto de felicitación con contenido evaluativo involucra necesariamente una posición de autoridad de parte del locutor, ya que presupone su legitimidad para sancionar la conducta del interlocutor; a estos efectos, la felicitación evaluativa es un tipo de acto tan susceptible de mitigación como la censura.

En este contexto de problemas, Rivero (1979) utiliza la noción de *control del hablante:* grado de conocimientos, obligaciones y autoridad del hablante frente al oyente implícitos en la condición esencial del acto. Conforme al análisis de Rivero, en aquellos actos que constituyen intentos de hacer actuar al oyente (actos de manipulación, en nuestros términos) puede darse o no la condición de control del hablante: cuando no se da (como ocurre en las peticiones de permiso, sugerencias, súplicas, etc.), es posible sustituir el performativo directo por el *condicional de cortesía* correspondiente: /te rogaría.../, /te sugeriría.../, etc. Pero tal sustitución no es posible en el caso de los actos con control del hablante (mandatos, aserciones, concesiones de permiso, etc.); así, las expresiones: /te ordenaría.../, /te autorizaría a.../ no sirven para la realización indirecta (o mitigada) de la orden o de la autorización.

Tanto de felicitación evaluativa como la censura, aun no perteneciendo a la clase de actos analizados por Rivero, corresponderían, en los términos de dicha autora, a actos con control del hablante, y también está excluido el uso de condiciones corteses (/te felicitaría/, /te censuraría/) para su realización.

Lo cierto es que nociones como *posición de autoridad* o *control del hablante,* vinculadas al estatus jurídico de los agentes, no cuentan con una definición modal precisa; ni tampoco la poseen las nociones de «prevención», «hostilidad» o «desagrado» que se hacen intervenir en el análisis de la corrección anticipativa de la acción. En este segundo caso, se trata de *estados pasionales* de los sujetos derivados de operaciones perlocucionarias del discurso (cfr. 3.2.). Parece plausible que tales estados pasionales justifican la adopción de determinadas tácticas: así, el recurso a la sustitución de actos puede tender a promover o evitar la conjunción de los sujetos con aquellos valores modales que caracterizan a ciertos estados pasionales. A modo de ejemplo, y remitiendo a los anteriores comentarios sobre órdenes modificadas, el uso del performativo explícito /te ordeno que.../ puede tender a evitar en el enunciador el estado pasional de *impotencia* (modalmente definible como no poder hacer).

Ahora bien, las tácticas de cualificación y descualificación modal no han de verse en el limitado contexto de respuestas a actos locales, sino en la perspectiva estratégica de un recorrido accional complejo. Por una parte, los distintos tipos de discursos se articulan estratégicamente en torno a ciertas configuraciones modales: el hacer-querer de la publicidad, el hacer-creer de la propaganda y otros discursos persuasivos, el hacer-saber-hacer de ciertos discursos instrumentales, el hacer-poder-hacer de algunos discursos terapéuticos, etc. Por otra parte, en cada discurso particular pueden hallarse formas específicas de organización accional. Es frecuente que los sujetos «tanteen» sus definiciones, establezcan y rompan acuerdos provisionales, se invistan de cualificaciones que posteriormente rechazarán, etc. En este contexto, los actos indirectos encuentran una explicación más comprensiva que la proporcionada por las teorías usuales de la corrección anticipativa de efectos puntuales indeseados: el recurso a los actos indirectos aparece como una táctica para la preservación de la *reversibilidad* del sentido del discurso. Los efectos ilocucionarios (eventualmente múltiples) promovidos por los actos indirectos introducen un juego modal más matizado que los actos directos (a ello se aludía con las nociones de mitigación, intensificación y similares), permitiendo al sujeto una más fácil alteración de su definición modal: si, por ejemplo, el enunciador de una orden se presenta en un cierto punto como sujeto según el poder no hacer, puede ulteriormente redefinir su acto como expresión de deber o poder hacer, etc. Esta mayor flexibilidad de las redefiniciones retrospectivas viene propiciada por el proceso de implicitación conversacional *sobreentender)* que conllevan los actos indirectos. Como hemos indicado, tales actos amortiguan el compromiso del locutor con su acción (o con los efectos de ella) al remitirlo parcialmente al alocutario. Así, el locutor que inicia tentativamente una acción manipulatoria deja inferir a su interlocutor un sentido de la acción que podrá impugnar ulteriormente como «consecuencia equivocada».

En suma, los actos indirectos no son sólo un instrumento de corrección anticipativa de efectos *puntuales* indeseados, sino también un procedimiento de modificación anticipativa de los estados modales y de las posiciones sintácticas del sujeto que éste prevé en función del conjunto del recorrido accional. En el apartado 4.3. hacíamos referencia al discurso «insidioso» como caso-límite en cuanto al uso de estas tácticas.

La segunda regla de cortesía de R. Lakoff («ofrecer alternativas») está relacionada con esta función: el acto indirecto ofrece alternativas tanto al locutor como al alocutario con vistas al establecimiento de una interacción flexible.

5.5. Conclusiones

En algunos actos discursivos es posible diferenciar un *sentido literal* y un *sentido indirecto*. Hemos puesto de manifiesto que esta propiedad no conlleva necesariamente el cumplimiento de una doble ilocución. La distinción entre *acto ilocucionario significado*, como parte del acto locucionario, y *acto ilocucionario cumplido*, propiamente tal, permitía postular la posible realización de un solo ilocucionario. Por otra parte, es muy común el hecho de que un acto indirecto conlleve múltiples fuerzas ilocutivas; un principio de «prioridad lógica» permite en este caso reconocer una jerarquía de sentidos en el interior de la expresión.

Se han diferenciado los efectos de *dejar entender, insinuar* y *sobreentender*, para propugnar que el acto indirecto funciona según un proceso de sobreentendimiento.

En una perspectiva estratégica nos hemos referido a las posibles respuestas a actos indirectos, introduciendo la noción de «movimiento», unidad de acción que permite analizar los sentidos múltiples involucrados en una respuesta. Hemos comentado también las tácticas de corrección anticipativa que permiten al hablante sustraerse a los efectos no deseados y a las *impugnaciones* de sus actos. En tales tácticas, el recurso a actos indirectos aparece estrechamente conectado con formas características de despersonalización, distanciamiento y escisión enunciativos.

Diversas perspectivas sobre la mitigación, la intensificación y la cortesía interlocutivas nos llevan a observar el juego de modalidades que subyace a la acción ilocucionaria indirecta. No sólo los *tipos*, sino también las *variantes* (mitigaciones o intensificaciones) de actos ilocutivos afectan al estatuto modal de los agentes discursivos.

Puesto que las transformaciones ilocucionarias operan sobre *estados* de los sujetos, y el análisis ha reiterado la relevancia de ciertos estados (posiciones de autoridad o de impotencia, prevención, etc.) en la explicación del recurso a actos indirectos, hemos apelado nuevamente a la necesidad de una semiótica de las *pasiones*, en la que las estrategias accionales se reconstruyen también en función de (evitar, promover o modificar) estados pasionales.

Los actos indirectos aparecen, por fin, como procedimientos de *reversibilidad semántica* del discurso: involucran una operación prospectiva respecto a las definiciones posicionales y modales que derivarán del recorrido ulterior. En términos más metafóricos, aseguran una cierta *flexibilidad* de la acción discursiva.

Pero aún debemos anotar una última conclusión, que el lector atento habrá inferido del conjunto del presente capítulo: la definición discursiva e interaccional de los actos de habla conlleva el reconocimiento de que *cualquier acto de habla es analizable como acto indirecto en el marco del texto*. Hemos defendido a lo largo del capítulo que el cumplimiento de ilocuciones requiere de la doble actividad del polo emisor y del polo receptor, y que las formas lingüísticas seleccionadas por el hablante cuentan sólo como una de las indicaciones que el oyente (a fin de cuentas dotado de una competencia textual) toma en cuenta en su interpretación-sanción de la expresión del hablante. Esa misma razón nos permitió asegurar que los presupuestos convencionales son también interpretados en virtud de operaciones de implicitación conversacional. Es en última instancia la actividad interpretativa del hablante (como Austin parecía propugnar en su teoría del efecto ilocutorio) la que consuma el logro de un acto y su consiguiente definición como tal tipo de acto.

El oyente no se limita a refrendar las propuestas ilocutivas del hablante: contrasta el valor semántico convencional de las expresiones con el conjunto del discurso y pone en juego su propia competencia estratégica. Gumperz, desde una perspectiva sociolingüística, afirma así que «todas las interpretaciones de intención comunicativa son a la postre indirectas» (1980, 119).

Como han indicado Fabbri y Sbisà, el modo de recepción y de respuesta del oyente sólo coincide en casos-límite con la propuesta del emisor; y «la previsibilidad de tal no-coincidencia permite espacio de maniobra a la interacción estratégica (...). La comprensión no es reflejo, sino mutua definición» (1980, 182).

Sin duda las frases tienen un sentido para el lingüista, pero no hay un *sentido textual* diferenciable del sentido que emerge en el propio proceso de la interacción textual. En el interior del discurso no hay tanto trecho del dicho al hecho como dictaba nuestro viejo refrán.

Bibliografía

ABAD, F., et al. (1979), *Metodología y gramática generativa*, Madrid, Sociedad General Española de Librería, S. A.
AUSTIN, J. L. (1971), *Palabras y acciones. Cómo hacer cosas con palabras*, Buenos Aires, Paidós.
— (1978), «Performativo-Constativo», en Sbisà, M. (ed.).
BASAGLIA, F., et al. (1978), *Razón, locura y sociedad*, México, Siglo XXI.
BATESON, G. (1976), *Pasos hacia una ecología de la mente*, Buenos Aires, Carlos Lohlé.

BENVENISTE, E. (1974), *Problemas de lingüística general*, I, Madrid, Siglo XXI.
— (1977), *Problemas de lingüística general*, II; Madrid, Siglo XXI.
BERGER P. y LUCKMANN, Th. (1968), *La construcción social de la realidad*, Buenos Aires, Amorrortu.
CAMPS, V. (1976). *Pragmática del lenguaje y filosofía analítica*, Barcelona, Península.
CICOUREL, A. (1980), «Language and Social Interaction: Philosophical and Empirical Issues», *Working Papers-Università di Urbino*, 96.
CLARK, H. H. (1979), «Responding to Indirect Speech Acts», *Cognitive Psychology*, II.4.
COLE, P., y MORGAN, J. L. (eds.) (1975), *Syntax and Semantics*. Vol. 3, *Speech Acts*, Nueva York, Academic Press.
CHABROL, C. (ed.) (1973), *Sémiotique narrative et textuelle*, París, Larousse.
DANCE, F. E. X., et. al. (1973), *Teoría de la comunicación humana*, Buenos Aires, Troquel.
DAVISON, A. (1975), «Indirect speech acts and what to do with them», en Cole, P. y Morgan, J. L. (eds.).
DIJK, T. A. VAN (1973), «Grammaires textuelles et structures narratives», en Chabrol, C. (ed.).
— (1980a), *Texto y contexto*, Madrid, Cátedra.
— (1980b), «The Semantics and Pragmatics of Functional Coherence in Discourse», *VS*, 26/27.
DREITZEL, H. F. (ed.) (1970), *Recent Sociology*, núm. 2. *Patterns of Communicative Behavior*, Nueva York, The MacMillan Company.
DUCROT, O. (1973), «Les présupposés, conditions d'emploi ou éléments de contenu?», en Rey-Debove, J. (ed.).
— (1977), «Atti linguistici», *Enciclopedia*, tomo 2, Turín, Giulio Einaudi.
— (1979), *Dire e non dire. Principi di semantica linguistica*, Roma, Officina Edizioni.
— (1980a), «Presupposizione e allusione», *Enciclopedia*, tomo 10, Turín, Giulio Einaudi.
— (1980b), *Les Mots du discours*, París, Minuit.
— y TODOROV, T. (1975), *Diccionario enciclópedico de las ciencias del lenguaje*, Buenos Aires, Siglo XXI.
ECO, U. (1977), *Tratado de semiótica general*, Barcelona, Lumen.
— y VIOLI, P. (1981), «Presupposizioni» (mimeo).
FABBRI, P. y SBISÀ, M. (1980), «Il grimaldello e le chiavi», *VS*, 26/27.
FERRARA, A. (1980), «An extended theory of Speech acts: appropriateness conditions for subordinate acts in sequences», *Journal of Pragmatics*, 4, 3.
FILLMORE, Ch. J. (1971), «Types of lexical information» en Steinberg, D. D., y Jakobovits, L. A. (eds.).
FLAHAULT, F. (1979), «Le fonctionnement de la parole», *Communications*, 30.
FOUCAULT, M. (1970), *La arqueología del saber*, México, Siglo XXI.
FRASER, B. (1970), «Conversational mitigation», *Journal of Pragmatics*, 4, 4.
GARAVELLI MORTARA, B. (1974), *Aspetti e problemi della linguistica testuale*, Turín, G. Giappichelli.

GIGLIOLI, P. P. (ed.) (1972), *Language and social context*, Londres, Penguin.
GOFFMAN, E. (1970), *Ritual de la interacción*, Buenos Aires, Tiempo Contemporáneo.
— (1975), «Replies and Responses», *Working Papers-Universitá di Urbino*, 46-47.
GOODMAN, N. (1955), *Fact, Fiction, and Forecast,* Indianapolis, Bóbbs-Merrill.
GORDON, D. y LAKOFF, G. (1976), «Los postulados conversatorios», en Sánchez de Zavala, V. (ed.).
GREIMAS, A. J. (1973), *Semántica estructural,* Madrid, Gredos.
— (1976), *Maupassant, La sémiotique du texte: exercices pratiques*, París, Seuil.
— y COURTÉS, J. (1979), *Sémiotique. Dictionnaire raisonné de la théorie du langage,* París, Hachette.
GRICE, H. P. (1971), «Meaning», en Steinberg, D. D., y Jakobovits, L. A., (editores).
— (1979), «Logique et conversation», *Communications,* 30.
GUMPERZ, J. J. (1980), «The Sociolinguistic Basis of Speech Act Theory», *VS*, 26/27.
— y HYMES, D. (eds.) (1972) *Directions in sociolinguistics, The Ethnography of Communication,* Nueva York, Holt, Rinehart and Winston, Inc.
HABERMAS, J. (1970), *Toward a Theory of Communicative Competence*, en Dreitzel, H. P. (ed.).
HARMAN, G. H. (1971), «Three levels of meaning», en Steinberg, D. D., y Jakobovits, L. A. (eds.).
JAKOBSON, R. (1975), *Ensayos de lingüística general,* Barcelona, Seix Barral.
KATZ, J. (1971), *Filosofía del lenguaje,* Barcelona, Martínez Roca.
KURODA, S. Y. (1980), «The Reformulated Theory of Speech Acts. Toward a Theory of Language Use», *VS.*, 26/27.
LABOV, W., y FANSHEL, D. (1977), *Therapeutic discourse;* Nueva York/Londres, Academic Press.
LAKOFF, R. (1976), «El lenguaje en su entorno», en Sánchez de Zavala, V. (editor).
— (1978), «La logica della cortesia; ovvero, bada a come parli», en Sbisà, M. (ed.).
— (1980), «How to Look as if You Aren't Doing Anything with Words. Speech Act Qualification», *VS.*, 26/27.
LÉVI-STRAUSS, C. (1964), *El pensamiento salvaje,* México, F. C. E.
MIHAILA, R. (1980), «L'allusion comme acte de langage», *Revue Roumaine de Linguistique,* XXV, 2.
NEF, F. (1980), «Note pour une pragmatique textuelle», *Communications,* 32.
ORTEGA Y GASSET, J. (1964), *El hombre y la gente. Tomo II,* Madrid, Revista de Occidente.
QUINE, W. V. (1971), «The inscrutability of reference, en Steinberg, D. D., y Jakobovits, L. A. (eds.).
RÉCANATI, F. (1979a), *La transparence et l'énonciation. Pour introduire à la pragmatique,* París, Seuil.

— (1979b), «Insinuation et sous-entendu», *Communications*, 30.
— (1980), «Qu'est-ce qu'un acte locutionnaire», *Communications*, 32.
REY-DEBOVE, J. (ed.) (1973), *Recherches sur les systèmes signifiants*, La Haya, Mouton.
RICOEUR, P., et al. (1977), *La sémantique de l'action*, París, C.N.R.S.
RIVERO, María L. (1979), «Un ejemplo de metodología de filosofía analítica en la semántica lingüística: La cortesía y los actos verbales», en Abad, F., et al.
ROSS, A. (1977), *Lógica de las normas*, Madrid, Tecnos.
ROULET, E. (1980), «Modalité et illocution», *Communications*, 32.
SÁNCHEZ DE ZAVALA, V. (ed.) (1976), *Semántica y sintaxis en la lingüística transformatoria*, 2; Madrid, Alianza Editorial.
— (1978), *Comunicar y conocer en la actividad lingüística*, Fundación Juan March-Ariel.
SBISÀ, M. (ed.) (1978), *Gli atti linguistici. Aspetti e problemi di filosofia del linguaggio*, Milán, Feltrinelli.
— y FABRI, P. (1978), «Modelli (?) dell'analisis pragmatica» (mimeo).
SCHEGLOFF, E. A. (1972), «Sequencing in Conversational Openings», en Gumperz, J. J., y Hymes, D. (eds.).
SCHMIDT, S. J. (1977), *Teoría del texto. Problemas de una lingüística de la comunicación verbal*, Madrid, Cátedra.
SCHUTZ, A. (1974), *El problema de la realidad social*, Buenos Aires, Amorrortu.
SEARLE, J. R. (1972), «What is a Speech Act», en Giglioli, P. P. (ed.).
— (1973), «La teoría de la comunicación humana y la filosofía del lenguaje. Algunas observaciones», en Dance, F. E. X., et al.
— (1978), «Atti linguistici indiretti», en Sbisà, M. (ed.).
— (1979), «Metaphor», *Expression and meaning. Studies in the Theory of Speech Acts*, Nueva York, Cambridge University Press.
— (1980), *Actos de habla. Ensayo de filosofía del lenguaje,* Madrid, Cátedra.
SLAKTA, D. (1974), «Essai pour Austin», *Langue Française*, 21.
STALNAKER, R. (1978), «Presupposizioni», en Sbisà, M. (ed.).
STEINBERG, D. D., y JAKOBOVITS, L. A. (eds.) (1971), *Semantics. An Interdisciplinary Reader in Philosophy, Linguistics and Psychology*, Londres, Cambridge, University Press.
STRAWSON, P. F. (1971), «Identifying reference and truth-values», en Steinberg, D. D., y Jakobovits, L. A. (eds.).
— (1978), «Intenzione e convenzione negli atti linguistici», en Sbisà, M. (editor).
TYLER, S. R. (1978), *The Said and the Unsaid*, Nueva York, Academic Press.
VERÓN, E. (1978), «Psicología social e ideología», en Basaglia, F., et al.
WARNOCK, G. J. (1978), «Alcuni tipi di enunciato performativo», en Sbisà, M. (ed.).
WILSON, D., y SPERBER, D. (1979), «L'interprétation des énoncés», *Communications*, 30.
WINCH, P. (1972), *Ciencia social y filosofía*, Buenos Aires, Amorrortu.
WITTGENSTEIN, L. (1958), *Philosophical Investigations*, Oxford, Blackwell,
— (1976), *Los cuadernos azul y marrón*, Madrid, Tecnos.
WRIGHT, G. H. VON (1963), *Norm and Action. A logical Enquiry*, Londres, Routledge.

Capítulo V

Hacia una semiótica de la interacción discursiva

La semiótica actual está ya muy distante de aquella euforia que, hacia los años 60, se alimentaba del «desenmascaramiento ideológico». *Grosso modo,* se pensaba entonces que la eficacia de los discursos resultaba de su capacidad de transmitir contenidos supuestamente ocultos ante los que la audiencia no podía reaccionar críticamente. Tal concepción venía respaldada, además, por la difusión de numerosos estudios sobre comunicación de masas en los que la omnipotencia de los *mass media* apenas se cuestionaba.

Del entusiasmo por el desenmascaramiento ideológico se pasó a una concepción más dinámica de los discursos: el acento del análisis vino a ponerse sobre el proceso y las condiciones de producción y también de recepción de los textos (Kristeva, Verón, etc.). De esta tendencia cabe aún esperar aportaciones valiosas, pese a los obstáculos que dificultan el determinar en un nivel analítico qué factores se han de incluir entre las condiciones de producción, o cómo introducir en el análisis textual variables contextuales sumamente difusas: sociales, culturales, situacionales, etc.

Hoy, en cambio, prevalece la concepción del discurso como una *práctica* entre otras prácticas y la preferencia analítica no ya por lo que el discurso dice (manifiesta o latentemente), sino por lo que hace, o más bien por lo que hace al decir. En congruencia con este modo de entender el discurso, el proceso de recepción es visto como una *actividad* interpretativa diversificada según las condiciones de recepción y, sobre todo, posiblemente divergente respecto a las intenciones significativas aplicadas por el emisor.

En el discurso hay acciones, luchas, sometimientos y pactos. Como ha señalado Foucault, los discursos no sólo *traducen* los conflictos o los sistemas de dominación, sino que son también aquello por lo que, y por medio de lo cual, se lucha. Tampoco nosotros situamos la actividad discursiva solamente en aquellas transformaciones que afectan a las situaciones «externas» al propio discurso; observamos, sobre todo, las operaciones intradiscursivas por medio de las que los actores implicados se afectan mutuamente y por las que el contexto del discurso se ve también modificado.

Tratamos, pues, de esbozar una teoría del discurso que permita dar cuenta de la actividad de los sujetos y diferenciar prácticas discursivas. Ahora bien, el objeto discurso se halla hoy en el punto de confluencia de distintas disciplinas, es un objeto transdisciplinariamente abordable. Hemos de tomar en cuenta, por una parte, muy diversas aportaciones parciales al estudio de los textos: filosofía del lenguaje, crítica literaria, teoría de la comunicación, sociolingüística, sociología interaccional, retórica, etc. Pero, por otra parte, no renunciamos a la definición de la actividad semiótica a través de una metodología y de un aparato conceptual específicos. De hecho, la aceptación o el rechazo de los métodos y conceptos procedentes de las diversas disciplinas del texto depende del sesgo particular que la concepción semiótica del discurso imprime a la teoría. Lo específico del hacer semiótico no es ya la aplicación de una teoría de los signos, sino el *examen de la significación como proceso que se realiza en textos donde emergen e interactúan sujetos.*

El discurso no está constituido solamente por un conjunto de proposiciones, sino también, y fundamentalmente, por una secuencia de acciones. En la comunicación cara a cara, las relaciones entre el yo y los otros son afectadas por las acciones que constituyen la interacción, y ésta se define precisamente por ese mutuo afectarse (Labov y Fanshel). Las unidades de la interacción verbal no serán, pues, los enunciados (en cuanto transmisiones de información), sino los *actos* que propician transformaciones en las relaciones intersubjetivas.

La orientación accional ha conducido a la revalorización de la *pragmática* en la semiótica contemporánea, tras haber sido considerada durante años como la «pariente pobre» de los estudios semióticos. En sentido lato, entendemos por pragmática la investigación de los aspectos indiciales e instrumentales del lenguaje, es decir, de las situaciones en que se dan lo discursos y de los efectos que éstos promueven. Nuestra adopción de la perspectiva pragmática pretende, en todo caso, sobrepasar el empirismo de la tradición filosófica anglosajona: tratamos de evitar la definición psicologista de los sujetos y de sus transformaciones, incorporando a la teoría de la acción discursiva la componente semántico-narrativa del texto. Puesto que los sujetos se afectan en el texto a través de enunciados, hemos de recurrir a las investigaciones de la semiótica del texto sobre los complejos fenómenos textuales de significación, para analizar a esta luz las transformaciones intersubjetivas.

Necesitamos, en primer lugar, una teoría de la acción y del actor. Esta teoría parte de la noción de acción como transformación de un estado inicial en un estado final, y en ella se diferencia el acto en cuanto resultado de la actividad en cuanto proceso. Ya en la lingüística puede hallarse una distinción interesante: entre los verbos de estado y los verbos de acción, y la teoría de los casos (Fillmore) parte del verbo como elemento central de la oración que permite definir a los actuantes según su relación con la acción (agente, objeto, instrumento, etc.).

Tal como se nos presenta en la narratología, el análisis de las acciones cuenta con una unidad sintáctica mínima, el *programa narrativo,* que representa el cambio de estado operado por un sujeto (S_1) que afecta a otro sujeto (S_2); sobra decir que S_1 y S_2 son funciones asumibles por un mismo actor «empírico» (por ejemplo, en aquellos casos en que el actor actúa sobre sí mismo). De igual modo, un mismo acto empírico (gesto, frase, mirada, etc.) puede cumplir o insertarse en diversos programas, incluso en secuencias de actividad enteramente divergentes (como ocurre en la advertencia insidiosa que simultáneamente previene de un peligro y lo presenta como un objeto atractivo). El acto empírico debe, pues, someterse a una segmentación funcional que establezca sus relaciones con un programa complejo de actividad, su posible inserción en varios programas o su lugar en la realización de diferentes estrategias. En la sociología de Goffman este requerimiento ha sido atendido con la noción de *move,* unidad mínima de acción en que se fragmenta el acto empírico según el recorrido estratégico particular en que se inserta.

Los procesos discursivos pueden ser vistos como secuencias de actos o *recorridos narrativos,* cuya concatenación responde a una lógica interna y cuya segmentación funcional permite observar dinámicamente cada acto en relación con el conjunto del proceso. La relación entre el momento puntual y la serie que lo inscribe muestra también cómo algunas acciones afectan a las condiciones de acciones sucesivas sin, aparentemente, introducir aún un nuevo estado: pueden, así, hacer que un estado permanezca, prevenir otro, impedir una transformación, etc. La misma perspectiva secuencial permite identificar aquellos actos que se cumplen precisamente por la omisión manifiesta de una acción en un momento del recorrido en que sería pertinente (los actos de abstención, de von Wright).

Son las acciones, y no los sujetos, el elemento central del sistema accional que aquí esbozamos. Los sujetos se definen como actuantes por su relación con las acciones; de ahí que no constituyan elementos primitivos, sino «terminales» de la acción.

Para analizar las minuciosas transformaciones que los movimientos discursivos operan en los estados y en las cualificaciones de los sujetos, necesitamos identificar los rasgos que van definiéndolos textualmente y en los que se haga perceptible alguna variación posicional. Los rasgos adquiridos en actuaciones precedentes permiten en un momento dado predecir el comportamiento que el sujeto puede llevar a cabo. Un sujeto se relaciona de modos diversos con la acción. Puede, por ejemplo, querer y no poder o deber y no saber hacer algo; son esas predicaciones las que delimitan su *competencia modal* (competencia para la acción definida según categorías modales) y las que le cualifican como un determinado sujeto de acción.

Las acciones se organizan en secuencias dotadas de un orden lógico, y los programas accionales secundarios se articulan jerárquicamente en un programa narrativo global. Correlativamente, los actores pasan por diferentes etapas en la adquisición de su competencia y adoptan, eventualmente, diversos papeles a lo largo del proceso: el protagonista puede devenir oponente, el sujeto de la acción puede transformarse en su destinatario, etc.

Mediante las categorías modales definimos los cambios que los movimientos interaccionales efectúan en las relaciones entre los participantes. En una situación de interacción (sea pactada, polémica o, lo que es más común, pactadamente polémica) no sólo circulan objetos cognitivos, sino también acciones que afectan a las cualificaciones modales y pasionales: una amenaza, por ejemplo, es un compromiso para una acción futura por el que su autor se atribuye un deber y un poder realizar la acción en cuestión, mientras imputa al amenazado, entre otras cosas, un no querer dicha acción. Este tipo de ejemplos muestra una secuencia de *manipulación* definida por una estructura contractual, en la que las respectivas posiciones se delimitan modalmente (es decir, en conformidad también con una estructura modal). La semiótica discursiva genera, pues, una semiótica de la manipulación orientada al análisis de las prácticas semióticas en cuanto inductoras o disuasoras de comportamientos: intimidación, desafío, seducción, coacción, etc. y de su *sanción* social.

Hemos hecho referencia a la (semióticamente indispensable) disolución analítica de la unidad empírica del actor. El que un mismo gesto o enunciado implique la realización de acciones diversas correlativas a diversas estrategias, supone que el actor asume *posiciones* distintas respecto a las varias líneas de acción. En los enunciados «ambiguos», la incorporación de un papel u otro está a menudo determinada por la interpretación de dichos enunciados que el receptor lleva a cabo. Con frecuencia no existen razones suficientes para imputar al sujeto una intención determinada, y cabe pensar que la definición del acto cumplido en su enunciación, así como la determinación de la responsabilidad y la cualificación de su autor, se asignan a la interpretación del destinatario. No son las intenciones (u otro tipo de motivaciones) del sujeto las que definen el acto y al propio sujeto en cuanto tal, sino su expresión como realizaciones abiertas y públicas (intersubjetivamente reconocibles) de programas de acción. Programas sólo reconstruibles *post facto,* al término del recorrido accional.

En el orden metodológico rechazamos, por tanto, el recurso a las motivaciones «internas» de los actores y prestamos atención a las situaciones en las que los motivos y las intenciones van siendo definidos secuencialmente por el vaivén de las demandas, respuestas, rectificaciones, etc., entre los partícipes. (En esa dirección se han desarrollado estudios del comportamiento como los de Harré, Giddens y los etnometodólogos.)

Desde esa misma orientación se ha observado que las clásicas nociones de motivo e intención son condiciones de inteligibilidad del comportamiento y, por tanto, inservibles en su explicación. Otra cosa es su posible manejo como «métodos públicos» de identificación de las acciones y de su valor. Así, la *atribución* (que no «reconocimiento») de intenciones por parte del receptor es un hecho textual necesariamente involucrado en el proceso de interpretación. Tales atribuciones hacen posible que un enunciado cuyas propiedades lingüísticas prefiguran un cierto efecto interaccional (por ejemplo, de sugerencia) pase a adquirir un valor diverso (por ejemplo, de amenaza) en el nivel textual. Consideraciones de esta índole nos han inducido a concluir, con Gumperz, que todas las interpretaciones de intención comunicativa son indirectas en última instancia y que, por ende, la teoría searleana constituye antes una teoría de los indicadores frásticos de la acción discursiva que una verdadera teoría de la interacción discursiva.

En el marco de la teoría interaccional del discurso que propugnamos, la propia dicotomía acción directa/indirecta (y, consecuentemente, la dicotomía sentido literal/indirecto) tiende a invalidarse.

Muchas construcciones textuales funcionan a partir de una cierta indefinición previa. Por ejemplo, el sobreentendido (inicialmente abordado por Grice) se presenta en un enunciado que pretende la ambigüedad en cuanto a la posición atribuible al enunciador: si el receptor lo interpreta como malicioso u ofensivo, aquél puede siempre impugnar este valor y responsabilizar al propio intérprete de sus conclusiones. Se caracteriza, así, por permitir al enunciador la rectificación en la interpretación y la retirada de su responsabilidad enunciativa.

No sólo en el sobreentendido el sujeto es capaz de escindirse para asumir diferentes papeles. Ello ocurre también en las enunciaciones que cumplen simultáneamente varios actos distintos (por ejemplo, de interrogación y de reproche); o en aquellas otras, como la ironía y las expresiones de distancia enunciativa, en las que el enunciador no se identifica con el responsable de la expresión burlada. El sujeto puede, asimismo, asumir papeles diferentes respecto a distintos sectores de la audiencia: en la confabulación, el enunciador comparte un saber con una parte de sus destinatarios, mientras es hermético o traidor para con la otra parte. Puede, en fin, disociarse respecto a sí mismo al dirigirse observaciones, comentarios o sanciones por los que se escinde en observador y observado, o en juez, acusado y defensor, etc. Por otro lado, la función de sujeto puede también ser asumida por un colectivo empírico.

Los textos vehiculan representaciones de sus sujetos autor y receptor. A las interacciones textuales se ha aplicado en ocasiones la metáfora del *escenario* donde los actores aparecen y desaparecen como personajes. Efectivamente, el texto es también un juego en el que se focalizan, difuminan, cancelan y sobrerrepresentan los sujetos de la enunciación, que incluso pueden intercambiar sus papeles. Pero a diferencia de lo que ocurre en el teatro, el análisis textual no considera al actor como preexistente a su representación (ésta constituye para el actor teatral una mera transfiguración que asume temporal y provisionalmente), sino que cuenta única y exclusivamente con las representaciones textuales del sujeto, que se representa y se constituye como tal sujeto textual precisamente por lo que en el texto hace, y por lo que en el texto se va determinando como el *ser de su hacer:* su competencia semántica y modal. (Las consideraciones de Goffman sobre la constitución del *self* van por un camino análogo.)

El texto se nos muestra como un artefacto dual y polémico en el que resulta fundamental la componente *estratégica:* el enunciador de cualquier proceso discursivo opera una previsión de las representaciones del receptor y sobre ella funda su estrategia; construye unos enunciatarios a los que atribuye conocimientos, deseos, intereses, etcétera, y prevé la imagen que el receptor fabricará de él mismo en cuanto autor y de su estrategia (obsérvese, por cierto, que algunas formas lingüísticas funcionan conforme a este procedimiento, como las concesivas y adversativas que representan el discurso del receptor en el del propio autor). A través del juego de representaciones, atribuciones y actos discursivos el texto va configurando un destinatario y lo va cualificando modal y pasionalmente, en un proceso análogo al de configuración del autor textual. Recordemos, a este respecto, al *Lector Modelo,* de Eco.

Como acabamos de mencionar, la serie de efectos de sentido producidos por las acciones textuales no se agota con la cualificación modal de los sujetos: incluye también elementos (efectos) pasionales. Últimamente, junto a la semiótica de la acción y de la manipulación, se vislumbra un desarrollo fructífero de la *semiótica de las pasiones* que, en lugar de integrar el análisis interaccional con una sociología de los estados mentales —en la que, según Fabbri, se ha venido situando el marco de la ortodoxa *speech acts theory*—, atiende a los personajes de la comunicación «estructurados en diversos modos y posiciones por y en los mismos actos discursivos que producen»; la semiótica de las pasiones permitirá, en fin, reformular de modo más preciso y con categorías propias la tan insuficiente *teoría de los efectos* discursivos de la pragmática contemporánea.

La pasión aparece como correlato de la acción; su estudio implica la consideración de las acciones desde el punto de vista del sujeto que las padece, es decir, en cuanto «afectado». Al abordar semióticamente la organización del sistema pasional, incorporado al sistema modal, se puede avanzar en el análisis de la concatenación de las acciones: el sujeto actuante puede haber sido previamente un sujeto pasionalmente afectado, y el sujeto afectado se transforma eventualmente en sujeto de hacer.

La perspectiva abierta por la semiótica de las pasiones es más comprensiva respecto al carácter dual del texto, espacio de persuasión o manipulación, de provocación, fascinación, seducción, etcétera, para sujetos contrapuestos. Es también provechosa para la redefinición, junto a otras categorías textuales, del concepto psicosociológico de *rol*. Si Greimas ya ha suministrado los conceptos de *rol actancial* y *temático* para caracterizar, respectivamente, la posición del actor en el esquema de fuerzas de la acción y la formulación actancial de los temas (la estudiosa, el religioso, el rico...), cabe ahora tomar en cuenta los *roles pasionales* que el actor desempeña según su modo de ser afectado por la acción (el encolerizado, el amedrentado, la enamorada...).

Con mayor o menor acierto, hemos recurrido a categorías textuales para analizar las variaciones en el estado de los actores producidas por su interacción. Hemos tomado el texto como un sistema de inserción tanto para acciones verbales como no verbales, y no hemos excluido de nuestro interés aquellos textos de apariencia «no interaccional» (novelas, relatos, monólogos, etc.) donde, a nuestro entender, no sólo interactúan los personajes *de los que el texto habla*, sino también aquellos *que hablan el texto:* el enunciador y el enunciatario. Así, hemos hecho nuestras las hipótesis que propugnan la naturaleza radicalmente dialógica del lenguaje (Bajtin, Benveniste) y las que hallan en la función de enunciación el fundamento de las prácticas discursivas (Foucault).

Nuestro trabajo supone, en todo caso, una limitada intervención en favor de una teoría del discurso que habrá de situarse en la encrucijada de diversas perspectivas.

Si una perspectiva teórica es, sobre todo, un sistema virtual de preguntas, en este libro se han hecho efectivas algunas preguntas *semióticas* sobre el discurso. Nuevas preguntas nos darán respuestas.